21 世纪高等学校
经济管理类规划教材
名家精品系列

风险管理与内部控制

Risk Management and Internal Control

◆ 冯巧根 主编

人民邮电出版社
北京

图书在版编目（CIP）数据

风险管理与内部控制 / 冯巧根主编. -- 北京：人民邮电出版社，2019.3（2024.2重印）
21世纪高等学校经济管理类规划教材. 名家精品系列
ISBN 978-7-115-47022-5

Ⅰ. ①风… Ⅱ. ①冯… Ⅲ. ①企业管理－风险管理－高等学校－教材 Ⅳ. ①F272.3

中国版本图书馆CIP数据核字(2017)第263727号

内 容 提 要

　　本书以"风险管理为主线、内部控制为辅线"，突出风险及其管理的重要性，力求在深入贯彻风险管理的同时，增强企业内部控制体系的风险应对能力并完善其操作规范，提高企业在激烈的市场竞争中防范风险、强化内控的基本技能。全书共十章，内容包括风险管理与内部控制概述、风险管理的定位与应用价值、风险管理导向的内部控制框架、内部控制的机制优化、内部控制的信息披露、风险管理的要素结构、风险管理视角的风险控制、风险管理的呈报模式、风险控制的理论扩展和风险管理的创新实践。

　　本书既可作为高等院校经管类各专业本科生、研究生和 MPAcc 的教学用书，也可供相关财务、会计类从业人员以及其他对风险管理与内部控制感兴趣的人员参考。

◆ 主　编　冯巧根
　　责任编辑　孙燕燕
　　责任印制　焦志炜

◆ 人民邮电出版社出版发行　　北京市丰台区成寿寺路 11 号
　　邮编　100164　电子邮件　315@ptpress.com.cn
　　网址　http://www.ptpress.com.cn
　　北京七彩京通数码快印有限公司印刷

◆ 开本：787×1092　1/16
　　印张：14.5　　　　　　　　　　　　2019 年 3 月第 1 版
　　字数：349 千字　　　　　　　　　　2024 年 2 月北京第 6 次印刷

定价：49.80 元

读者服务热线：**(010)81055256**　印装质量热线：**(010)81055316**
反盗版热线：**(010)81055315**
广告经营许可证：京东市监广登字20170147号

前 言 FOREWORD

随着全球经济一体化的深入，企业与外部组织的联系日益密切。跨国经营和国际竞争进一步加剧了企业环境的不确定性，复杂的内外部环境使企业的经营活动受到多种不同因素的影响，迫使企业寻求更为有效的管理方式来预防和控制风险，并采取诸如降低损失发生的概率等控制措施来保障企业的经营活动正常、有序地运行。

风险管理离不开完善的内部控制。建立和健全内部控制体系，一方面能够提升企业高层管理者应对各种风险的能力或风险管理水平，避免各种内部舞弊行为的发生；另一方面，能够为审计师提供有效的企业内部控制信息，提高审计报告的质量，进而降低审计风险。根据发起人委员会（Committee of Sponsoring Organizations of the Treadway Commission, COSO）2004 年颁布的《企业风险管理框架》中的观点，风险管理是在内部控制的基础上衍生发展而来的，内部控制是企业风险管理的有机组成部分。然而在现实中，风险管理与内部控制是相互嵌套、趋于融合的结合体。风险管理与内部控制是现代企业加强经营管理，提高经济效益，保障财务报告真实、可靠和完整，以及实现企业战略目标的有效手段或重要的管理工具。

2006 年是我国"风险管理与内部控制"的制度元年。这一年，国务院国有资产管理委员会（以下简称国资委）发布了《中央企业全面风险管理指引》；同年，上海证券交易所（以下简称上交所）、深圳证券交易所（以下简称深交所）颁布实施了《上市公司内部控制指引》；这一年也是财政部研究与制定《企业内部控制基本规范》及《企业内部控制应用指引》的起始年份。十多年的实践表明，建立一套适合中国情境特征的"风险管理与内部控制"规范体系，是广大投资者和监管机构优化公司治理的客观需要，也是企业强化经营管理的内在要求。本书尝试从全新的视角向读者诠释企业的风险管理与内部控制，具体的特色和优势表现如下。

（1）探索新的理论框架。本书在梳理国内外相关前沿理论的基础上，博采众长、兼收并蓄。在不失理论前瞻性的基础上，突出方法体系的完整性与科学性，试图更好地展示风险管理与内部控制的本质属性。

（2）体现风险管理与内部控制的共生性。在企业持续经营的过程中，经营者最关注的是生存与发展的风险。风险管理应当贯穿于企业经营活动的始终，必须在企业的全过程加强与之相关的内部控制。企业风险的动态性与复杂性已经成为一种常态，没有一个企业能够在系统风险面前独善其身。风险管理与内部控制已经形成一种有机的共生系统。

（3）增强阅读的趣味性。本书采用理论分析与案例解析相互交织的形式进行阐述，即应用简短的小案例呈现或说明风险管理与内部控制的内在规律或应对机理，力求在理论与实践相结合的同时，提高读者理解相关技术或方法的动力，促进企业在加强风险管理的同时，更好地运用内部控制理论与技术方法提升其自身价值。

（4）编写体例的灵活性。本书在编写过程中，视"风险管理"为一种"硬"的管理手段，将"内部控制"作为一种"软"的载体予以描述，试图说明柔性管理在风险管理与内部控制活动中的重要性与必要性，以增强实施主体对组织或组织之间开展风险管理与内部控制行为的主动性与积极性。同时，引导读者结合自身的学习和工作实践灵活地思考风险管理，提高实务工作者对内部控制制度体系建设的复杂性与异质性的认识。

本书从风险管理与内部控制的关系入手，在企业风险的多层视角下诠释内部控制的范式。本书基于上市公司的内部控制框架构建企业主体的风险管理体系，并以风险为导向设计企业内部控制机制的优化路径，具体包括运行机制、约束机制和评价机制等。同时，本书结合资本市场对内部控制信息的需求，提出了改进内部控制信息披露的技术方法。此外，在概括与梳理风险管理要素特征的基础上，本书对风险管理在内部控制中的地位进行定位并构建相应的风险控制规范体系。例如，基于风险控制目标，本书进一步探讨了风险报告的模式并提出了相应的改进建议。风险控制作为保证组织实现特定目标的一个风险管理过程，它贯穿于企业经营活动的各个方面。基于此，本书在传统风险管理理论的基础上，对风险控制体系进行了扩展；在"互联网+""智能制造"等企业新的经营情境下探讨风险控制的创新实践，吸收了最新的案例研究成果，力求反映实务发展的新动向。

本书由南京大学冯巧根教授担任主编，负责全书内容和章节体系的设计。全书共分十章，具体分工如下：第一章由李凯凤、王蓓琪执笔；第二章由邵留洋执笔；第三章由朱琦执笔；第四章由陈静执笔；第五章由杨红娟执笔；第六章由徐攀执笔；第七章由冯圆执笔；第八章由张艳执笔；第九章由张毓婷执笔；第十章由施然、夏范社、宋良仪执笔。在编者完成的各章书稿的基础上，由冯巧根教授对全书进行总纂定稿。本书在具体编写过程中参考了国内外许多相关的教材、著作和论文，除一些可以直接引用的资料已做说明外，其他间接引用或借鉴的资料因受条件限制暂未列出，在此对该部分资料的作者表示衷心的感谢。

由于"风险管理与内部控制"的相关理论与实践仍处于不断发展变化之中，加之编者水平有限，书中难免存在疏漏或不妥之处，恳请读者不吝指正，以便本书再版时做出更具针对性的修订与完善。

编　者
2018 年 10 月

目录 CONTENTS

第一章　风险管理与内部控制概述

本章结构图

```
                          ┌─────────────────┐      ┌──────────────────┐
                          │  企业风险与风险管理  │──────│  风险的含义与分类    │
                          │                 │      ├──────────────────┤
                          │                 │      │  风险管理概述       │
                          └─────────────────┘      └──────────────────┘

                                                   ┌──────────────────┐
                                                   │  内部控制的基本概念  │
                          ┌─────────────────┐      ├──────────────────┤
  ┌──────────┐            │                 │      │  内部控制的演变与发展 │
  │ 风险      │            │  内部控制的形成与发展 │──────├──────────────────┤
  │ 管理      │────────────│                 │      │  内部控制的作用与局限 │
  │ 与        │            │                 │      ├──────────────────┤
  │ 内部      │            └─────────────────┘      │  内部控制的方法      │
  │ 控制      │                                     └──────────────────┘
  │ 概述      │
  └──────────┘                                     ┌──────────────────┐
                          ┌─────────────────┐      │ 风险管理与内部控制的关系 │
                          │  风险管理与内部控制  │──────├──────────────────┤
                          │                 │      │ 风险管理与内部控制的比较 │
                          │                 │      ├──────────────────┤
                          └─────────────────┘      │ 风险管理与内部控制的认识误区 │
                                                   └──────────────────┘
```

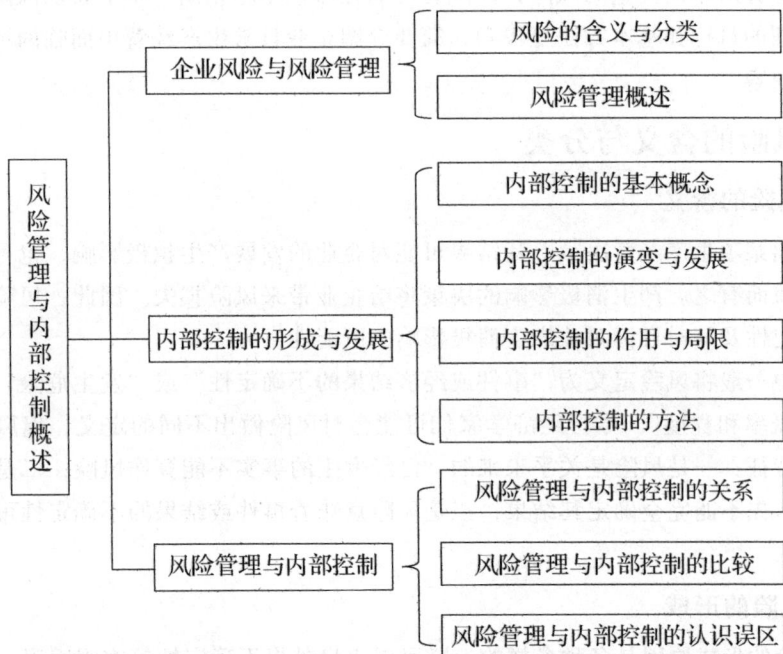

本章学习目标

> 掌握风险的含义，了解企业风险的基本类型。

> 理解风险管理的内涵，掌握风险管理的框架体系和方法。

> 理解内部控制的定义和本质，了解内部控制发展的 5 个阶段。

> 把握内部控制的方法，认识内部控制的作用和局限性。

> 理解风险管理与内部控制之间的区别与联系。

随着社会的不断进步，企业管理已经发展成为高度智能化的综合控制体系。内外部环境的复杂性决定了企业正常的生产经营活动始终暴露于一定风险之下，因此，企业如何做到及时有效地对风险进行识别、评估和管理，进而顺利实现企业经营目标，成为现代企业管理的重要课题之一。内部控制作为确保实现企业目标而实施的一系列程序和政策，与风险管理有着十分密切的联系。本章以现代企业作为研究对象，对风险管理的内涵与体系结构、内部控制的作用与局限性，以及风险管理与内部控制之间的区别与联系等基本问题加以阐述，以帮助读者初步认识企业风险管理与内部控制的基本框架。

第一节　企业风险与风险管理

风险是指在特定环境、特定时间段内，某种损失发生的可能性。风险的形成原因是多种多样的，一般可以概括为主观原因和客观原因两方面。由于形成原因不同，风险也可以分为不同的类型。针对不同类型的风险，风险管理的程序也不尽相同。本节将从风险的含义与分类、风险管理的目标和基本方法等视角，简要介绍企业日常生产经营中面临的风险以及风险管理的基本内容。

一、风险的含义与分类

（一）风险的含义

企业做出某项生产经营决策，其结果可能对企业的发展产生积极影响，也可能产生消极影响，或者兼而有之。产生消极影响的决策将给企业带来风险损失。因此，风险就是指某个事项的不确定性及其对目标对象产生消极影响的可能性。

经济学中一般将风险定义为"事件或经济结果的不确定性"或"发生危险、损失或其他不利结果的概率和程度"。尽管经济学家们可能会对风险做出不同的定义，但风险一般都具有以下 3 个特征：一是风险是关乎未来的，已经发生的事实不能算作风险；二是风险表现为不确定性，事先不能完全确定其结果；三是风险意味着事件或结果的不确定性可能会导致损失的发生。

（二）风险的形成

企业风险的形成原因是多种多样的，既可以来自外界不确定性等客观因素，也可以来自内部管理等主观因素。例如，2008 年全球金融危机对于企业来说是外部客观因素带来的风险。2009 年三鹿集团破产则与生产者道德伦理缺失、管理当局不注重诚信密切相关，属于内部主观因素带来的风险。

1. 风险形成的主观因素

一般来说，企业风险形成的主观因素一般包括以下几个方面。

（1）企业风险意识的缺乏。市场本身并不完善，身在其中的企业也会深受其影响。由于市场变化的不规则性、经济活动的复杂性以及企业自身经验和能力的局限性，使得企业不能准确预见外界市场环境的变化，缺乏相应的风险意识，从而面临风险。

（2）企业内部管理的失衡。企业生产经营涉及诸多环节，任何一个环节出现故障，企业如果不能及时纠正，都会影响到企业的正常运行。例如，生产运转、质量管控的不确定；研究开发、战略选择的不确定；产品生命周期、员工行为的不确定等。企业的内部管理如果不够有效，将会大大增加企业决策者甄别和防范风险的难度。

（3）企业资金管理能力有限。如果企业拥有足够多的周转资金，那么就拥有了一定的风险防御能力。事实上，不论是大企业还是小企业，对资金的管理能力都是有限的。某些大企业虽然资金规模庞大，但是一旦发生风险损失，就会在一夜之间化为乌有。

2．风险形成的客观因素

除了主观因素，企业风险形成的客观因素一般包括以下几个方面。

（1）企业经营环境的不确定性。这是导致企业风险的直接原因。经营环境的不确定性包括多个方面，如政治的不确定性、政策的不确定性、宏观经济状况的不确定性和自然环境的不确定性等，这些都会使企业暴露在一定的风险之下。

（2）市场运行的复杂性。社会生产和再生产过程，以及相应的经济活动运行都是极其复杂的。行业结构在变化，产品投入市场后的竞争环境面临着巨大的不确定性。特别是在市场经济条件下，市场更加呈现出了自身的不规则性，不可避免地会给企业带来风险。

（3）科学技术的飞速发展。21 世纪是一个信息时代，是知识经济的时代。企业在享受科技进步带来的前所未有的便利和福利的同时，也不可避免地面临着科学技术带来的一些负面影响。现代科技的风险不仅来自技术发展的不确定性，还来自人们对高新科技的高度依赖。科技失效或者技术使用不当等都会使企业面临风险。

（4）经济全球化的影响。经济全球化使得企业获得更多的发展机遇，同时也使得企业面临更大的挑战，这同样大大加剧了企业生产经营面临的风险。

（三）风险的分类

由于企业风险及其特征非常复杂，风险承受主体又各不相同，因此关于风险的认定、分类一直没有权威的定论。这里，我们列举几种常见的企业风险的分类方法。

1．按风险的来源分类

按风险的来源可将其分为商业风险、管理风险、财务风险、操作风险、自然风险等。商业风险是指由于商业、法律、经济环境等的变化而引起的风险，通常又可以细分为市场风险、信用风险、经济风险、法律风险等。管理风险是指由于管理制度欠缺、决策失误或者信息失真而引起的风险，包括财务和经营信息的不足、决策计划的失败、资源的浪费等。财务风险主要体现在企业资产和现金流的充足性是否有保障，即企业是否有充足的资产偿还债务，是否有足够的现金流来满足日常生产经营所需的支出。操作风险是指企业由于内部程序不完善，人员、系统及运营过程中的错误和疏漏而可能引致潜在损失的风险。自然风险是指自然因素的不确定性给企业带来的风险，如洪水、风暴、地震等；这种风险通常是灾难性的，多数情况是人力所无法抗拒的。

2．按风险的形成原因分类

按风险的形成原因可将其分为主观风险和客观风险。主观风险是指由于主观决策失误所带来的风险，它是由主观认识的局限性造成的。客观风险是指由于外界客观条件影响而构成的风险，它虽不是由企业主观因素引起的，但企业可以及时主动地预测客观情况的变化趋势，以便及时采取应变措施。

3．按风险的结果分类

按风险的结果可将其分为纯粹风险和投机风险。纯粹风险是指只有损失机会而无获利机会的风险。纯粹风险导致的后果只有两种：损失，或者无损失也无获利。有形资产的毁损、贬值就属于纯粹风险。投机风险是指既存在损失可能性，也存在获利可能性的风险。它导致的结果有 3 种可能：损失、收益或是无损失也无收益。购买股票带来的风险就是一种典型的投机风险。纯粹风险和投机风险一般是同时存在的。纯粹风险可以重复出现，企业可以预测其发生的概率，从而采取防范措施。投机风险重复出现的概率小，因而预测的准确性相对较差。

4．按风险的形态分类

按风险的形态可将其分为静态风险和动态风险。静态风险是指由于自然力的不规则变化，或由于企业决策失误导致的风险。从风险结果来看，静态风险多属于纯粹风险。动态风险是由于企业需求的改变、制度的改进，以及政治、经济、社会、科技等环境的变迁导致的风险。从风险结果来看，动态风险既属于纯粹风险，又属于投机风险。

5．按风险的影响范围分类

按风险的影响范围可将其分为局部风险和全局风险。局部风险是指由某个特定因素导致的风险，其损失的影响范围较小，只在某一局部范围内存在，未波及总体。总体风险是指在一个整体内涉及全局的风险，影响范围大，其风险因素往往无法加以控制，如经济、政治等因素。

6．按风险的可控程度分类

按风险的可控程度可将其分为可控风险和不可控风险。可控风险是指企业对风险形成的原因和条件认识较为清楚，并能通过采取相应的措施，把风险控制在一定的范围内。不可控风险主要是由于自然因素和外界因素的影响而导致的风险。企业对这类风险形成的原因和条件认识不清，或者即使有较为清楚的认识，也无力改变外界的条件，因而失去预测和控制能力。

二、风险管理概述

（一）风险管理的起源与发展

风险管理思想起源于德国。第一次世界大战之后，德国出现了严重的通货膨胀，经济严重衰竭。企业如何摆脱困境、恢复正常生产经营，成为当时德国企业面临的重要问题。人们开始思考，当企业遇上重大消极事件，或者财务出现严重危机时，企业应当如何应对。因此，企业界提出了包括风险管理在内的一系列经营管理问题。

1929 年，美国爆发了资本主义经济史上最持久、最深刻、最严重的周期性世界经济危机。美国出现了经济大萧条，随后时任总统罗斯福开始实行新政，提出了许多至今仍在发挥巨大作用的法律法规，如《证券法》《证券交易法》等。这对美国后来的发展起到了推动作用，更使得风险管理问题成为许多经济学家研究的重点。

20 世纪 50 年代中期，"风险管理"这个术语出现在美国。最早的文献之一是加拉格尔于 1956 年发表于《哈佛商业评论》上的一篇文章。加拉格尔认为，组织中应当有专人负责管理风险，这样的人应当被称为全职风险经理。同一时间，企业界发生的两件大事更使风险管理问题在企业界引起了极高的重视并得到推广：一是美国钢铁行业发生了长达半年的大罢工，给国民经济造成了难以估量的损失；二是通用汽车的自动变速装置引发火灾，造成巨额经济损失。这两件大事促进了风险管理在企业界的推广，风险管理由此得到了蓬勃发展。

随着科技、生产和贸易的迅猛发展，企业生产经营面临更多新的不确定性因素，经济活动的竞争性进一步加强。企业面临的风险日趋复杂，包括环境风险、经营风险、技术风险、财务风险、人员风险等，任何风险处理不当都可能给企业带来巨大经济损失。在拥有了较多管理科学知识和工具如运筹学、统计学、计量经济学等之后，企业开始用资产组合理论做指导，来分散企业所面临的风险。资产组合理论提出："不要把鸡蛋放在同一个篮子里。"即将资金投资于不同资产结构的组合中可以有效降低风险。

20 世纪 80 年代以后，风险管理取代了过去的保险管理。人们不仅希望预防风险损失，而且希望从风险管理中获利。因此，风险管理除了估计单一风险发生的可能性和风险的复杂性之外，还要分析风险可能导致的后果，分析哪些风险可以控制，从而使企业对风险进行系统的安排和处理。此时，"全面风险管理"思想应运而生。通过识别和评价所面临的风险，企业可以避免一些风险损失并从风险管理中获利，从而使得损失的影响最小化。风险管理真正演变成为一门研究风险变化规律，并在此基础上采取优化组合化解风险，从而以最合理的成本和最安全的保障实现企业目标的管理学科。

（二）风险管理的含义与作用

企业进行风险管理，意味着要把握机会、处理风险，以便创造价值。企业进行风险管理是一个系统的过程，由相关人员负责组织实施，并贯彻于企业的战略之中，及时识别出可能会影响企业正常生产经营的潜在事项，及时对风险进行管理以使其在可控范围之内，为企业目标的顺利实现提供保障。因此，风险管理可以定义为：企业围绕总体发展战略与经营目标，通过在企业管理的各个环节和生产经营过程中执行风险管理的基本流程，树立良好的风险管理理念，建立健全的风险管理体系，包括策略、措施、组织、信息系统和内部控制系统等，为风险管理的总体目标提供合理保证的流程和方法。

1. 风险管理的含义

企业风险管理的含义包括以下几个方面。

（1）风险管理是一个动态的过程。风险管理不是一成不变的，而是渗透于企业的各项生产经营活动中，这些活动彼此相互影响、相互作用，共同影响着企业总体战略目标的实现。

（2）风险管理影响企业各项战略决策的制定。企业设定其目标，并为了实现该目标而制定各项战略决策。管理当局制定各项决策时，应当充分考虑可能面临的风险以及相应的风险管理方法。

（3）风险管理应当立足于企业整体视角。在应用企业风险管理时，企业应当充分考虑到各个层级的全部活动。例如，从战略规划和资源配置到公司层次的活动，再到财务管理、市场营销、人力资源管理等业务单元层级的活动，以及生产加工、供应商选择、客户信用评价等经营流程。

（4）风险管理应当由专门人员组织负责实施。企业风险管理通常由董事会、管理当局和其他专门人员实施。风险管理人员制定风险管理使命、战略和目标，使得公司风险管理得以顺利实施。

2. 风险管理的作用

有效地对各种风险进行管理，对企业来说具有重要的意义。其作用主要体现在以下几个方面。

（1）风险管理有利于保护企业资产的安全和完整。企业可以通过风险管理以最小的损耗把风险损失减少到最低限度，达到最大限度的安全保障，从而为企业提供了安全的生产经营环境，有效地减少了企业和员工的后顾之忧，使其全身心地投入生产经营活动之中，保证了企业各项活动的正常进行。

（2）风险管理有利于促进企业决策科学化。风险管理利用科学系统的方法，预防和管理各种风险，有利于企业做出正确的决策，帮助企业减少和消除生产风险、经营风险、决策失误风险等。这对于企业的科学决策、正常经营具有重大意义。

（3）风险管理有利于保障企业经营目标的顺利实现。风险管理的有效实施，能够使企业增加收入、减少支出，使企业风险损失大大降低，并且能使企业在损失发生后及时、合理地得到经济补偿，这就直接或间接地减少了企业的费用支出，使得企业盈利建立在更为稳定的基础上，保障了企业生产经营目标的顺利实现。

风险管理不仅对企业具有重大意义，而且影响着整个社会的经济发展。风险管理有利于消除或减少风险所带来的社会资源的浪费，有利于提高社会资源的利用效率。风险管理对整个经济、社会的正常运转和健康发展起到了重要作用。它通过风险预测、风险规避、风险转移等方式，为社会提供最大的安全保障，有助于社会安定和谐，经济健康发展，促使人民生活水平不断提高。

（三）风险管理的目标

顾名思义，风险管理的主要目标是预测、防范和控制风险，降低损失发生的概率和程度，保障企业生产经营和各项活动的顺利进行。风险管理的目标通常可以按照其发生的时点分为两个部分：损前目标和损后目标。损前目标是避免或降低损失发生的概率和程度；损后目标则是促使企业尽快恢复正常状态，保障企业生产经营活动的顺利进行。损前目标和损后目标共同构成了企业风险管理的目标体系。

1. 风险管理的损前目标

风险管理的损前目标通常包括以下几个方面。

（1）降低损失发生的概率。所谓风险管理，应当以预防为主，而预防的精髓就在于采取有效措施降低损失发生的可能性。

（2）减轻风险带来的损失规模。风险管理应当能够有效地降低风险发生后给企业带来的损失，如投资组合就可以在相当程度上降低投资不利时的损失程度。

（3）经济可行性。风险管理者应当用最经济的手段为可能发生的风险做好准备，运用最佳技术手段降低管理成本。在决定对风险采取措施之前，应综合权衡所需要的成本，以及由此取得的收益，即风险管理从经济角度看是可行的。

（4）合理合法性。企业采用适当的方法进行风险管理时，必须符合相关法律法规。例如，董事为了弥补风险给企业带来的损失，隐瞒股东挪用企业的盈余公积，虽然出发点是为了管理风险，但是不符合法律规定，是不可取的。

（5）减少忧虑心理。某些风险，尤其是生产安全隐患，给员工带来了精神上和心理上的紧张、不安，这将严重影响劳动生产率，造成工作效率低下。因此，损前风险管理应当能够有效缓解人们的焦虑情绪，提供心理上的安全感和有利于生产顺利进行的宽松环境。

2. 风险管理的损后目标

风险管理的损后目标同样也包括多个方面。

（1）维持生存。企业的两大根本问题就是生存和发展。对企业而言，生存是第一位的，只有先生存，才能谈发展。因此，风险损失后的第一目标就是生存，即企业在经济社会中仍能作为一个经营实体继续存在。

（2）恢复正常生产经营。损失发生后，实施风险管理的第二个目标就是尽快恢复正常生产经营，尽快将各项指标恢复到损失前的水平。在市场竞争日趋激烈的今天，企业发生的风险，很可能就是竞争对手的机会，这对企业的影响十分巨大。

（3）实现稳定的收入。收入的稳定与维持正常生产经营并不是同一个概念，生产经营的正常进行可能是以牺牲收入为代价获得的。在成本费用不增加的情况下，企业通过持续的生产经营活动，或者通过资金补偿，都可以达到实现稳定收入这一目的。

（4）实现持续增长。创造价值是企业经营的最高目标，也是风险管理的最高目标，而这个目标的实现离不开收入的持续增长。因此，对于企业而言，持续增长能力是最重要的目标之一。

（5）处理好与各利益主体的关系。维护企业形象和品牌，处理好与各利益主体的关系，这一点在发生重大风险事件和危机事件后显得尤为重要。另外，企业应当积极履行社会责任。有效地处理风险事故所带来的损失，减少损失造成的种种不利影响，可以使企业更充分地承担社会责任，树立良好的社会形象，获得良好的公众反映。

（四）风险管理的体系

从结构性视角考察，风险管理是一种集方法、模型、管理制度、组织架构、组织文化于一体的综合系统。完整的风险管理体系应当包括 8 个相互关联的构成要素，它们源于高层管理者经营企业的方式，并与管理过程紧密结合在一起。

8 个构成要素如图 1-1 所示。

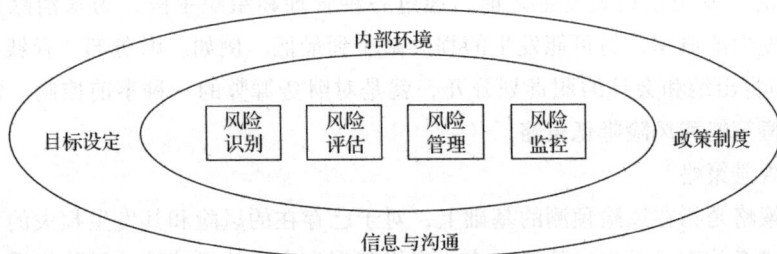

图 1-1　企业风险管理体系

（1）内部环境。内部环境为企业组织中的人如何看待风险和着手控制风险奠定了基础。它不仅包括完善的企业组织结构，还包括相应的风险管理组织，及专门为企业从事风险管理活动而成立的机构，是风险管理的执行者。

（2）目标设定。只有围绕既定目标，管理者才能识别影响该目标顺利实现的潜在风险。管理者应当采取恰当的方式设定目标，确保所设定的目标支持并契合企业的总体战略和使命。

（3）政策制度。政策制度包括财务运营和公司运营的政策、制度、程序等。例如，随着某项业务的财务金额的增加，审批领导的级别也必须相应地提高，这就是一个典型的财务决策制度。只有具备完善的政策制度，才能保证企业的正常运营。

（4）风险识别。风险识别是指在风险事故发生之前，企业管理者运用各种方法，系统而连续地认识所面临的各种风险，以及分析风险事故发生的潜在原因。风险识别是风险管理的基础。企业只有在正确识别出自身所面临的风险的基础上，才能采取有效的方法进行处理。

（5）风险评估。风险评估是指对识别出的风险因子进行分析，以便确定对它们进行管理的措施和方案。管理者不仅要对企业固有的风险进行评估，也要对剩余风险进行合理评估，充分考虑到风险发生可能性的大小以及风险的影响程度。

（6）风险管理。在风险识别和风险评估之后，企业管理者应当拟定相应的风险管理方案，采用适当的管理方法，如风险规避、风险降低、风险转移、风险留存、风险对冲等，使得企业的风险容限和风险容量相协调。

（7）风险监控。风险监控是指对企业风险管理进行全面监控，必要时加以修正。风险监控能够动态地反映风险状况，企业可以根据风险损失情况的变化及时调整风险监控的策略，及时纠正风险管理方案的不合理之处，确保企业生产经营的正常进行。

（8）信息与沟通。企业主体的各个层级都必须借助信息来识别、评估和应对风险，这就使得信息的有效沟通变得尤为重要。信息必须在企业主体的上行、下行、平行中快速流动，确保员工明确他们自身的职能和责任，为风险管理提供保障。

（五）风险管理的方法

上述内容提到，风险管理的目标可以按照其发生的时点被分为损前目标和损后目标两类。事实上风险管理的方法也可以按照发生时点分为损前和损后两类，即控制法和财务法。

1．控制法

所谓控制法，就是在损失发生之前，通过各种管理和组织手段，力求消除各种风险隐患，降低风险发生的概率，将可能发生的损失减少到最低。例如，财务部"管钱不管账，管账不管钱"，即将出纳和会计的职责划分开，就是对财务舞弊的一种事前控制。常见的控制方法有风险规避策略和风险降低策略。

（1）风险规避策略

风险规避策略是指在风险预测的基础上，对于已存在的风险和其发生损失的可能性，采取不承担风险或者放弃已承担风险的方式，来规避损失发生的可能性。风险规避一般包括 3 种情况：改变条件、中途放弃和彻底避免。改变条件是指改变生产经营活动的性质、生产流程或者工作方法等，通常不属于根本性的变化。例如，工厂生产某产品时，以惰性材料取代易燃易爆材料，可以避免爆炸风险。中途放弃是指在生产经营过程中，出现了新的不利因素，经过利弊权衡之后，决定放弃。例如，开发出的新产品试销情况不理想，于是中止试验和研究，以避免承受更大的风险。彻底避免即企业拒绝承担某种风险。例如，某化工厂拟进行一个新项目，经过分析，发现该项目对环境危害很大，违背了国家相关法律法规，于是决定放弃该项目。

风险规避策略有着较大的局限性。对于一些风险较大的项目，企业可以采用风险规避的方法。但是对于大部分经营决策，采用该方法在避免风险的同时，也意味着损失了企业的利润。事实情况是，企业的生产经营活动不可能完全避免风险。但是，对于部分项目的部分风险，如果风险较大，企业可以采用风险规避的方法，主动放弃经营。

（2）风险降低策略

风险降低策略是指企业主动采取控制策略，在风险事故发生之前，尽量消除损失可能发生的根源，努力降低风险发生的可能性，并在损失发生之后，尽量减少风险损失程度的一种对策。一方面，企业在风险发生之前，采用预防策略，提高风险识别和度量的科学性，为预测风险提供可靠的基础，同时科学地分析风险因素，从源头处对风险进行治理，防止风险事故的发生。另一方面，风险事故发生后，企业应当积极采取各种措施，如风险救护、应急计划、风险分离、总结经验教训等，最大限度地降低风险损失程度。企业应当积极总结风险事故发生的教训和降低损失的经验，力求探索出其中的规律，增强风险防范意识和能力，真正做到全面风险管理。

"风险降低策略"的基本落脚点是遏制风险因素，减少风险损失。风险降低策略是企业风险管理中最积极主动也是最常采用的方法，这种方法可以克服风险规避方法的局限性。企业并不完全放弃某一特定项目或战略，而是把它们可能带来的风险发生的可能性降到最低，把风险发生后可能带来的不利影响降到最小。这样既不会损害企业的利润，又可以很好地防范风险。

2．财务法

如上文所说，风险按照其可控程度可以划分为可控风险和不可控风险。许多风险是不可避免的，其损失也是难以预料的。因此，当企业面临风险带来的损失时，如何有效运用各种财务工具，及时进行经济补偿，以减少财物损失带来的不利影响，是风险管理的重要内容。财务法通常是指损失发生后的管理，即风险已经发生，已经给企业带来一定损失，企业如何运用各种财务工具，尽快恢复正常生产经营，对损失后果进行弥补。例如，风险自保资金、风险准备金等，都属于事后防范措施。常见的财务方法包括风险转移策略、风险留存策略和风险对冲策略。

风险转移策略是指企业将其损失有意识地转嫁给和其有经济利益关系的另一方承担，通常是因为另一方更有承担该风险的能力和意愿。转移风险并不是一种不道德或不合法的行为，相反地，它不仅是企业防范风险的合法手段，也是企业进行风险管理的重要策略。企业实施风险转移策略一般包括合同转移和保险转移。合同转移是指企业以签订合同、协议等形式将风险转移给对方。而保险转移是最常见的一种风险转移策略。企业通过签订保险合同，向保险公司缴纳一定的保险费用，当风险事故发生时，企业就能获得保险公司的赔偿。

风险留存策略是指企业自行设立基金，自行承担风险损失发生后财务后果的处理方式。企业运用风险留存策略必须具备两个条件：一方面，风险带来的损失金额可以直接预测；另一方面，企业的财务能力足以承担风险带来的最坏后果。风险留存策略实质上是企业在某种风险无法回避也不能转移或因冒风险可获得较大的利益时，自行承担风险及损失发生后的财务后果。许多情况下，风险留存策略是与风险转移策略结合起来运用的。

风险对冲策略是资本市场和金融市场中的常见方法，即运用金融财务工具、金融衍生工具等来降低风险损失。例如，跨国公司的经营十分分散，在各个分部的功能货币可能并不相同，这就使得公司财务状况因外汇波动而不稳定。跨国公司可以采用期权策略来对冲外汇风险，即买进某种货币在将来以某固定价格卖出的权利；也可以采用期货策略，即预计未来某种货币的收入情况，然后做相同币种外汇期货的空头。企业通过风险对冲策略，同样可以有效地降低风险带来的损失。

第二节　内部控制的形成与发展

　　所谓控制，是指行为主体为了保证在不断变化的条件下既定目标仍然能顺利实现，按照事先拟订的计划和标准，通过一系列手段和方法，对影响目标完成的可控因素进行管理，以保证目标实现的管理活动。大至国家的社会、经济活动，小至一家小企业的业务活动和收支情况，都需要进行合理的控制。企业的内部控制实质上也是一种控制，是企业有效执行其战略决策的必备工具。本节将从内部控制的发展阶段、方法等角度，简要介绍企业内部控制的基本内涵。

一、内部控制的基本概念

（一）内部控制的含义

　　内部控制是指为了确保实现企业目标而实施的程序和政策。不同的组织和机构基于不同的角度与层次，对内部控制的定义有着不同的理解和认识。针对内部控制的不同理解，内部控制大致有以下几种典型的定义。

　　1．美国注册会计师协会（AICPA）对内部控制的定义

　　美国注册会计师协会所属的审计程序委员会，于1949年首次提出"内部控制"这一概念，并将其定义为："内部控制包括经济组织的计划以及经济组织为了保护其财产、检查其会计资料的准确性和可靠性，提高经营效率，保证既定的管理政策得以实施而采取的所有方法和措施。"

　　2．美国COSO对内部控制的定义

　　目前，国际上认同度最高、最具有权威性的内部控制概念框架当属1992年9月美国COSO提出的《内部控制整合框架》，现已更新至2013年版本。该报告认为，"内部控制是为了达成某些特定目标而设计的过程；内部控制是一种由企业董事会、管理阶层与其他人员执行，由管理阶层所设计的为达成经营管理的效果及效率，为财务报告的可靠性和相关法律的遵循提供合理保证的过程"。

　　3．加拿大COCO委员会对内部控制的定义

　　COCO委员会是加拿大特许会计师协会（CICA）下属的控制规范委员会，专门对控制系统的设计、评估和报告进行研究，并发布相关指南。COCO的报告中认为，"内部控制是为了支援组织成员达成经营管理的效率和效果，保证内部与外部报告的可信度，遵循相关法规以及内部政策、办法等目标，而由组织资源、系统、过程、文化、结构与作业等元素组成的框架"。

　　4．我国对内部控制的定义

　　2008年6月28日，我国财政部、证监会、审计署、银监会、保监会联合发布了《企业内部控制基本规范》（以下简称《规范》）。《规范》指出，"内部控制是由企业董事会、监事会、经理层和全体员工实施的，旨在实现控制目标的过程"。由此可见，我国对内部控制的定义主要借鉴了COSO报告的相关内容。

　　总之，在企业管理实践中，人们逐渐认识到内部控制是一种管理体系，是整个经营管理过程中的一个重要组成部分和手段，是实现组织管理高效化、专业化、规范化和信息化的最

基本条件。

内部控制的概念可以进一步分为控制主体、控制客体、控制范围和控制手段。内部控制的主体是内部控制制度设计、执行和考核评价的主体。区分内部控制与外部控制的标准就是控制主体，只要控制主体属于组织内部，这种控制就是内部控制。内部控制的客体是企业组织内部的经济、业务管理活动，即企业内的一切生产经营活动、财政收支活动、行政业务活动等。

内部控制的范围可以是部分的，也可以是全局的。部分控制是指内部控制只包括和处理与经济业务有关的内部会计控制，内部控制只与资产管理、资金管理有关，而与企业性质、业务等无关；全部控制是指内部控制应当包括企业全部管理控制，超越会计、财务的范畴，渗透经营的各个方面和管理的整个过程。

内部控制的手段，主要有牵制论和组织方法论两种观点。牵制论认为，内部控制只包括相互联系、相互牵制的管理制度或职责分工制度。组织方法论认为内部控制不仅包括牵制论的范畴，还包括组织、方法、手续等其他手段。

（二）内部控制的本质

企业内部控制的本质与企业组织管理有着密切的联系，企业内部控制就是为了维护企业内部相关各方的利益关系，它要求各方按照预先设定的规则行事。因此，内部控制的本质包括 3 层含义。

（1）制衡。企业组织在设立时会形成一种契约关系，此时所形成的企业内部控制的本质是制衡。企业设立时，企业所有者、企业经营者、企业员工和政府这 4 种不同主体提供了 4 种不同要素，每种要素都是不可或缺的，共同维持着企业的存在和正常运转。

（2）监督。企业组织在运行时会形成科层的等级制度，此时所形成的企业内部控制的本质是监督。监督是单向的，是高层对低层的控制。从决策人和执行人的关系来看，这也是委托代理关系的一种表现。内部控制产生的本源就是委托代理关系。

（3）激励。如上文所述，内部控制产生的本源就是委托代理关系。内部控制要解决的核心问题是信息的不对称。要解决这个问题，除了采取监督的方式，还可以采取激励的机制。例如，对经营者实行股票期权或年薪制度，使执行人能够主动有效地执行决策。

（三）内部控制的内容

内部控制制度按其内容的不同一般可以分为两大类：一类是内部管理控制制度，这是与管理方针的程序和方法、企业的经营效率有关的控制制度；另一类是内部会计控制制度，这是与财产保护和财务记录真实可靠有关的组织、计划、程序及方法相关的控制制度。管理控制制度是建立会计控制制度的基础。一般来说，管理控制职能有 4 个系统，即生产经营所属控制系统、财务会计控制系统、行政所属控制系统和人事所属控制系统。

内部管理控制一般包括业务流程控制、生产流程控制、技术管理控制、信息系统处理控制、行政制度控制、人事关系控制等。内部会计控制一般包括货币资金控制、实物资产控制、对外投资控制、工程项目控制、采购与付款控制、筹资控制、销售与收入控制、成本费用控制等。

二、内部控制的演变与发展

（一）内部控制的发展阶段

内部控制理论与实践随着社会、经济和技术等环境的变化经历了漫长的过程，是逐步发展和完善起来的。在动态发展过程中，内部控制从最初的内部牵制发展为内部控制制度，以及后来的内部控制结构，一直到今天的 COSO 内部控制整合框架和企业风险管理整合框架。我们可以从总体上将内部控制分为 5 个阶段。在每个阶段，理论界对内部控制都有不同的定义。

1．内部牵制阶段

从原始的组织诞生开始，直至 20 世纪 40 年代，内部控制的发展基本停留在内部牵制阶段。内部控制的主要内容是账目间的相互核对，内部控制的主要方式是设立不兼容岗位。这在早期被认为是确保所有账目正确无误的一种理想控制方法。内部牵制的方式一般包括实物牵制、机械牵制、体制牵制、簿记牵制等。

实物牵制是指由两个或两个以上人员共同掌握必要的实物工具，共同操作才能完成某个程序的牵制。例如，保险柜的钥匙交给两个人员持有，只有两把钥匙同时使用才能打开保险柜。

机械牵制是指利用既定的标准或业务处理程序对各个部门、岗位或人员进行控制。例如，对会计凭证处理程序和处理路线做出规定，将单据、凭证、账簿、报表记录系统连接起来。

体制牵制是指通过组织规划与结构设计，把各项业务活动按其作业环节划分后交由不同的部门或人员，实行分工负责，形成相互制约。例如，将会计岗位和出纳岗位分由不同的人员担任。

簿记牵制是指利用复式记账原理和账簿之间的钩稽关系，做到相互制约。例如，原始凭证与记账凭证进行核对、记账凭证与账簿进行核对、总分类账与明细分类账进行核对等。

2．内部控制制度阶段

20 世纪 40 年代至 70 年代，内部控制的发展进入了内部控制制度阶段，内部控制的重点是建立健全规章制度。内部控制制度的形成是传统的内部牵制思想与古典管理理论相结合的产物。而企业规模的不断扩大、审计模式的不断变革，共同推动了内部控制制度的发展和完善。

内部控制制度开始出现了内部会计控制和内部管理控制的划分，内部控制制度主要通过形成和推行一整套内部控制制度来实施控制。内部控制的目标除了保护企业的资产安全之外，还包括增强会计信息的可靠性、提高经营效率等。

3．内部控制结构阶段

20 世纪 80 年代至 90 年代，内部控制的发展进入内部控制结构阶段。内部控制被认为是为合理保证企业特定目标的实现而建立的各种政策和程序，分为内部控制环境、会计制度和控制程序 3 个方面。

内部控制环境是指对建立、加强或削弱特定政策和程序效率产生影响的各种因素，包括企业文化、组织架构、人事政策和程序、经营计划、利润预测、内部审计等。

会计制度是指规定各项经济业务的鉴定、分析、归类、登记和编报，明确资产与负债的经营责任的方法，包括鉴定和登记一切合法的经济业务、对各项经济业务进行合理的分类，并以此作为编制报表的依据等。

控制程序是指企业管理者所指定的用以保证达到一定目的的方针和程序，包括经济业务的审批权、明确岗位职责分工、充分的凭证账单设置和记录等。

在内部控制结构的内容中，会计制度是内部控制结构的关键，控制程序是保证内部控制结构有效运行的机制，内部控制环境是实现内部控制目标的环境保证。

4．内部控制整合框架阶段

20 世纪 80 年代，美国发生了一系列财务报告舞弊和企业突发性破产事件，引起了社会各界对上市公司财务报告真实性问题的普遍关注，同时也引起了人们对内部控制的重新思考。对内部控制的权力配置机制的忽视，是影响内部控制功能发挥的重要因素。内部控制整合框架阶段就是在之前内部控制结构阶段的基础上，把内部控制要素整合成 5 个相互关联的部分：控制环境、风险评估、控制活动、信息与沟通、监督。

控制环境就是塑造企业文化并影响企业员工个人的控制意识，是所有其他内部控制组成要素的基础。控制环境要素包括员工的价值观、员工的胜任能力、组织结构的合理性、管理哲学和经营方式、人力资源政策等。

风险评估就是指分析和辨认实现有关目标可能发生的风险，从而形成风险管理的基础。风险评估涉及评估风险的重大程度、风险发生的可能性大小等。由于经济、产业、法律法规和经营环境的不断变化，企业需要确立一套机制来识别和应对由这些变化带来的风险。

控制活动是确保管理层指令一致性的政策及程序，如核准、授权、验证、调节、复核经营绩效、保障资产安全以及职责分工等。控制行为有助于确保实施必要的措施以管理风险，实现经营目标。

信息与沟通是为了员工能够执行其职责，企业必须识别、捕捉、交流外部和内部的信息。从广义上来说，有效的沟通是信息的自上而下、横向以及自下而上的传递。除了上层命令的及时下达，员工也必须有向上传递重要信息的有效途径。同时，企业与外部客户、供应商、企业所有者之间也需要有效的信息沟通。

监督是由专门人员评估控制的设计和运转情况的过程。监督活动由持续监督、个别评估所组成，以确保企业内部控制能够持续有效地运转。独立的监督和评估活动的广度与频率有赖于风险预估及日常监控程序的有效性。

这 5 个部分既相互独立又相互联系，形成一个有机的统一体。控制环境是其他控制成分的基础。在规划控制活动时，管理人员必须对企业可能面临的风险有细致的了解和评估。风险评估和控制活动必须借助企业内部信息的有效传递和沟通。最后，实施及时有效的监督是内部控制质量的有效保证。

5．企业风险管理整合框架阶段

1992 年，COSO 在广泛吸收各国学者的理论观点并综合实务界的研究成果的基础上，公布了《企业风险管理整合框架》。报告中指出，企业风险管理是一个企业的董事会、管理层和其他员工共同参与的，应用于企业的战略制定和企业内部各个层次及部门的，用于识别可能对企业造成潜在影响的事项，并在企业风险偏好范围内管理风险，为企业目标的实现提供合理保证的过程。企业风险管理整合框架包括 4 个目标和 8 大要素，如图 1-2 所示。

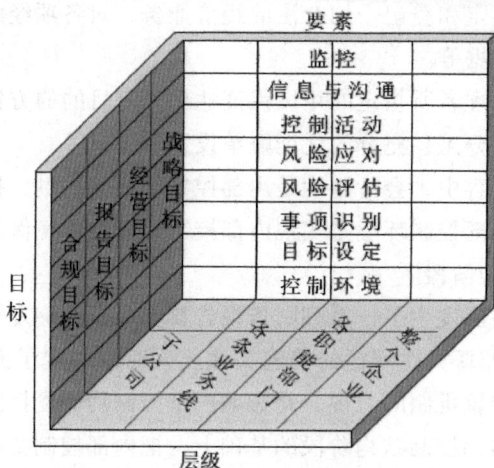

图 1-2　企业风险管理整合框架

这一阶段是在内部控制整合框架阶段基础上的一次拓展，8 个相互关联的要素统一成一个整体，内部控制与风险管理理念贯穿其中，内部控制是企业风险管理必不可少的一部分。因此，这一阶段被称为"企业风险管理整合框架"。

2013 年 5 月，COSO 在 1992 年版框架的基础上更新了企业风险管理整合框架。因为，自COSO 发布 1992 版框架以来，现今的商业环境已变得大为不同。新生产技术和复杂组织结构的不断涌现，以及愈加严格的监管要求，促使企业在满足旧框架运营、合规、财务报告内部控制目标的基础上，越来越关注公司治理和风险管理，越来越重视非财务报告内部控制。此外，近年来由于内部控制失效而发生的一系列舞弊事件以及金融危机的破坏性影响，也进一步要求企业加强和完善内部控制标准。以上这些因素都推动了 COSO 对已颁布 20 年之久的原框架做出相应更新，以帮助企业能够高效果、高效率地制定内部控制系统，实现重要的业务目标并持续优化企业绩效；适应日益复杂和不断变化的商业环境，将风险降至可接受的水平并提高决策信息的可靠性。

（二）我国内部控制的发展阶段

企业内部控制是相对于外部控制而言的，是由于企业内部管理的需要而产生的。20 世纪 90 年代后期，我国就开始加大对企业内部控制的推行力度。自 1996 年起，财政部、中国人民银行、保监会、证监会、中国注册会计师协会等先后颁布了 20 多项法律法规或行业准则，确定了企事业单位内部控制制度建设的目标、原则、内容、方法和监督检查等，建立了相应的内部管理和内部控制制度。

1999 年颁布的新的《中华人民共和国会计法》（以下简称《会计法》）是我国第一部体现内部会计控制要求的法律，该法将企业及单位内部控制制度作为保障会计信息"真实和完整"的基本手段之一。虽然条款内没有直接提到内部控制，但是其具体监督内容都符合内部控制的基本要求。这是我国对内部控制的最高法律规范。但因为是《会计法》，规范的内容局限于内部会计控制方面，没有涉及内部控制的全部内容。

2004 年，为了规范审计人员在审计过程中对被审计单位内部控制的测评行为，保证审计工作的质量，审计署根据《中华人民共和国国家审计准则》制定了《审计机关内部控制测评准则》，并规定自 2004 年 2 月 1 日起实行。该准则主要规定了内部控制测评的基本程序与方法。

2004 年 8 月 20 日，中国银行业监督管理委员会（以下简称银监会）第 25 次主席会议通过了《商业银行内部控制测试评价试行办法》（以下简称《办法》）。该《办法》自 2005 年 2 月 1 日起施行。该《办法》明确商业银行内部控制评价是指对商业银行内部控制体系建设、实施和运行结果独立开展调查、测试、分析、评估等系统性活动。2007 年 7 月 26 日，银监会发布《商业银行内部控制指引》，首次以法规的形式明确了商业银行内部控制。

财政部同样发布了相关的基本规范以及配套指引。2001 年 6 月 22 日，财政部发布了《内部会计控制规范——基本规范（试行）》《内部会计控制规范——货币资金（试行）》等。2007 年 3 月 2 日，企业内部控制标准委员会公布了《企业内部控制基本规范》和 17 项具体规范的征求意见稿。2008 年 6 月 12 日，财政部发布了《企业内部控制应用指引》《企业内部控制评价指引》《企业内部控制审计指引》，对企业在开展各项业务过程中如何建立和实施内部控制做出具体规定。2008 年 6 月 28 日，《企业内部控制基本规范》正式发布。此次基本规范的印发，标志着我国企业内部控制规范体系建设取得重大突破。

三、内部控制的作用与局限

（一）内部控制的目标

从内部控制的演变与发展过程来看，早期人们对内部控制的理解仅限于内部牵制，重点关注的是资金与财产的保全，因此，内部控制的主要目标是防止欺诈与舞弊的发生。随着内部控制理念的演变与发展，其目标也在不断延伸。

1992 年的 COSO 报告中提出了内部控制的 3 个目标：一是经营目标，即保障资产安全，使其免受损失，提高企业资源的使用效率和效果，获得最佳业绩和盈利水平；二是报告目标，即增强财务报告的可靠性，避免对外公布的财务报告与企业实际生产经营状况不符；三是合规目标，即企业应当严格遵守相关的法律法规，同时也受外界法律法规的保护。

2008 年 6 月 28 日，我国财政部等五部委发布了《企业内部控制基本规范》。其中第三条指出，内部控制的目标是保证企业经营管理合法合规、资产安全、财务报告及相关信息真实完整，提高企业的经营效率和效果，促进企业实现发展战略。

由此可见，在现代企业组织中，内部控制的目标已经不是传统意义上的查错和纠弊，而是涉及组织管理的方方面面，呈现出多元化、纵深化的趋势。我国的《企业内部控制基本规范》所规定的内部控制目标与 COSO 报告中的 3 个目标基本相同。我国企业内部控制目标应当包括以下 5 个方面。

（1）战略目标。任何组织都有其特定的目标。组织要有效地实现其目标，就必须及时对财务资源、人力资源、知识资源、信息资源等进行合理的组织、整合和利用。企业应当将短期利益与长远利益充分结合，在企业经营管理过程中充分利用所拥有的各项资源，做出符合战略要求、有利于提升企业可持续发展能力和创造长久价值的经营策略。

（2）经营目标。经营目标即实施内部控制要提高经营的效率和效果。企业的根本目标应该是实现资本保值增值，维护企业所有者的利益。经营目标是企业实现战略目标的核心和关键，战略目标的实现需要通过分解和细化为经营目标才能得以落实。没有经营目标，战略目标便失去了意义。

（3）报告目标。报告目标即内部控制要保证企业提供真实、可靠的财务报告及其他信息。它是内部控制目标体系中的基础目标，包括内部报告目标和外部报告目标。内部控制与信息是密不可分的，管理者需要利用信息来监督和控制组织的行为，同时决策信息系统也需要内部控制系统来确保能提供相关可靠、及时的信息。另外，企业保证对外披露的财务报告的真实、完整，有利于提升企业的诚信度和公信力，维护企业良好的声誉和形象。

（4）合规目标。企业必须服从政府制定的各项法律法规、职业道德规则以及利益集团之间的竞争因素等所施加的外部控制；内部控制系统必须保证企业遵循各项法律法规和政策程序等。逾越法律法规的短期发展，最终会使企业付出沉重的代价。

（5）资产安全目标。这是内部控制的最传统的目标。只有保证了企业的资产安全，才能使投资者、债权人和其他相关者的利益得到保护。资产安全也是企业可持续发展的物质基础。良好的内部控制应当为资产安全提供坚实的制度保障。

上述内部控制 5 个目标之间的关系可以用图 1-3 表示。

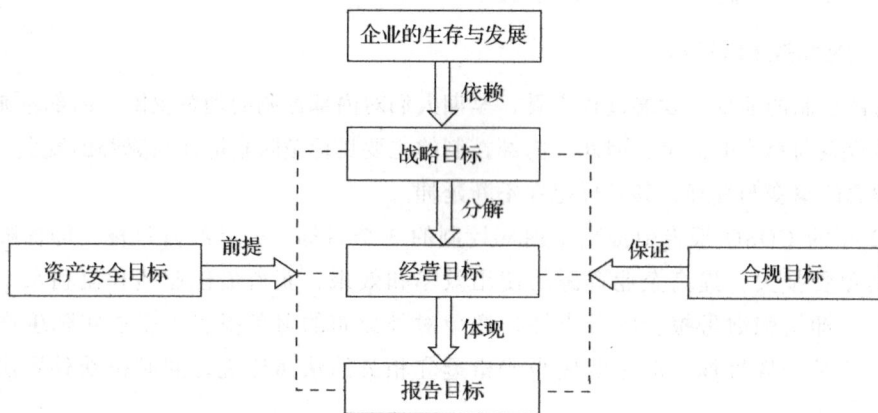

图 1-3　企业内部控制目标之间的关系

（二）内部控制的意义

随着市场竞争的日趋激烈和竞争环境的日趋复杂，各种潜在风险也日益显现。尽管加强企业内部控制并不能完全杜绝企业因风险而亏损、失败甚至破产倒闭，但是缺乏有效的内部控制是万万不能的。企业只有建立且有效实施科学的内部控制体系，才能夯实内部管理基础，提升风险控制能力。内部控制的积极意义主要体现在以下 5 个方面。

1．内部控制是企业实现管理现代化的科学方法

企业所追求的目标是生存、发展和获利。生存是前提，获利是最终目标，发展是实现最终目标的有效途径。企业要想在市场中生存下去并不断发展壮大，最终实现获利，就需要建立现代企业管理制度。而严密的内部控制制度是企业进行现代化管理的可靠保证。科学的内部控制制度，能够合理地对企业的各职能部门及人员进行分工控制、协调和考核，促使企业各部门人员履行职责、明确目标，保证企业生产经营活动能有序、高效地进行。因此，内部控制是企业实现管理现代化的科学方法。

2．内部控制是保护企业资产安全的重要手段

内部控制的一个重要原则就是明确企业在经济业务处理过程中各职能部门、工作人员之间的相互联系、相互制约的职责分工制度。这类制度严格地规定了在处理经济业务过程中各职能部门的权力与职责，使得各部门各司其职，这样不仅可以提高工作效率，而且保证了业务处理的正确性和财产的安全性。内部控制制度对财产物资的保管包括采取各种控制手段，以防止和减少财产物资被破坏，杜绝浪费、贪污、盗窃、挪用等现象的发生。由此可见，内部控制是保护企业资产安全的重要手段。

3．内部控制是防范会计信息失真的有效途径

在市场经济环境中，会计信息的重要性已经日益为人们所认识。无论是国家宏观经济调控和监督、投资者的投资决策，还是企业管理当局的管理决策，都要以会计信息为基础。因此，会计信息的真实性成为相关各方利益的焦点。如上文所述，内部控制体系包括会计控制和管理控制。而会计控制运行的有效性与会计信息的质量直接挂钩，会计信息的失真必然伴随着内部控制的失效，内部控制是防范会计信息失真的有效途径。

4．内部控制是保护投资者利益的客观要求

现代企业管理制度的一个显著特征是企业的所有权和经营权相分离。由于企业所有者和管理当局所拥有的关于企业生产经营状况的信息并不对称，由此容易引发逆向选择和道德风险。部分企业管理者损害投资者的利益从而为自己谋私利的现象时有发生，这都是内部控制薄弱的表现。企业必须高度重视财务管理与内部控制制度的建立健全，运用内部牵制、授权管理、岗位轮换、回避等有效措施，强化制约和监督。只有严格实施内部控制，才能保护投资者的利益。

5．内部控制是应对国际化挑战的迫切需要

在 21 世纪的今天，企业之间的竞争已经不仅仅是技术和资本方面的竞争，管理方式的竞争也日趋激烈。我国企业管理要接近国际先进水平，就必须实现传统管理模式向现代管理模式的转变，应当以财务管理和内部控制为重点，全面提高自身经营管理水平，缩短与发达国家企业在管理水平上的差距，迎接国际竞争的挑战。

（三）内部控制的局限

内部控制固然在防弊纠错、提高经营效率和效益方面对企业具有重大意义，然而，它作为一种机制和工具，并不是包治企业"百病"的"灵丹妙药"。任何事物都不是尽善尽美的，内部控制同样如此。它存在着固有的、不可避免的局限，主要体现在以下 5 个方面。

1．内部控制受成本效益原则的约束

建立和实施内部控制是有成本的。首先表现为内部控制自身的成本，如聘请会计师事务所制定内部控制制度的咨询服务费等；其次还包括人员在实施内部控制过程中的机会成本。因此，企业在设计内部控制制度时必然会比较成本和收益状况，但是这样的估计需要主观性判断。如果判断失误就可能会使需要的控制不能实现，从而给企业造成更大的损失。

2．内部控制受滥用职权的影响

内部控制制度的重要实施手段之一是授权批准控制，这一制度使得处于不同组织层级的

人员和部门拥有大小不等的业务处理和决定权限。但是，当内部人员，特别是高层管理人员的权力超过内部控制制度本身的力量时，就为内部人员滥用职权创造了条件，内部控制制度也就形同虚设了。

3．内部控制受合谋舞弊的影响

不相容的职权相分离是内部控制的一条重要原则，可以避免一个人单独从事和隐瞒不合程序的行为。但是，当两个或两个以上人员或部门合谋串通，就可以避开此类控制。例如，出纳和会计串谋、财产保管人员和财产核对人员合伙造假等。这样，合谋舞弊的结果是完全破坏了内部牵制的设想，使得内部控制制度失效。

4．内部控制受制度滞后的限制

内部控制一般都是针对常规事项设置的，具有相对稳定性。因此，对不经常发生的、未能预料的例外事项的控制力有限。企业所处的生产经营环境是一个不断变化的整体，为了生存和发展，企业必须相应地调整经营战略，如并购其他企业、增设新的分部等。这就可能导致原有的控制系统对新增的部分失去作用，使得内部控制制度出现滞后。

5．内部控制受例外事件的限制

在现实社会中，复杂多变的外部环境使企业常常会面对一些意外和偶发事件，而这些业务或事项由于其特殊性和偶发性，没有现成的规章制度可循，只能凭借管理者的知识经验和对外部环境变化的感知度，从而造成内部控制的盲点。也就是说，内部控制的又一个缺陷在于它不能有效应对例外事件。

四、内部控制的方法

内部控制的方法是指为完成企业的内部控制任务、达到内部控制的目的所采用的手段和措施。内部控制在实现控制目的的过程中，可以采用的方法有很多种。只有在内部控制结构完整和内部控制全面分工的基础上，运用内部控制的多种方法，企业才能真正将内部控制落到实处。本节根据财政部颁布的《企业内部控制基本规范》，结合企业内部管理的实际情况，总结出内部控制的 10 种常见方法。

1．组织机构控制

组织机构控制是对企业组织机构设置、职责分工的合理性和有效性所进行的控制。要建立健全组织机构控制，必须解决两个问题。首先，应当设立管理控制机构，如有些上市公司根据自身的生产经营特点设立了审计委员会、价格委员会、薪酬委员会等，机构的设置因单位的经营特点和经营规模而异。其次，应当推行职务不兼容制度，杜绝高层管理人员的交叉任职，如董事长和总经理由一人担任。交叉任职容易导致权责不清、制衡力度低下，决策过于随意。

组织机构控制包括组织机构设置和组织分工两方面的内容。组织机构设置是指组织机构的设置要满足企业经营管理的需要，不能过于精简，也不能冗余。组织分工是指部门内部的岗位设立和岗位之间的分工，这是保证企业正常运营，提高经营效率，增强会计信息的真实性、可靠性的重要条件。

2．全面预算控制

全面预算包括 4 个方面：①运营预算，包括销售收入、管理费用、生产制造费用、销售费用等；②资本预算，包括生产项目预算、固定资产购置、投资项目计划等；③资产负债预算，即运营预算和资本预算在资产负债表中的体现；④现金流预算，即对现金的流入和流出提前进行预测、安排和计划。

全面预算控制是企业内部控制最重要的方面之一。全面预算必须有足够的科学性和权威性。它要求企业加强预算编制、执行、分析和考核等环节的管理，明确预算项目，建立预算标准，规范预算的编制、审定、下达和执行程序，及时分析和控制预算差异，提出财务改进措施，完善预算的执行。同时，全面预算并不是一成不变的，企业必须始终掌握原则性和灵活性相结合的原则，随着具体情况的变化不断对全面预算进行更新和完善。

3．授权审批控制

授权审批是指企业在处理经济业务时，必须经过适当的授权审批才能实施。授权审批之后，为了避免被授权者滥用职权，还应当经常对组织活动的程序进行审查。授权按其性质的不同可以分为两类：一般授权和特殊授权。一般授权是指对办理常规业务时权力、条件和责任的授予。企业中不属于常规业务的重大业务决策和特殊事项的处理，则需要特殊授权。例如，对于规定限额内的业务招待项目，相关责任人可以自行决定招待，即为一般授权；对于超过限额的业务招待项目，则需要主管人员、分管领导等另行审批才能进行招待。

授权需要有相应的记录，并提供证明文件。在现代企业中，信息化高度发达，很多授权是通过办公系统内的电子流程来完成的。在授权审批过程中要避免两个极端：一是审批层级过多，使得企业效率低下、增加管理者的工作量；二是避免权力的过于集中，避免完全按照某个管理者的主观意志来进行。总之，授权审批要做到科学性和便捷性的结合。

4．资产保全控制

资产保全控制是指为了保护资产的安全完整所采用的控制方法。这里所说的资产不仅包括企业的实物资产和金融资产，如设备、存货、现金、银行存款等，也包括企业的无形资产，如技术、方案等；同时，还包括企业的信息资产，如经营信息、财务信息、文件资料等。

企业实施资产保全控制，首先应当限制对资产的接触，主要是限制无关人员对资产的直接接触，保证只有获取相应权限的人员才有接触资产的资格；其次，应当建立定期盘点制度，对资产进行定期盘点，并保证盘点时资产的安全性；最后，可以通过对资产投保，如火灾险、盗窃险等，增加实物资产受损后的补偿，从而保护资产的安全。

5．内部报告控制

通常情况下，企业对外编制的资产负债表、利润表、现金流量表并不能完整地反映企业的实际情况，很难满足企业管理当局的需要。因此，为了增强内部控制的时效性和针对性，企业应当建立内部管理报告体系，全面反映企业的经济活动状况，及时提供业务活动中的重要信息，以便于企业管理当局及时有效地做出科学的决策。

常用的内部报告包括资金分析报告、费用分析报告、经营状况分析报告、投资分析报告、可行性分析和调查报告等。内部报告应当反映各个部门的经管责任，报告形式应当简明易懂。内部报告控制在实施时应当注意报告的及时性、真实性、灵活性和完整性。

6．风险防范控制

由于生产经营内外部环境的复杂性，企业不可避免地会遇到许多风险。风险防范控制就是指以风险防范为主要目的所进行的控制。它要求企业树立风险意识，针对各个风险控制点，建立有效的风险管理系统，通过风险预警、风险识别、风险评估、风险管理、风险监控等措施，对财务风险和经营风险进行全面防范和控制。

企业风险防范控制的内容主要包括筹资风险、投资风险、信用风险、合同风险等。需要注意的是，企业不可能完全消除风险的影响，只能尽量降低风险带来的损失程度。风险防范控制是企业的一项基础性、常规性的工作，企业应当设置专业的风险评估部门或岗位，专门负责有关风险的规避和控制。

7．信息系统控制

21世纪是信息化的时代，企业越来越重视信息系统的应用。通过高效完备的管理信息系统，企业可以在第一时间获取经营水平、价格变动、市场现状、库存状况、财务状况等方面的信息。信息系统不仅使得企业在很大程度上提高了工作效率，降低了运营成本，同时也提高了企业管理者决策的科学性，因为信息的完整性、可靠性、准确性、及时性是管理层做出科学决策的基础。

企业信息系统控制要从两方面入手：一是加强对信息系统本身的控制，包括系统开发与维护、文件资料控制、设备与网络安全控制、日常应用控制等；二是要充分运用信息技术建立控制系统，减少和消除人为因素的影响，确保企业信息系统的有效实施和高效运转。

8．人力资源控制

人力资源是企业发展的至关重要的资源。人力资源的数量和质量、忠诚度、向心力和创造力，是企业生存、发展壮大的基础。因此，如何充分调动人力资源的积极性、主动性、创造性，已经成为企业管理的核心任务。

企业的人力资源控制是一个系统工程，涉及许多方面。例如，建立严格的招聘流程、制定员工工作规范、定期对员工进行培训、加强考核和奖惩力度、定期或不定期轮岗、提高工资与福利待遇等。

9．会计系统控制

会计系统控制要求企业必须根据《会计法》和国家统一的会计制度等法规，制定符合本单位生产经营实际的会计制度和会计凭证、会计账簿和财务报告的处理程序，实行会计人员岗位责任制，建立严密的会计控制系统，充分发挥会计的监督职能。

会计系统控制主要包括建立健全内部会计管理规范和监督制度、统一会计政策、统一会计科目等。从作用角度来说，会计系统控制不仅可以为内部控制系统的有效运行提供信息支持，同时也可以服务于企业的资产保全控制、全面预算控制等。所以，会计系统控制是一个综合性的控制系统，其他很多控制系统和控制方式的实施都离不开它。

10．内部审计控制

内部审计控制是指由企业内部审计部门所进行的控制，主要作用是对单位内部的各种经济活动、管理制度是否合规、合理、有效，进行独立的评价，以确定是否贯彻了既定的政策和程序，是否遵循了所建立的标准，资源利用是否合理有效，单位目标是否达到等。因此，内部审计控制本质上是对其他内部控制所进行的再控制。

内部审计的内容十分丰富，按其目的可以分为财务审计、经营审计和管理审计等。内部审计在企业中应当保持相对的独立性，独立于其他部门，不受其他经营管理部门的干涉，最好直接由董事会或者其下属的审计委员会管理。

第三节　风险管理与内部控制

　　风险管理与内部控制是两个关系密切又容易混淆的概念，两者之间既有联系又有区别。风险管理与内部控制的关系在学术界颇具争议，原因是不同国家、不同职业组织或研究团体对内部控制有着不同的理解，由此衍生出的内部控制与风险管理的内涵也不尽相同。本节对 COSO 报告下的风险管理与内部控制的关系进行了简要分析，并指出一些关于风险管理与内部控制的认识误区。

一、风险管理与内部控制的关系

　　风险管理与内部控制之间的关系，目前主要存在 3 种观点，分别是风险管理包含内部控制、内部控制包含风险管理、风险管理等同于内部控制。

（一）风险管理包含内部控制

　　持此观点的代表是美国 COSO。COSO 在 2013 年发布的《企业风险管理整合框架》中指出，风险管理包含内部控制，内部控制是风险管理不可分割的一部分；内部控制是风险管理的一种方式，风险管理比内部控制的范围广得多。同样，英国特恩布尔（Turnbull）委员会也认为，风险管理对于企业目标的实现具有重要意义，公司的内部控制系统在风险管理中扮演着关键角色，内部控制应当被管理者视为范围更广的风险管理的组成部分。南非 2002 年发布的关于风险管理的 King Ⅱ Report 中认为，传统的内部控制系统不能管理一些风险，如政治风险、技术风险和法律风险，风险管理将内部控制作为减轻和控制风险的一种措施，是一个比内部控制更为复杂的过程。

（二）内部控制包含风险管理

　　持此观点的代表是加拿大 COCO。加拿大特许会计师协会（CICA）用"控制"一词表达了内部控制的概念。其认为控制是一个组织中诸要素的集合体，包括资源、制度、过程、文化、结构和任务等，这些要素结合在一起，支持该组织实现其目标。加拿大 COCO 报告认为，控制是一个组织中支持该组织实现其目标诸要素的集合体，实质上就是内部控制。风险评估和风险管理是内部控制的关键要素，当企业管理风险时，本质上就是在实施内部控制。

（三）风险管理等同于内部控制

　　这一观点是在对 COSO 内部控制框架与风险管理框架理解的基础上提出来的，它认为风险管理与内部控制仅仅是人为的分离，在实务中二者是一致的。从理论上来看，风险管理体系与内部控制体系的外延拓展后，两个概念会不断趋于融合。COSO 在 1992 年颁布的《内部控制整合框架》的基础上，于 2004 年出台了《企业风险管理整合框架》。发生这种变化的根本原因是内部控制的最终目的就是控制风险，而控制风险就是风险管理。所以说，内部控制和风险管理是控制风险的两种不同表达形式，内部控制反映了控制的方式和手段，而风险管理反映了控制的目的。

　　由于目前国际上较为通用的框架是美国 COSO 报告中的框架，本书主要以 COSO 报告下的内部控制框架与风险管理框架为基础，倾向于认为风险管理包含内部控制。内部控制与风险管理的本质都是风险控制，风险管理是在内部控制的基础上发展起来的，因此，它更具先进性。我们将风险组合管理观念引入风险控制中，增强了风险控制的科学性和可行性；将战略目标引入其中，提高了风险控制的战略高度，增强了企业实施控制时的系统性和全面性；将风险控制的范围扩大，便于从整体角度来看待局部风险和总体风险。内部控制不断向风险管理的方向发展，内部控制的思想仍然保留在风险管理中，其影响渗透在风险管理理论中。

二、风险管理与内部控制的比较

1．风险管理与内部控制的相同点

按照 COSO 报告的框架，风险管理与内部控制的相同点包括以下内容。

（1）目标一致。COSO 将二者都定义为"由一个组织的企业董事会、管理层以及其他人员共同实施的一个过程"，强调了全员参与的观点，指出各方在内部控制或风险管理中都有相应的角色与职责。

（2）本质一致。二者都是一个"过程"，其本身并不是结果，而是实现结果的方式。企业内部控制与风险管理都是渗透于企业各项活动中的一系列行动。这些行动普遍存在于管理者对企业的日常管理中，是企业日常管理所固有的，都是为增加企业价值而服务的。

（3）都为企业经营目标的顺利实现提供保障。设计合理可行的内部控制与风险管理制度，能够有效提升企业的管理水平和风险防范能力，增强企业的核心竞争力，为实现管理者和投资者的目标提供合理的保证。

2．风险管理与内部控制的不同点

风险管理与内部控制还存在着一些不同点，具体内容如下。

（1）内容不一致。如上所述，风险管理是在内部控制的基础上发展起来的，因此，它更具先进性，内容也比内部控制更为广泛。风险管理除包括原内部控制的 3 个目标之外，还增加了战略目标。这意味着风险管理介入了企业战略制定的过程，风险管理比内部控制的层次更高、范围更广。另外，风险管理将风险评估要素拓展为目标设定、事项识别、风险评估及风险应对 4 个要素，还引入了风险组合管理理念以及风险偏好、风险容忍度等新的概念，这都体现了风险管理相对于内部控制在内容范围上的拓展。

（2）活动不一致。全面风险管理包含了风险管理目标和战略的设定、风险评估方法的选择、授权审批和行政管理以及报告程序等活动。而内部控制所负责的是风险管理过程中间及其以后的活动，如对风险发生的概率、影响程度进行合理评估，并以此为依据实施控制活动；信息传递与沟通交流；监督评审与权限纠正等。二者的最大区别在于，内部控制不负责企业经营目标的具体设立，不影响企业战略的走向，只是对目标的制定过程进行评价，对目标和战略制定过程中的风险进行评估。而风险管理则贯穿于管理过程的各个方面，控制的手段不仅体现在事中和事后的控制上，更重要的是在事先设定目标时就充分考虑了风险的存在。

（3）技术方法不一致。全面风险管理框架引入了风险偏好、风险容忍度、风险对策、压力测试、情景分析等概念方法。在技术方法上，风险管理更注重对风险的定量分析与管理。例如，在风险评估要素方面，针对风险大小的定量度量采用了多种技术方法，包括 VAR（Value at Risk）、风险现金流量、风险收益、损失分布、事后检验等概率技术和敏感性分析、情景分析、压力测试、设定基准等非概率技术。

总之，按照 COSO 报告的框架，风险管理是在内部控制的基础上发展起来的，这并不意味着风险管理完全取代了内部控制，而是进一步拓展了内部控制的内涵。因此，内部控制演变成了以风险管理为导向的内部控制，内部控制的思想渗透在风险管理理论中。

三、风险管理与内部控制的认识误区

我国于2008年6月颁布了第一部《企业内部控制基本规范》，对企业加强和规范内部控制提出了要求。目前，实务界在对风险管理和内部控制的认识上还存在一定误区，主要体现在以下几个方面。

（1）许多企业将内部控制与全面风险管理体系建设理解为制度建设，认为有了制度便具备了完善的内部控制体系。其实，从目前国际上较为通用的COSO框架中我们可以看到，风险管理与内部控制都被明确为一个过程，而非纯静态的存在，如制度、技术、文件等。企业应当将风险管理与内部控制置于企业的日常管理过程中，作为一种常规运行的机制来建设，并且应当随着生产经营实际情况的变化而变化，及时有效地调整风险管理体系和内部控制策略。

（2）在部分企业中，内部控制体系与全面风险管理体系是相互独立的。事实上，风险管理与内部控制的体系建设是一个系统工程。按照COSO报告的观点，风险管理是以内部控制为基础发展出来的，两者在内涵上有一定的重合。企业应当综合考虑自身的业务特点、发展阶段、外部环境要求等，选择适合自身发展的管理体系和建设重点。

（3）部分企业在控制上走了极端。过度的控制会影响企业的经营效率，而过度强调效率又会导致企业对控制的忽视。部分企业错误地认为，将风险降到最低是内部控制的目标，越严格的管理越有利于企业的稳定安全。事实上，风险的降低往往伴随着企业获利机会的减少，过度严格的管理往往会束缚企业的发展，使企业举步维艰、停滞不前。风险与机会是共生共存的，控制的同时也意味着牺牲了效率。如何在降低风险的同时抓住机遇，达到控制与效率的平衡，是风险管理与内部控制设计的难点所在。

（4）有些企业过分夸大了风险管理与内部控制的作用，它们对风险管理与内部控制持有过高的期望，认为二者可以确保财务报告的可靠性，确保企业经营目标的实现，确保企业在市场竞争中立于不败之地。实际上，企业管理是一个非常复杂的系统工程，涉及方方面面，无论多么先进的风险管理和内部控制体系，都只能为企业目标的实现提供合理的保证，而非绝对的保证。

为更好地贯彻内部控制规范，实施全面风险管理，企业应当多管齐下，采取多种措施。首先，完善公司治理和企业内部环境是加强内部控制、实施全面风险管理的前提。我国证券市场尚处于新兴转轨阶段，股权结构异化，股权文化缺失，公司治理形备而实不至，因此，强化公司治理的作用在我国显得尤为重要。我国应加强公司治理建设，使股东、董事会和经理层相互制衡，从根本上改善内部控制环境，防止管理层权限超越内部控制的力量。同时，企业应当重视风险因素在内部控制中的重要性。风险管理与内部控制的关系并不是一成不变的。例如，在战略制定阶段，内部控制服务于风险管理的需求，而在战略实施阶段，风险管理通过内部控制的过程体现出来。另外，企业应当重视对内部控制的自我评估，作为企业监督和评估内部控制系统的主要工具。内部控制的自我评估将运行和维持内部控制的主要责任赋予公司的管理者，同时要求员工和内部审计也要对内部控制评估承担相应的责任。

本章要点

本章主要介绍了与风险管理和内部控制相关的基础知识，包括风险管理的基本内容、内部控制的演变与发展、风险管理与内部控制之间的区别和联系这 3 个部分。

企业所处的内外部环境十分复杂，这就决定了企业生产经营的进行会受到各种因素的影响，不利的影响可能会给企业带来损失，甚至使企业面临破产倒闭的风险。因此，企业需要通过预测、防范和控制风险，降低损失发生的概率和程度，保障企业各项活动的顺利进行。

内部控制理论的发展经过了内部牵制、内部控制制度、内部控制结构、内部控制整合框架和企业风险管理整合框架 5 个不同的阶段。美国 COSO 颁布的《内部控制整合框架》报告中认为，内部控制是为运营的效率效果、财务报告的可靠性以及法律法规的遵循性提供合理保证的过程。该框架被许多国家的企业所认可，并为内部控制的权威机构所借鉴。

风险管理与内部控制之间有着密切的联系。按照 COSO 2004 年颁布的《企业风险管理整合框架》中的观点，风险管理是在内部控制的基础上衍生发展出来的，内部控制是企业风险管理的有机组成部分；企业风险管理包含内部控制，二者趋于融合。

企业风险管理与内部控制建设是一项非常复杂的系统工程，企业应当明确目标，充分提高公司治理水平，完善内部环境，根据自身实际情况，建立一套适合企业发展的风险管理与内部控制的流程体系。

案例资料

中国某国有银行于 2016 年 1 月 22 日晚发布公告称，2 名员工涉嫌非法套取票据，涉及风险金额为 39.15 亿元。由于金额巨大，公安部和银监会已将该案上报国务院。中国某国有银行 39 亿元票据丢失，揭示了大企业的内部控制机制存在软肋。不断发生的案例提醒大企业高层，应当不断优化内部控制机制，谨防软肋变成硬伤。

作为一家大型企业，中国某国有银行 39 亿元票据是如何丢失的呢？

从媒体报道看，中国某国有银行 39 亿元票据丢失的大致脉络是：中国某国有银行北京分行与某银行进行银行承兑汇票转贴现业务，在回购到期前，票据应存放在中国某国有银行的保险柜里，不得转出。但实际情况是，这些票据在回购到期前并不在保险柜里，而是被内部员工"狸猫换太子"盗取出来，保险柜中的所谓"票据"则被换成报纸，涉案员工利用非法套取的票据开展回购贴现交易，贴现资金非法进入了股市。由于股价下跌，出现巨额资金缺口，无法兑付，最终导致东窗事发。

2015 年年底，银监会就曾下发一份通知，称按照 2015 年现场检查计划，各银监局分别对管辖内的部分银行业金融机构 2015 年上半年票据业务开展了现场检查。检查发现，相关银行业金融机构在办理票据业务中均存在不同程度的不审慎行为。据业内人士介绍，中国某国有银行这次爆出的 39 亿元大案，不过是冰山一角。此前一年，中国某国有银行内部曾开展了好几轮现场检查，对于票据交易都采用了自查方式。据悉，中国某国有银行目前已暂停了资金业务和放贷业务。此案发生后，社会各界非常震惊，很多人感到不解的是，作为一个国有控股的大型上市银行，应该会有严密的内部控制措施，怎么会如此轻易地发生几十亿元票据变为废报纸的大案？银行的风控难道形同虚设？

一位银行风控部门人士表示，由于票据回购业务涉及计财部门、柜台部门、信贷部门等前、中、后台至少 4 个部门，只有串联才可以违规操作。因此，这一案件显然不仅涉及 2 人，而是窝案。目前作案细节尚未披露，结合相关报道看，我们推断应该是中国某国有银行作为资金提供方，与某银行开展了一笔银行承兑汇票买入返售业务，中国某国有银行派 2 名员工去对方处收取质押票据并封包，然后回中国某国有银行，将票据封包入库。在正常情况下，回购到期前，该票据应存放在中国某国有银行的保险柜里，不得转出，到期时将票据封包由中国某国有银行归还对方银行。但是，负责操作收取票据的 2 名员工串通了业务岗和会计岗，在收取票据后将票据予以替换，入库的封包实际已是一堆废报纸。由于封包入库时并不拆包，入库时则可蒙混过关。盗取票据的员工通过票据中介，利用票据进行回购贴现交易，获得一笔资金，用于炒股赚取一笔高收益。此后，如果赶在回购到期之前赎回票据，则整个过程神不知鬼不觉。可惜股市大跌，资金链断裂，员工无法填补窟窿，才终于"纸包不住火"，导致案发。

无论从财务风险内部控制的角度看，还是从税务风险内部控制的角度看，中国某国有银行 39 亿元票据丢失一案都值得大企业高层反思——每个大企业的风险内部控制机制其实都存在软肋，关键是如何正视这些软肋，并采取有效的防范措施。

上述作案过程算不上高明，并不是什么高智商金融犯罪。作为银行，通常是有相关内部控制制度和风险防控措施的，如双人办理、重要岗位轮岗、账实核对、内部自查和外部检查等。很多大案爆发后，我们回过头来分析，经常发现很多大企业虽然有内部控制制度，但实际往往没有严格执行。如在本案中，中国某国有银行就存在未建立票据台账、重要岗位定期轮岗得不到落实、上级行对下级行的检查流于形式等问题。再如，2007 年，中国某国有银行邯郸分支行金库失窃案，2 名金库保管员联手盗窃金库 5 000 多万元；事后发现该银行存在监控探头坏了无人修、盘库制度未严格执行等一系列问题。

内部控制制度不能得到有效执行是个老生常谈的问题。内部控制制度不能执行的原因主要有两个：一是制度本身制定得不合理，或过于理想化，或随着新情况的出现，原有制度已不能适应却没有及时修改，从而使得制度不具可操作性，自然也就不会被执行；二是缺乏保证制度执行的机制，一些企业对内部控制执行情况既没有检查监督，又没有相应的奖惩措施。

我们认为，如果将风险案件爆发生仅仅归之于内部控制不能执行，指望通过加强内部控制执行就能解决问题，则未免失之于简单——其实背后隐藏着内部控制设计和指导理念的问题。在做内部控制制度设计时，不少大企业往往假定各项内部控制制度是会被执行的，但现实是内部控制并非万能的，内部控制有它自己的软肋，就如古希腊神话中的阿喀琉斯。传说，阿喀琉斯的母亲曾把他浸在冥河里，使其能刀枪不入。但因冥河水流湍急，母亲捏着他的脚后跟不敢松手，所以脚后跟是他最脆弱的地方，最终这位刀枪不入的勇士被敌人用箭射中脚后跟。这便是谚语"阿喀琉斯之踵"的来历。内部控制最常见的软肋，就是员工蓄意串通绕过内部控制，还有就是从成本效益原则考虑，企业不可能为了防范风险而无限制地增加成本。

内部控制制度的最终执行是要靠人的，因此企业构建内部控制体系时，必须考虑内部控制的软肋，并尽可能采取相关措施加以预防。例如，上门收取票据，如果员工严格按制度操作，双人相互监督，自然不会发生票据变成废报纸的事情。事实上，这只是一种良好的主观愿望，企业必须考虑到在巨大利益诱惑面前存在两人串通舞弊的情形。为此，企业可采取透明封包、取回封包与归还封包由不同的人员操作、定期轮岗、突击清查盘点等措施，则即使两人串通舞弊，仍然能被及时发现。

案例讨论

根据上述资料，你认为企业在构建内部控制体系时，除了考虑内部控制本身的局限性外，还需要注意哪些方面的内容？

复习思考题

1. 企业风险与风险管理有哪些不同的表述？
2. 为什么要加强企业内部控制？
3. 阐述风险管理与内部控制的区别与联系。

本章参考文献

[1] 周春生. 企业风险与危机管理[M]. 北京：北京大学出版社，2007.

[2] 王周伟等. 风险管理[M]. 上海：上海财经大学出版社，2008.

[3] 孙星. 风险管理[M]. 北京：经济管理出版社，2007.

[4] 程新生. 内部控制理论与实务[M]. 北京：清华大学出版社，2008.

[5] 朱荣恩. 内部控制案例[M]. 上海：复旦大学出版社，2005.

[6] 胡为民. 内部控制与企业风险管理：案例与评析[M]. 北京：电子工业出版社，2009.

[7] 池国华. 内部控制学[M]. 北京：北京大学出版社，2010.

[8] 李鸣凤. 内部控制学[M]. 北京：北京大学出版社，2002.

[9] 张福康，姚瑞马. 企业内部会计控制研究[M]. 北京：社会科学文献出版社，2007.

[10] 梁丽. 企业内部控制研究[M]. 成都：西南交通大学出版社，2009.

[11] 张喆. 内部控制原理及其应用研究[M]. 北京：化学工业出版社，2009.

[12] 彭志国，刘琳. 企业内部控制与全面风险管理[M]. 北京：中国时代经济出版社，2008.

[13] 孙班军，郝建新. 风险管理案例分析与公司治理[M]. 北京：中国财政经济出版社，2006.

[14] 刘胜强. 企业内部控制[M]. 北京：清华大学出版社，2014.

[15] 李连华，汪祥耀. 内部控制规范的国际分野与融合[J]. 中国注册会计师，2010（05）.

[16] 刘霄仑. 风险控制理论的再思考：基于对 COSO 内部控制理念的分析[J]. 会计研究，2010（03）.

[17] 樊行健，肖光红. 关于企业内部控制本质与概念的理论反思[J]. 会计研究，2014（02）.

[18] 陈关亭，黄小琳，章甜. 基于企业风险管理框架的内部控制评价模型及应用[J]. 审计研究，2013（06）.

[19] 张先治，戴文涛. 中国企业内部控制评价系统研究[J]. 审计研究，2011（01）.

第二章　风险管理的定位与应用价值

本章结构图

```
                        ┌─────────────────┐   ┌──────────────────────┐
                        │ 风险管理的不同视角 │───┤ 风险管理的社会责任视角 │
                        │                 │   ├──────────────────────┤
                        │                 │   │ 风险管理的内部审计视角 │
            ┌───────────┴─────────────────┘   └──────────────────────┘
风险管理的  │           ┌─────────────────┐   ┌──────────────────────┐
定位与应用  ├───────────┤ 风险管理的范式    │───┤ COSO 对内部控制的风险认识 │
价值        │           │                 │   ├──────────────────────┤
            │           │                 │   │ COSO 风险管理范式的内涵 │
            └───────────┴─────────────────┘   └──────────────────────┘
                        ┌─────────────────┐   ┌──────────────────────┐
                        │ 风险管理的价值创造 │───┤ 风险管理与企业价值的理论发展 │
                        │                 │   ├──────────────────────┤
                        │                 │   │ 风险管理增加企业价值的途径 │
                        └─────────────────┘   └──────────────────────┘
```

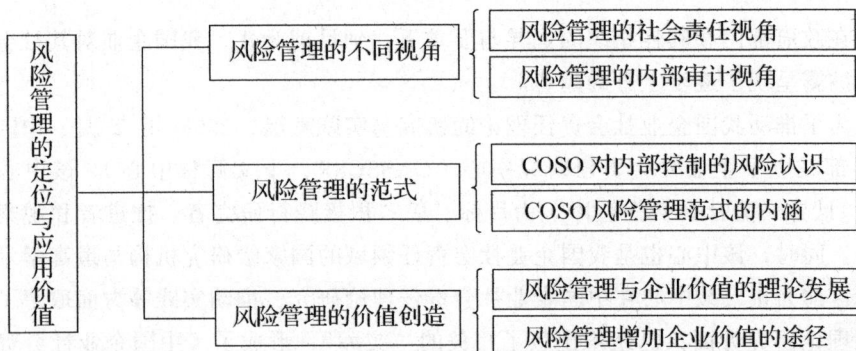

本章学习目标

➤ 理解风险管理的不同视角，并尝试从不同视角分析问题。

➤ 通过风险管理的范式，建立风险管理的框架。

➤ 掌握风险管理与企业价值关系的理论。

➤ 研究风险管理增加企业价值的具体路径。

第一节　风险管理的不同视角

一、风险管理的社会责任视角

（一）企业社会责任实践的发展历程

企业社会责任理论源自西方发达国家，但与西方人相比，东方人更加注重社会各参与主体的伦理道德。在中国，人们深受孔孟儒家文化的影响，不论是以经营票号闻名天下的晋商在经营过程中所形成的以"重商立业的人生观、诚信义利的价值观、艰苦奋斗的创业精神、同舟共济的协调思想"为代表的晋商文化精髓，还是徽商中"讲道义、重诚信、行善缘"的经营信条与理念，在现在看来都是企业社会责任理念的缘起与体现。

随着西方"企业社会责任"这一专业术语的提出与理论发展，我国也出现了许多关于企业社会责任实践要求的体系与规范性标准，同时以此为基础的企业社会责任实践活动也出现了逐渐增加的趋势。

首先，以我国政府监管部门及非政府组织为主体出台的企业社会责任要求或倡导性文件逐渐增加。

其次，近年来，党和国家领导人在许多场合多次强调了企业社会责任的重要性。值得一提的是，2013年11月9日至12日在北京举行的中国共产党第十八届中央委员会第三次全体会议，审议通过了《中共中央关于全面深化改革若干重大问题的决定》，该决定将企业"承担社会责任"列为"推动国有企业完善现代企业制度""深化国有企业改革"的主要举措之一，这也是我国首次将"企业社会责任"列入中央会议的决定里。这在一定程度上反映了我国政府和领导人在确定我国实现改革开放的经济增长目标以来，对企业承担与履行社会责任的关注与重视。

再次，在政府部门和其他组织的倡导与要求下，到目前为止，我国企业对其社会责任报告的发布与披露呈现了逐步上升的趋势。

最后，为了推动我国企业社会责任理论的研究与实践发展，2008年2月，中国社会科学院经济学部成立了企业社会责任研究中心（CASSCSR，下文简称中心）。该中心以形成"中国特色、世界一流社会责任智库"为目标、以"积极践行研究者、推进者和观察者的责任"为己任。同时，该中心也是我国企业社会责任领域的国家级研究机构与最高学术理论研究平台。到目前为止，该中心在中国企业社会责任理论研究、推动实践等方面取得了卓越的成就，如在理论研究方面，已组织出版了相关的"文库"，形成了《中国企业社会责任报告编写指南》等；在实践推进方面，该中心主要通过传播教育、跟踪和评价等方式进行。

（二）企业社会责任的内容

企业社会责任包括经济责任、法律责任、伦理道德责任和其他社会责任，如表2-1所示。

表2-1　企业社会责任的内容

企业社会责任	具体含义
经济责任	企业在现有的业务和资产管理的开展中，未能实现公司、股东的利润最大化；同时，未能根据市场个性化需求，开展具有社会责任性质的市场与业务创新，从而造成未能获得社会责任投资利润的不确定性
法律责任	企业在经营过程及履行其他社会责任时，未能遵守我国针对公司、金融机构的一切法律法规，合规经营，造成企业不能完全回避法律风险、合规风险给企业造成的损失的可能性，从而造成不能保障企业经济责任及其他社会责任的顺利履行与实现的不确定性
伦理道德责任	企业在履行经济责任、法律责任时，未能履行其伦理准则、道德规范，企业及员工在业务开展、服务中未能意识到自身应有的使命和职责，以及由此产生的不能对企业股东、客户、公司竞争者、员工、监管机构及社会等利益相关者应尽义务的强烈、持久的愿望，从而给企业造成损失的可能性
其他社会责任	企业在经营过程中未能承担社会慈善等与企业经营无直接联系但可增加社会福利、提高社会声誉等的责任，从而给企业可持续发展带来一定影响的不确定性

此外，企业在经营过程中应合理、科学地履行社会责任，完全不履行或不合理履行责任则会给企业带来风险，本书称此风险为企业社会责任风险。具体而言，企业社会责任风险是指在经营过程中，因不能履行或不合理履行其企业社会责任而引起的未能实现或满足其利益

相关方的利益、目标，从而对公司的盈利能力提升、风险管理目标实现及可持续发展造成的不利影响。

二、风险管理的内部审计视角

（一）内部审计在企业风险管理中的作用

作为企业高层管理者控制手段的内部审计，在企业管理尤其是风险管理、内部控制等领域的作用日益突出，成为关系企业兴衰成败的重要因素。从定义上看，一方面，风险管理已发展成为内部审计的一项重要内容，内部审计的范围已经从传统的财务审计延伸到了风险管理和公司治理的层次。另一方面，内部审计由于相对独立，因而，对于风险管理、控制及治理过程有效性的评价和改善而言，其发挥的作用是企业其他部门所无法替代的。

2004 年 9 月，美国"反对虚假财务报告委员会"（COSO）下属的发起机构委员会在《内部控制整合框架》的基础上，正式颁布了《企业风险管理整合框架》，这也是目前国际上较为公认的企业风险模型。本书选取这一框架作为理论基础，阐述内部审计在企业风险管理中的作用。

内部审计在企业风险管理中的作用主要体现为模型的最后一项要素：监控。企业风险管理是一个持续动态的过程，这也就要求相关人员动态监督和控制企业风险管理的运行是否有效，以便企业及时采取适当措施。前已述及，企业在监督和控制过程中主要通过提供保证和咨询服务来对企业的风险管理进行监控，这一监督和控制作用贯穿风险管理的各个环节。在内部环境中，内部审计明确管理者和董事会的风险偏好，并对高层管理人员的观念，知识和经验与组织战略目标的一致性做出评价；在目标设定中，内部审计人员根据前一阶段明确的风险偏好来确定风险容忍度，列出风险因素清单，将目标、战略与风险相联系，使目标与企业的风险偏好和风险可接受程度相协调；在事项识别时，内部审计人员的工作主要是识别企业所面临的内外部风险，追溯和鉴别所有重要的风险源等。

（二）内部审计角度下我国企业风险管理的现状及不足

近年来，应监管部门的政策要求，同时受制于外部竞争环境与企业自身发展的内部需求，我国企业普遍加强了风险管理的力度，风险管理水平有了一定程度的提升，具体表现为风险评估手段开始由定性逐步走向定量技术，风险管理视角由早期的运营风险提升到企业整体层次的战略风险等。

1. 基于内部审计的企业内部环境现状及不足

（1）正式的风险偏好声明缺失。内部审计人员在风险管理内部环境中应明确管理者和董事会的风险偏好。正式、经批准的风险偏好声明是企业风险管理计划的主要指引文件，表明了企业所能承受的风险级别，因而对企业管理层的决策提供指导方向。德勤 2010 年调查统计结果显示，约 1/3 的被调查企业没有完成风险偏好的定性或定量定义，这将直接影响企业后续目标设定程序，从而影响整个企业的生产运营情况。

（2）内部审计职能弱化。2010 年对企业内部审计实效性的调查结果显示，43.3%的人员在对企业内部审计的独立性评估中选择了"一般"或"很差"。可见，我国企业内部审计的独立性较差，未发挥实质意义。究其原因，主要有以下几点。

第一，由于资金及人事约束，我国内部审计机构一般依附于公司管理层，故而不能客观、有效地开展工作；第二，由于企业管理层的不重视，内部审计人员的专业技能及综合素质与内部审计的要求相去甚远。内部审计人员难以正确识别风险，这将造成企业内部控制的弱化。事实上，我国很多企业并未设置独立的内审部门。调查结果显示，66%的内部审计部门是与其他部门设置在一起的。这种机构设置虽然表面上节省了开支，但实际上，内部审计部门不能独立地开展工作，反而影响了工作效率与工作效果。内部审计部门的独立性越是不强，审计监督的职权范围也就越窄，此时的内部审计部门就无法对企业整体经营活动进行全过程、多层次的监督和协调。

（3）内部审计职责认识不清。在对我国企业内部审计和风险管理状况的调查中发现，被调查企业的内部审计职责主要是对法律、规则、政策和程序的遵从（占87%），财务或与财务相关的审计活动（占95%）和评估内部控制（占58%）。由此可以看出，内部审计技术还停留在简单的账证、账表核对及对会计资料的常规审查上。这种只注重检查过去的记录和内部控制系统过去的运行情况而不关注企业未来风险的内部审计并没有发挥其最大的优势，也未实现其宗旨，同时使那些被忽视的风险悄然侵入企业各业务过程，危害企业的生存。

此外，基于内部审计的内部环境还存在着内部审计的宗旨模糊、内部审计范围狭窄等问题。

2．基于内部审计的目标设定现状及不足

在目标设定中，内部审计人员根据前一阶段明确的风险偏好来确定风险容忍度，列出风险因素清单，将目标、战略与风险相联系，使目标与企业的风险偏好和风险可接受程度相协调。

许多企业不具备完整的全集团的风险清单。这里需要指出的是，建立一套完整的全集团风险清单并不容易，因为在建制过程中要投入相当多的人力、时间，更重要的是要有高级管理层的支持。德勤调查数据表明，建立了完整风险清单的企业不到20%。虽然完整风险清单的建立代价较大，但如果不具备完整的风险清单，那么企业在后续的风险管理中工作量和难度都会比较大，不确定性也会随之增加。

评估与未来价值创造有关的风险。德勤的调查结果显示，有近60%的企业非常注重或比较注重评估与未来价值创造有关的风险。这主要是因为在当前的市场环境中，市场发展迅速，各行业结构尚未稳定，企业对于新兴市场开拓、兼并收购等活动较为重视，在风险管理上偏向于"进攻性管理"，即较为重视机会风险。

3．基于内部审计的事项识别现状及不足

在事项识别时，内部审计人员的工作主要是识别企业所面临的内外部风险，追溯和鉴别所有重要的风险源。另外，内部审计人员还应关注对积极事项及其风险的识别。风险识别是对风险的定性研究，是进行风险评估、风险应对的基础。

许多企业不能直接获取高质量的风险信息。风险信息的收集是企业风险管理的重要内容，直接关系着后续风险识别、风险评估与风险应对等相关的信息。这些相关信息若存在质量不高、反馈速度不及时等现象，将直接影响企业风险管理效果与效率。德勤调查结果显示，可完整获取高质量风险信息的企业不到一成，这无疑将直接影响企业后续风险管理的效率和效果。这也在一定程度上显示出我国企业风险管理体系存在的弊端，大部分企业仅具备风险管理的流程，而不注重实施的效果。

许多企业并未完全识别重大风险。德勤在这一问题的调查中发现，接近一半的企业表示已经识别了大部分或完全识别了重大风险，但对于未曾发生过或极少发生的极端风险事件，如全球金融风暴等，目前很少考虑。另外，数据显示，35%的被调查企业认为自身在识别风险方面还存在不足，这主要是由于内部人员经验与能力的局限，对于风险识别的方法和工具不熟悉或意识不到位造成的。

4．基于内部审计的风险评估现状及不足

风险评估阶段，内部审计人员一方面需要对事先假定的标准、风险计算方法进行分析评价，保证风险评估结果的可靠性；另一方面，采取定性与定量相结合的方法，确定每个风险要素的影响大小，从风险发生的可能性和影响两方面进行评估。这里需要注意的是，内部审计人员还应考虑风险间的相互作用。风险评估是风险应对的基础。

针对风险评估环节的调查显示，由于管理者内部控制意识薄弱，关注于企业业务范围的盲目扩张而普遍忽视内部控制评估体系的建立，因而没有制定风险评估机制的企业高达30%，机制尚未健全的企业占 13.3%。德勤在 2010 年调查统计数据中也显示，针对重大且会相互影响的风险，企业尚未意识到其重要性的比例相当高。但大多数企业表示，已开始考虑此问题，但苦于缺乏相关的分析技术与手段。风险评估机制的缺乏直接影响着企业规避风险的能力，不利于企业的可持续发展。

第二节　风险管理的范式

一、COSO 对内部控制的风险认识

美国 20 世纪 70 年代中期，在对"水门事件"的调查中，发现不少美国大公司进行违法捐款，甚至贿赂外国政府官员，这使得立法机关与行政机关开始注意内部控制问题。针对调查的结果，美国国会于 1979 年通过了《反国外贿赂法》（简称 FCPA）。FCPA 除规定了有关反贿赂的条款外，还规定了与会计及内部控制有关的条款。此后不久，美国证券交易委员会（简称 SEC）发布了《管理阶层对内部会计控制的报告书》，强制公司对其内部会计控制提出报告书，因此美国许多机构都加强了对内部控制的研究。

1985 年，由美国注册会计师协会、美国会计协会、财务经理人协会、内部审计师协会、管理会计师协会联合创建了反虚假财务报告委员会，旨在探讨财务报告中产生舞弊的原因，并寻找解决之道。同时，成立了 COSO，专门研究内部控制问题。1992 年 9 月，COSO发布了《内部控制整合框架》，并于 1994 年对其进行了增补。这些成果马上得到了美国审计署的认可，美国注册会计师协会也全面接受其内容并于 1995 年发布了《审计准则公告第 78号》。由于 COSO《内部控制整合框架》提出的内部控制理论和体系集内部控制理论和实践发展之大成，成为现代内部控制最具有权威性的框架，因此在业内备受推崇，同时在全球也得到了广泛的推广和应用。

在 COSO 中，内部控制定义为，是一个要靠企业的董事会、管理层和其他人员去实现的过程，旨在为下列目标提供合理保证：①财务报告的可靠性；②经营的效果和效率；③符合适用的法律和法规。

COSO 把内部控制划分为 5 个相互关联的要素，即：①控制环境；②风险评估；③控

制活动；④信息与沟通；⑤监督。每个要素都具有 3 个目标：①运营目标；②报告目标；③合规目标。这 3 个目标和 5 个要素贯穿于机构的各业务单位和各个层面的业务活动。在内部控制制度设计中，企业可以根据自身的规模和结构采用不同的方式来实施这 5 大要素。

内部控制的目标与要素之间是相互联系的，目标是企业需要力争达到的结果，而要素是对企业在力争实现目标过程中达到手段的说明。一方面，5 个要素缺一不可，都必须完全融入企业经营活动之中，以使要素有效地发挥作用并使企业达成目标。企业的每个组织到每个员工，都与内部控制息息相关，都要对内部控制负责，这样的内部控制才是有效治理公司的法宝，同时也是公司实现全面风险管理的坚实基础。

二、COSO 风险管理范式的内涵

COSO 发布的《企业风险管理整合框架》是风险管理范式形成的标志。它包含 8 个要素，来源于管理层经营企业的方式，并与管理过程整合在一起。企业风险管理是一个多方向的、反复的过程，而不是一个严格的顺次过程，因此在这个过程中几乎每一个构成要素都能够影响其他的构成要素。

在企业风险管理中，构成要素是指企业需要什么来实现风险管理，而目标是指一个企业力图实现什么。因此，目标与构成要素之间有着直接的关系。

1．内部环境

内部环境包含组织的基调，它影响组织中人员的风险意识，是企业风险管理其他所有构成要素的基础，为其他要素提供约束和结构。内部环境因素包括主体的风险管理理念、主体的风险容量、董事会的监督、主体中人员的诚信、创造价值的胜任能力，以及管理当局分配权力和职责、组织和开发其员工的方式。

内部环境是企业风险管理中所有其他构成要素的基础，为其他要素提供约束和结构。它影响着战略和目标的设定、经营活动的组织以及事项识别、风险评估。它还影响着控制活动、信息与沟通体系和监控措施的设计与运行。内部环境受到主体历史和文化的影响。它包含许多要素，包括主体的道德价值观、员工的胜任能力和开发、管理当局管理风险的理念以及权力和职责的分配。董事会是内部环境的一个关键部分，它对其他的内部环境要素有重大的影响。尽管所有要素都很重要，但是对每个要素的强调程度会因主体而异。举例来说，一家员工较少、专业化经营的企业的首席执行官可能就不会制定正式的职责划分和具体的经营政策。但是，这家企业也会有为风险管理提供合适基础的内部环境。

（1）风险管理理念

一个主体的风险管理理念是一整套共同的信念和态度，它决定着该主体在做任何事情——从战略的制定和执行到日常活动时如何考虑风险。风险管理理念反映了主体的价值观，影响主体的文化和经营风格，决定主体承担哪些风险，以及如何管理这些风险。

企业风险管理理念本质上反映管理层在经营该企业的过程中所做出的每一个决策。理念可以是在政策、口头、书面的决策中反映。管理层无论是强调书面的政策、行为准则、业绩指标和例外报告，还是非正式的通过与关键的管理者面对面的接触来进行运营，重要的是管理层不仅要通过口头，而且还要通过日常的行动来强化这种理念。

（2）风险偏好

风险容量是一个主体在追求价值的过程中所愿意承担的广泛意义上风险的数量。它反映了企业的风险管理理念，进而影响了主体的文化和经营风格。

企业在战略制定的过程中需对风险容量加以考虑。来自一项战略的期望报酬应该与主体的风险容量相协调，不同的战略会使主体面临不同程度的风险。应用于战略制定过程的企业风险管理可以帮助管理当局选择一个与主体的风险容量相一致的战略。如果一个战略与该主体的风险容量不一致，这个战略就需要修改。当管理当局先前所用战略超出了主体的风险容量，或者战略没有容纳使得主体实现其战略目标和使命的足够的风险时，就需要修改战略。

（3）董事会

一个主体的董事会是内部环境的关键部分，它对其他要素有着重大影响。董事会对于管理当局的独立性、其成员的经验和才干、对活动参与和审察的程度，以及其行为的适当性都起着重要的作用。其他因素包括提出有关战略、计划和业绩方面的疑难问题和与管理当局进行商讨的程度，以及董事会或审计委员会与内部和外部审计师的交流。

董事会对于一个企业来说应该是积极的，应审查管理层的活动，提出不同的观点，在遇到不当行为时采取行动。董事会中独立的外部董事应该占多数，董事应该了解企业的风险偏好。

（4）诚信与道德价值

主体的战略和目标以及它们得以推行的方式建立在偏好、价值判断和管理风格的基础之上。管理当局的诚信和对道德价值观的要求影响着企业行为准则的偏好和判断。因为一个主体的良好声誉是如此有价值，所以行为的准则就不仅仅只是遵循法律。经营良好的企业其管理者越来越接受这样的观点，即以道德价值观为依据经营企业就是良好的经营。

除了要沟通交流道德价值观外，企业还应该对正确和错误的认识有一个明确的指导，提供反映问题的畅通渠道，有一份正式的阐述诚信与道德价值观的《员工行为守则》，同时对于违反守则的员工予以相应的惩戒。企业应建立鼓励员工揭发违规行为的机制，并对有意不报告违规行为的员工采取惩戒措施。

（5）对胜任能力的要求

管理当局明确特定岗位的胜任要求，并把这些要求转换成所需的知识和技能。而这些必要的知识和技能可能又取决于个人的智力、培训和经验。在开发知识和技能水平的过程中所考虑的因素包括一个具体岗位所运用判断的性质和程度，通常会在监督的范围和所需的胜任能力水平之间做出权衡。

（6）组织结构

一个主体的组织结构提供了计划、执行、控制和监督其活动的框架。相关的组织结构包括确定权力与责任的关键界区，以及确立恰当的报告途径。举例来说，内部审计职能机构的结构设计应该致力于实现组织的目标，并且允许不受限制地与高层管理当局和董事会的审计委员会接触，而且首席审计官应当向组织中能保证内部审计活动实现其职责的层级报告工作。

（7）权力与职责的分配

权力和职责的分配涉及个人和团队被鼓励发挥主动性去指出问题和解决问题的程度，以及对他们的权力的限制。它包括确立报告关系和授权规程，以及描述经营活动的政策，关键人员的知识、经验和为履行职责而赋予的资源。一些主体将权力下放，以便使决策更接近于一线的人员。企业可以采取这种方式使管理变得更具市场驱动的特点，如更关注质量或者是消除缺陷、缩短周转时间、提高客户满意度。企业通常通过将权力与受托责任（Accountability）相结合来鼓励个人在限定的范围内发挥主动性。权力的委派意味着将特定经营决策的核心控制权交给较低的层级——给那些更靠近日常经营业务的人员。这可能包括授权以折扣价格销售产品，商谈长期供货合同、许可或专利，或者参加联盟或合营企业。

（8）人力资源准则

该准则包括雇用、定位、培训、评价、咨询、晋升、付酬和采取补偿措施在内的人力资源业务向员工传达着有关诚信、道德行为和胜任能力的期望水平方面的信息。例如，强调教育背景、前期工作经验、过去的成就和有着诚信和道德行为的证据，以便雇用资质最好的个人的准则，表明了一个主体对胜任和可信任人员的承诺。

2．目标设定

设定战略层次的目标，为经营、报告和合规目标奠定了基础。每一个主体都面临来自外部和内部的一系列风险，确定目标是有效地识别事项、评估风险和应对风险的前提。目标与主体的风险容量相协调，后者决定了主体的风险容限水平。

（1）战略目标

战略目标是高层次的目标，它与主体的使命和愿景相协调，并支持后者。战略目标反映了管理当局就主体如何努力为它的利益相关者创造价值所做出的选择。

（2）相关目标

通过关注战略目标，主体可以建立主体层次上的相关目标，它们的实现将会创造和保持价值。主体层次的目标与更多的目标相关联和整合，这些具体目标贯穿于整个组织，细化为针对诸如销售、生产和工程设计等各项活动和基础职能机构所确立的次级目标。

通过设定主体和活动层次的目标，主体能够识别关键成功因素（Critical Success Factors）。要想达到目的，主体就必须正确处理好这些关键的事情。关键成功因素存在于主体、业务单元、职能机构、部门或分部之中。通过设定目标，管理当局能够根据对关键成功因素的关注来确定业绩的计量标准。

（3）风险容量

管理当局在董事会的监督下所确定的风险容量是战略制定的风向标。企业可以将风险容量表述为增长、风险和报酬之间可接受的平衡，或者风险调整的股东增加值指标。一些主体，如非营利组织，将风险容量表述为它们在向其利益相关者提供价值的过程中所愿意承受的风险水平。

主体的风险容量反映在主体的战略之中，进而指导资源配置。管理当局在考虑主体的风险容量和各个业务单元战略计划的基础上，在业务单元之间配置资源，以使投入的资源产生一个理想的报酬。管理当局试图使组织、人员、流程与基础结构相协调，以便促成战略实施，并确保风险保持在它的风险容量之内。

（4）风险容限

风险容限是相对于目标的实现而言，主体所能接受的偏离程度。风险容限能够被计量，而且通常采用与相关目标相同的单位来进行计量。

业绩计量指标可以用来确保实际的结果处于既定的风险容限之内。例如，一家企业的目标是 98%按时送达，可接受的时间偏离范围是 97%～100%；它的培训目标是 90%的通过率，可接受的成绩是至少 75%；它希望员工在 24 小时之内答复所有的客户投诉，但是接受最多 25%的投诉可以在 24～36 小时内得到答复。在确定风险容限的过程中，管理当局要考虑相关目标的相对重要性，并使风险容限与风险容量相协调。在风险容限之内经营能够使主体保持在它的风险容量之内向管理当局提供更大的保证，进而主体将会实现其目标提供更高程度的慰藉。

3．事项识别

管理当局识别将会对主体产生影响的潜在事项——如果存在的话，并确定它们是否代表机会，或者是否会对主体成功地实施战略和实现目标的能力产生负面影响。带来负面影响的事项代表风险，它要求管理当局对其予以评估和应对。带来正面影响的事项代表机会，管理当局可以将其反馈到战略和目标设定过程之中。在对事项进行识别时，管理当局要在组织的全部范围内思考一系列可能带来风险和机会的内部和外部因素。

（1）事项。事项是源于内部或外部的，影响战略实施或目标实现的事故或事件。事项可能带来正面或负面影响，或者两者兼而有之。

（2）影响因素。无数的外部和内部因素驱动着影响战略执行和目标实现的事项。作为企业风险管理的一部分，管理当局应该认识到了解这些外部和内部因素以及由此可能产生的事项的重要性。

（3）事项识别方法。主体的事项识别方法包含各种技术的组合，以及支持工具。例如，管理当局可以利用互动式的团队研讨作为其事项识别方法的一部分，利用一系列以技术为基础的工具中的任何一种来为参与者提供辅助。

（4）事项相互依赖性。事项通常并不是孤立发生的。一个事项可能引发另一个事项，事项也可能会同时发生。在事项识别的过程中，管理当局应该明白事项彼此之间的关系。通过评估这种关系，我们可以确定风险管理活动的重点与倾向。

（5）区分风险和机会。事项的发生，可能具有负面的影响，也可能具有正面影响，或者二者兼有。具有负面影响的事项代表风险，它需要管理当局的评估和应对。相应地，风险是一个事项将会发生并对目标的实现产生负面影响的可能性。

具有正面影响或者抵销风险的负面影响的事项代表机会。机会是一个事项将会发生并对实现目标和创造价值产生正面影响的可能性。代表机会的事项嵌入管理当局的战略或目标制定过程中，以便主体规划行动去抓住机会。抵销风险的负面影响的事项在管理当局的风险评估和应对中被予以考虑。

4．风险评估

风险评估使主体能够考虑潜在事项影响目标实现的程度。管理当局从两个角度——可能性和影响——对事项进行评估，并且采用完整性和定量相结合的方法，分辨整个主体中潜在事项的正面和负面影响，并基于固有风险和剩余风险进行风险评估。

（1）风险评估的背景。在评估风险时，管理当局考虑预期事项和非预期事项。许多事项是常规性的和重复性的，并且已经在管理当局的计划和经营预算中提到，而其他的事项则是非预期的。管理当局评估可能对主体有重大影响的非预期的潜在事项以及预期事项的风险。

（2）固有风险和剩余风险。管理当局既考虑固有风险，也考虑剩余风险。固有风险是管理当局没有采取任何措施来改变风险的可能性或影响的情况下，一个主体所面临的风险。剩余风险是在管理当局采取风险应对措施之后所残余的风险。一旦风险应对已经就绪，管理当局接下来就要考虑剩余风险。

（3）估计可能性和影响。潜在事项的不确定性可以从两个方面进行评价——可能性和影响。可能性表示一个给定事项将会发生的或然率，而影响则代表它的后果。尽管一些主体使用诸如概率、严重性、严重程度或后果等术语，可能性和影响是最常使用的术语。有时这些词语有更具体的含义，"可能性"表示一个给定的事项从定性的角度将会发生的或然率，如高、适中、低，或其他判断性的衡量尺度；而"概率"表示一个定量的测试，如百分比、发生的频率或者其他的数量性尺度。

（4）评估技术。一个主体的风险评估技术是定性和定量技术的结合。在不要求它们进行定量化的地方，或者在定量评估所需的充分可靠数据实际上无法取得或者获取和分析数据不具有成本效益时，管理当局通常采用定性的评估技术。定量技术能带来更高的精确度，通常应用在更加复杂的活动中，以便对定性技术进行补充。定量评估技术一般需要更高程度的努力和严密性，有时采用数学模型。定量技术高度依赖于支持性数据和假设的质量，并且与有着已知历史和允许做可靠预测的风险暴露高度相关。

5．风险应对

在评估了相关的风险之后，管理当局就要确定如何去应对这些风险。风险应对措施包括风险回避、降低、分担和承受。在考虑应对措施的过程中，管理当局评估不同措施对风险的可能性和影响的效果，以及成本效益，选择能够使剩余风险处于期望风险容限以内的应对措施。管理当局识别所有可能存在的机会，从主体范围或组合的角度去认识风险，以确定总体剩余风险是否在主体的风险容量之内。

（1）应对类型。风险应对可以分为以下几种类型。

① 回避（Avoidance）——退出会产生风险的活动。风险回避可能包括退出一条产品线、拒绝向一个新的地区拓展市场，或者卖掉一个分部。

② 降低（Reduction）——采取措施降低风险的可能性或影响，或者同时降低两者。它几乎涉及各种日常的经营决策。

③ 分担（Sharing）——通过转移来降低风险的可能性或影响，或者分担一部分风险。常见的技术包括购买保险产品、从事避险交易（Hedging Transactions）或外包一项业务活动。

④ 承受（Acceptance）——不采取任何措施去干预风险的可能性或影响。

（2）评估可能的应对措施。分析固有风险和评价应对的目的在于使剩余风险水平与主体的风险容限相协调。通常，某些应对措施中的任何一个都将带来与风险容限相一致的剩余风险，而有时应对措施的组合能带来更好的效果。相反，有时一个应对能够影响多重风险，在这种情况下，管理当局可以决定不再采取其他的措施来处理某个特定的风险。

（3）选定应对。在评价了备选风险应对的效果之后，管理当局决定如何管理风险，选择一个旨在使风险的可能性和影响处于风险容限之内的应对或者应对组合。应对并不是必须达到最低数量的剩余风险，但是如果一个风险应对会导致剩余风险超过风险容限，管理当局就要对该应对进行相应的反思和修改，或者在特定的情形下重新考虑既定的风险容限。

（4）风险组合观。企业风险管理要求从整个主体范围或组合的角度去考虑风险。管理当局通常所采取的方法是首先从各个业务单元、部门或职能机构的角度去考虑风险，让负有责任的管理人员对本单元的风险进行复合评估，以反映该单元与其目标和风险容限相关的剩余风险。

6. 控制活动

控制活动是确保管理当局的风险应对得以实施的政策和程序。控制活动的发生贯穿于整个组织，遍及各个层级和各个职能机构。它们包括一系列不同的活动，如批准、授权、验证、调节、经营业绩评价、资产安全以及职责分离。控制活动的关键环节包括以下几个方面。

（1）与风险应对相结合。选定了风险应对之后，管理当局就要确定用来帮助确保这些风险应对得以恰当、及时地实施所需的控制活动。

在选择控制活动的过程中，管理当局要考虑控制活动是如何彼此关联的。在一些情况下，一项单独的控制活动可以实现多项风险应对。在另一些情况下，一项风险应对则需要多项控制活动。更有另一些情况，管理当局可能会发现现有的控制活动不足以确保新的风险应对得以有效执行。

（2）控制活动的类型。控制活动的类型有许多不同的表述，包括预防性的、侦察性的、人工的、计算机的以及管理控制。控制活动还可以根据特定的控制目标来进行分类，如确保数据处理的全面性和准确性。

（3）政策和程序。控制活动一般包括两个要素：确定应该做什么的政策，以及实现政策的程序。例如，政策可能要求证券经纪商的零售分部管理人员对客户交易活动进行复核。程序就是复核本身，及时执行并注意政策中所列举的要素，如所交易的证券的性质和数量，以及它们与客户净财富和期限之间的关系。

（4）对信息系统的控制。出于对信息系统在经营企业和满足报告和合规目标方面的普遍依赖，企业需要对重要的系统进行控制。企业可以采用两个广义的信息系统类别。第一个是一般控制，它适用于许多并非全部是应用系统的情形，并且有助于确保它们持续、适当地运行。第二个是应用控制，它在应用软件中包含计算机化的步骤，以便对处理过程进行控制。一般控制和应用控制在必要时与人工实施的控制结合起来，共同起作用，以确保信息的完整性、准确性和有效性。

7. 信息与沟通

有关的信息以保证人们能对履行其职责的形式和时机予以识别、获取和沟通。信息系统利用内部生成的数据和来自外部渠道的信息，为管理风险和做出与目标相关的知情的决策提供信息。有效的沟通会出现在组织中向下、平行和向上的流动中。全部员工从高层管理当局那里收到一个清楚的信息：必须认真担负起企业风险管理的责任。他们了解自己在企业风险管理中的职责，以及个人的活动与其他人员的工作之间的联系。他们必须具有向上沟通重要信息的方法。与外部方面——如客户、供应商、监管者和股东——之间也要有有效的沟通。

（1）信息。一个组织中的各个层次都需要信息，以便识别、评估和应对风险，以及从其他方面去经营主体和实现其目标。主体要利用与一个或多个与目标类别相关的大量信息。来自内部和外部的经营信息，包括财务的和非财务的，与多个经营目标相关。例如，财务信息不仅用于编制财务报表以实现报告目的，还用于经营决策，如监控业绩和配置资源。可行的财务信息对于计划、预算、定价、评价卖主的业绩、主体合营企业和联盟以及一系列其他的管理活动是十分重要的。

（2）沟通。管理当局提供着眼于行为期望和员工职责的具体的和指导性的沟通。它包括对主体的风险管理理念和方法的清楚表述，以及明确授权。有关流程和程序的沟通应该与期望的文化相协调，并支撑后者。

所有的员工，尤其是那些有着重要的经营或财务管理职责的员工，需要从高层管理当局那里收到一条清楚的信息：企业风险管理必须严格推行。这条信息的清楚性和它的沟通方式的有效性都很重要。

8．监控

对企业风险管理进行监控——随时对其构成要素的存在和运行进行评估。这些是通过持续的监控活动、个别评价或者两者相结合来完成的。持续监控发生在管理活动的正常进程中。个别评价的范围和频率主要取决于对风险的评估和持续监控程序的有效性。企业风险管理的缺陷必须及时披露，严重的问题要报告给高层管理当局和董事会。

（1）持续监控。在正常的经营过程中，许多活动需要考虑对企业风险管理监控的持续有效性。它们来自定期的管理活动，可能包括差异分析、对来自不同渠道的信息的比较，以及应对非预期的突发事件。

（2）个别评价。尽管持续监控通常能提供有关企业其他风险管理要素有效性的重要反馈价值。但是，有时候采取一种新思路直接关注企业风险管理的有效性可能是很有用的。它也能提供一种考察持续监控活动的持续有效性的机会。

（3）报告缺陷。一个主体的企业风险管理的缺陷可能会从多个来源表现出来，包括主体的持续监控活动、个别评价和外部性评价。缺陷是企业风险管理之中值得注意的一种情况，它可能表示一个察觉到的、潜在的或实际的缺点，或者是一个强化企业风险管理以便提高主体目标实现的可能性的机会。

第三节　风险管理的价值创造

一、风险管理与企业价值的理论发展

（一）新古典金融理论与风险管理无关论

新古典金融理论认为在有效市场体系中，投资者个体层面的风险管理措施已经十分完备，企业层面的风险管理并不能增加企业价值。但是，新古典主义理论体系是建立在严格的假设条件之上的，即资本市场是完美和完善的。所谓完美和完善的市场必须满足以下条件：

（1）税收为零；

（2）不存在交易成本；

（3）合同起草和执行成本为零；

（4）不存在信息不对称；

（5）不存在对证券投资的限制；

（6）市场中所有参与者都是价格接受者；

（7）存在无风险资产，市场各参与方都可以获得无风险回报等。

在这种严格的假设条件下，完美的市场不需要金融中介机构，金融机构无法通过金融服务或者风险管理产品创造价值；金融性套期策略不影响公司边际成本和边际收入，进而对企业价值没有任何影响。在这种情况下，公司层面的风险管理变得不必要，因为投资者完全可以通过调整自己的投融资策略来达到与公司相同的目的。

以 MM 定理为代表的新古典金融理论认为风险管理并不能增加价值，甚至对企业价值是有害的。这种理论把风险管理看作一种金融交易，在无摩擦的、完美和完善的资本市场假设条件下，与风险管理相关的交易成本大于其收益，风险管理在企业层面是一种负 NPV 的投入。

（二）新制度金融理论与风险管理相关论

风险管理不影响企业价值的理论明显无法解释越来越多的企业开始使用衍生品进行套期保值的现状。现代金融理论的框架首先试图分析了企业风险管理的价值。此后，许多学者试图运用委托代理理论、交易成本理论等理论，从各种角度对企业风险管理问题进行解释，但都未获得确定性的证据，目前还仅停留在假说阶段。相关假说大致可分为：成本收益假说、系统性风险假说和非系统性风险假说三大类。

1．成本收益假说

米勒—莫迪利安尼（1958）通过其经典的 MM 定理证明了在无交易成本及税收的理想状态下，企业资产状况及金融结构与企业价值无关；同时，也证明了企业风险管理状况与资产配置状况对企业价值无关。他们认为，如果一个企业改变其对冲策略，投资者就可以改变其风险资产配置状况来抵销这种政策所带来的各种影响。因此，如果对冲政策能够影响企业价值，则一定是通过税收、契约成本或者对冲策略这 3 个渠道中的一个或几个来对企业投资决策产生影响。成本收益理论从这种假定出发，认为由于税收函数、成本函数等存在凸性（或者面临着凹性收益函数），致使企业采用风险管理降低现金流的波动时可以获得额外的预期收益，从而提高企业市场价值。由于其作用机理主要是通过成本、收益函数来实现的，故称为成本收益假说。

（1）凸性税收假说

斯达尔兹（1984）证明如果企业税收函数呈凸性，则该企业可以通过对冲行为降低收入波动性，并进而降低税收成本。在实际中，企业由于累进税制、课税扣除以及亏损结转的存在，其税收函数往往都存在凸性。此时，因为税收总是按照当年收入的税率征收，所以应税收入上升所带来的税务损失要大于下降所带来的税收结余。在这种情况下，如果企业将各年应税损益平整化，就可以降低总计税收支出，提高企业预期收益水平。因此，面临凸性税收函数的企业往往有动机采用风险管理手段将应税收入在各地区或各年份之间进行分配以降低其波动性。史密斯和斯达尔兹（1986）将该理论模型化：假设企业在第 i 国的税前价值为 V_i，假设当 $i \leqslant j$ 时，存在 $V_i \leqslant V_j$。P_i 是第 i 国的价格，$T(V_i)$ 是公司的税前价值为 V_i 时的税率，那么可以计算出企业的税后价值 $V(O)$：

$$V(O) = \sum_{t \neq 0} P_i(V_i - T(V_i)V_i)$$

如果企业的实际边际税率 T 与公司的税前价值 V 的函数呈现凸性，则企业的税后价值应为其税前价值的凹函数。在对冲措施成本不是很大的情况下，企业通过风险管理可以降低公司的预期税额，同时提高企业的预期税后价值 V。具体降低的幅度由企业税收结构的凸性程度、面临风险的波动性程度以及需要对冲的风险暴露规模决定。

（2）税盾动机

针对税收凸性与企业衍生品交易没有明显的联系这一情形，有学者试图证明风险管理可以提高企业借债能力，财务杠杆增大后的税盾效应对企业价值的影响更为显著。也有学者分析认为，对冲行为可以化解企业经济"左尾"状况出现的可能性，从而提高企业借债能力（斯达尔兹，1996）。罗斯（1997）将这一理论运用到企业价值之中，认为该理论会对企业价值构成影响。格林汉姆（2002）采用联立方程组方法分析企业对冲交易状况与资本结构选择之间的相关性，以此来判断企业风险管理是否对借贷能力构成影响。结果发现，企业财务杠杆与衍生品交易存在正相关性，企业如果通过对冲交易使财务杠杆平均上升 3 个百分点，则会促使企业的平均市场价值上升 11 个百分点。

值得注意的是对冲行为的"税盾"存在一个必要条件，即企业必须使潜在债权人确信它们将会在债权出售后履行风险对冲的承诺。但是，潜在的债权人往往会认为采取对冲行为并不是公司股东的最优选择。虽然它可以提高企业价值，但本质上仍然是价值在股东与债权人之间的重新分配，很可能使股东的财务情况恶化。因此，除非潜在债权人认为企业存在足够的对冲动机，否则企业必须提供足以致信的承诺，才能使税盾动机产生作用。斯达尔兹（2004）认为市场上存在两种途径为企业进行风险管理提供动机：第一，如果企业频繁进行借款可以获得一种"声誉"，使其以较低的成本借款，扩大"税盾"效应；第二，风险管理可以避免企业在财务困难时，企业管理层受到债权人联盟的压力，从而通过对其不利的政策。

（3）选择性对冲动机

麦凯和穆勒（2007）对预期收益假说进行了进一步扩展。他们认为，企业只要面临着非线性的收入或成本函数，就可以通过针对性的风险管理增加企业价值。他们通过对美国石化行业的数据进行分析发现，企业市场价值与其已被对冲的凹性收入及仍然存在风险暴露的凹性成本支出呈显著正相关关系。这说明企业应当依据自身成本收益结构，采用选择性对冲策略，而非传统理论中机械的完全对冲策略。

亚当和费尔南多（2006）通过对 92 家北美金矿公司 1989—1999 年数据的实证检验，认识到这些企业通过他们的衍生品交易获得了明显的现金流收入，却并没有对企业所承担的系统风险造成显著影响，从而最终增加了股东价值。他们检验了传统风险管理理论中的基本假定，即衍生品交易的内在价值应当为 0，通过现金流与风险管理目标的匹配状况来判断企业是否通过衍生品交易获得了收益或者损失，同时发现这些企业在 10 年中通过对冲交易获得了显著的正现金流，且这种正现金流无论在市场上升时期还是下降时期都是十分显著的。这证明企业有能力通过选择性对冲策略获得显著的正收益，使企业价值最大化。

2. 系统性风险假说

根据经典的资本资产定价模型（Capital Asset Pricing Model，CAPM）理论，如果一个企业在其收入不变的情况下可以以很小的成本降低其系统风险水平 beta 值，则由于其合理风险溢价水平的下降会提高该公司的价值。而许多学者提出，正是由于风险管理机制可以降低企业现金流与市场系统风险变量（如利率、油价、金价等）的相关性，才为股东创造了额外价值，这就构成了风险管理价值理论的系统性风险假说。

（1）破产风险动机

破产风险动机认为虽然充分分散化的资产组合可以完全回避市场上的非系统性风险，包括各种金融风险和商品价格风险，但股票持有者仍然需要关心由于这种波动所引发的企业破产风险或者财务危机风险。企业的破产会给股东带来许多额外的成本，如律师费用、诉讼费用等。除此之外，企业还面临着更大的潜在"间接"破产成本。这主要是指企业由于存在风险厌恶，可能出于回避破产的动机，在日常运营以及投资行为中倾向于谨慎选择，从而无法使企业获得最大收益，造成市场价值下降。因此，如果企业存在着破产的实际可能性，或者预期未来会出现任何降低企业价值的改组行为，这种预期价值下降都会反映在企业当前的市场价值中。

破产风险动机可以解释所有权较为分散的企业的对冲交易行为。当外部环境恶化时，企业可以通过风险管理建立对冲投资组合，获得正的现金流，降低自身破产的可能性。许多学者都证明了企业风险管理措施只要能够降低企业经营成果"左尾"状况出现的概率，就可以降低该企业面临的破产成本。

（2）财务危机动机

佛鲁特（1993）将系统风险假说进一步延伸到了企业财务危机动机的研究中。该项研究认为在非完全金融市场中，一个财务状况比较脆弱的企业往往很难进行外部融资。即使成功融资，外部债权人也会出于对企业偿债能力的考虑而采取各种方式对企业的投资决策进行干预，影响企业价值。该项研究还认为，如果由于资本市场不完善造成企业外部融资比内部融资昂贵，那么就会促使企业进行风险管理。而此时，如果企业的投资机会负相关于其所要对冲的风险，风险管理机制就可以有效提高公司价值；如果正相关，企业则更乐于共同自然对冲，即通过传统的纵向一体化手段或者横向一体化手段进行对冲。从本质上说，对冲行为允许一个公司在其外部融资十分昂贵之时，使其对资本的需求最小化。这种理论实际上是指企业对外部投资风险的控制能力加强了。

佛鲁特模型的一个重要隐含假定是投资的现金流波动性或敏感性将随着对冲行为而降低。阿莱亚尼斯（2001）通过实证分析对其进行了证明。他认为合理的风险管理使企业在现金流状况不佳的时期仍然可以进行有价值的投资。施兰德（1997）验证了《财富》世界 500 强企业外汇衍生品的使用状况，发现拥有大量投资或增长机会的企业以及流动性约束较严格的企业更倾向于使用外汇衍生品。亚当（2002）利用北美金矿的案例证明具有更高预期收益的企业通常对其投资进行对冲的比例更高，而且还证明了投资与外部融资成本的相关性在实行对冲措施的公司中更低。

（3）其他影响因素

风险管理的税收效应、投资不足效应、提高借贷能力或者降低破产成本等因素并不矛盾，许多定量分析得出的风险管理价值应当是这几种动机的总值。因此，单个企业通过对衍生品交易的适当选择可以同时实现对企业价值、预期收益以及应税收入的调整。但布朗（2007）通过分析 50 个国家，7 319 个采用外汇、利率以及期货衍生品交易的公司，证明风险管理对公司价值的影响并不是绝对的，它还受到许多内、外部因素的影响，其中内部因素包括企业债务结构、股息政策、资产流动性状况等，外部因素则包括本国衍生品市场发育状况。

在市场上，小企业往往面临着比大企业更高的系统性风险水平，包括较高的破产成本以及外部融资成本。按照系统风险假说，小企业应当更加愿意进行风险管理。然而，实证分析却发现只有大企业才选择进行大规模风险管理，这是由于风险管理过程中存在着数量可观的固定成本包括专家咨询费用和计算机设备软件等费用。因此，这种外部市场成本结构会影响企业风险管理的价值水平。巴特姆等（2005）也提出了市场进入可能性假设，认为国家金融风险、经济风险、政治风险状况也会对企业风险管理价值构成影响。

3. 非系统性风险假说

非系统性风险假说认为，由于市场的不完备以及各种交易成本的存在，投资者经常出现无法完全分散企业非系统性风险的状况，影响企业价值的实现。

（1）对冲成本（可能性）动机

在企业经营过程中，管理者、雇员、供货商以及客户经常会面临无法分散风险的情况。这些市场个体因为具有风险厌恶性，所以需要额外的补偿来弥补其所承受的非系统性风险。类似的，由于负债的有限性，可以分配给股东的风险同样是受到企业资本状况的限制，无法充分分散。在这种状况下，企业可以利用对冲交易降低他们承担的风险。只要降低经理、雇员以及其他补偿给供应商的支出与客户端营业收入提高之差超过相应的风险管理成本，就可以增加企业价值。

吉恩等（2006）研究了 119 家美国石油与天然气生产企业 1998—2001 年的数据。他们认为这种风险管理溢价消失的结论，反驳了风险管理总是带来正价值效应的观点，提出外汇风险暴露与商品价格风险暴露存在一个本质的不同点：对于石油天然气生产商而言，商品价格风险暴露可以轻易地确定且容易被个人投资者所对冲掉，这使得企业层面的对冲行为很难为投资者带来特殊的好处。因此，油气企业的特征更像 MM 理论所提供的不相关假定；另外，由于美国跨国公司的外汇风险对于外部投资者较难衡量，数量众多的汇率风险暴露也很难一一进行对冲。同样，麦凯（2007）也证明了无论是进行横向一体化扩张的企业，还是存在纵向一体化特征的企业，其内在的风险管理价值及最优的对冲比率都较一般企业低。这应当归因于扩张型战略所带来的自然性风险对冲。

（2）信息不对称动机

在吉恩（2006）的研究中，还提到了对上述问题的另外一种解释，对与衍生品的使用正相关的因素如信息不对称性或者操作风险的管理，可以增加企业价值。德马尔佐（1995）首先提出了风险管理的信息不对称假说。他认为对于企业而言，最优的风险管理水平决定于股东与经理层之间信息不对称水平。因此，企业风险管理具有"信号显示"功能，可以消除企业经营中的各种"噪声"，使得股东能够更容易地对经理层的绩效进行监督，降低企业面临的非系统性风险，从而提高企业价值。瓜伊（2003）分析了一系列非金融的衍生品使用者的经济效率。他们得出的结论认为，衍生品的潜在收益相比于公司的现金流以及股票价格变动均只占很少的比率，几乎不可能对企业造成什么影响。他们认为任何可以被观测的市场价值的增长都是源于其他与风险管理间接相关的行为，如操作风险的控制。

（3）其他

伯耶提出即使在无税、没有破产成本以及信息不对称状况的理想世界中，风险管理仍然可以增加企业价值。他们将企业表述为一个通过现金流相互关联的不同项目的总体。如果给定市场风险溢价水平，企业就可以找到各种项目组合的合理价值水平，构建价值最大化的组合状况。如果市场对于风险的定价进行变动，企业必须调整其资产配置状况来适应寻找新的最优点，这种调整无疑有着极大成本。这就是金融风险管理通过给予企业更多的灵活性来协调项目组合机构，节约调整成本，从而实现企业价值最大化的贡献。

二、风险管理增加企业价值的途径

风险管理怎样为企业带来价值？企业价值是其未来各个时间段 t 的期望现金流按贴现率贴现后的资本化的价值：

$$V = \sum_t^\infty \frac{E(CF_t)}{(1+r_t)^t} \tag{2-1}$$

理论上，只要风险管理能够增加企业未来现金流的现值，企业价值就能得到提升。

1．风险管理通过减轻税收增大企业价值

史密斯和斯达尔兹（1985）提出，公司的税收函数一般来说是凸函数，累进型税率从根本上决定了企业税收的凸性特征，旨在鼓励投资的税收优惠政策也加大了税负曲线的凸性特征。尽管"凸"的程度不完全一致，但在许多国家这个规律却是一致的。

假设一家企业，它具有风险性收益，未套保且发生损失时的税前收益为 V_A，未套保且没有损失发生时的税前收益为 V_C，P_1、P_2 分别是企业获得风险性收益 V_A、V_C 的概率，其期望收益是 $V_B(V_B=V_AP_1+V_CP_2)$。T 表示相应的纳税额，$E(T)$、$E^R(T)$ 代表套保前后的期望税赋，$E(V)$、$E^R(V)$ 代表套保前后的期望税后企业价值。

则套保前 $E(V) = P_1(V_1 - T_A) + P_2(V_C - T_C) = P_1V_A + P_2V_C - E(T)$

如果企业套保，获得确定性收益 B，

套保后 $E^R(V) = V_B - T_B = P_1V_A + P_2V_C - T_B = P_1V_A + P_2V_C - E^R(T)$

因为税收的凸性特征，$E(T)>E^R(T)$，所以 $E^R(V)>E(V)$。

可见，风险对冲策略有助于企业价值的改善。

2．风险管理通过降低财务困境成本增大企业价值

财务危机是破产的先兆，企业如果破产，还会发生法律费用，法院费用，各种审计、会计费用等直接成本支出。财务困境成本的存在，降低了企业未来净期望现金流，从而降低了企业价值。如果企业面临财务危机，企业价值将减少。即企业价值

$$V = \sum_t^\infty \frac{E(CF_t) - P_t(DC)}{(1+r_t)^t} \tag{2-2}$$

其中，P_t 和 DC 分别是企业未来第 t 年发生财务危机的概率和预期财务困境的成本。式（2-2）中，如果企业破产概率降低，将会降低破产成本的期望值。这一过程实际上是企业价值增大的过程。

3．通过降低负债成本增大企业价值

债权融资可以产生"税盾效应"，增加企业的现金流量，进而增加企业价值。但是现金流是债权人和股东对企业所拥有权利 E_D 与 E_S 之和，如式（2-3）所示：

$$V = \sum_t^\infty \frac{E(CF_t)}{(1+r_t)^t} = \sum_t^\infty \frac{E_D + E_S}{(1+r_t)^t} \tag{2-3}$$

现金流在这两个不同群体之间进行分割会产生很多矛盾，增加负债成本，即产生资产替代或投资不足问题，从而降低企业价值。

不考虑税收，负债面值记为 V_D。若公司价值小于 V_D，股权将变得没有价值。

（1）假设企业面临可视风险，其价值可能以概率 P_1 向下变动至 V_A 和以概率 P_2 向上变动至 V_C，期望值为 V_B。考虑一个没有风险且具有较小的正 NPV 的项目，可带来的现金流的现值为 N，投资成本为 C 且完全由股权人提供。

套保前期望企业价值 $E(V) = P_1V_A + P_2V_D$，期望债权人价值 $E_D = P_1V_A + P_2V_C$，期望股权人价值 $E_S = P_1 \times 0 + P_2(V_C - V_D)$。实施该项目后，相关价值变化：期望企业价值变化 $\Delta E(V) = N - C$，期望债权人价值变化 $\Delta E_D = P_1N$，期望股权人价值变化 $\Delta E_S = P_1 \times 0 + P_2(V_C - V_D + N) - C - E_S = P_2N - C$。可见，股权人支付了项目的所有成本，而收益并没有在所有者之间公平分配，因此尽管该项目有正的 NPV，股权人也可能放弃，从而发生投资不足问题。

如果企业套保，获得确定性收益 V_B，则期望企业价值 $E_S = V_B - V_D$，期望债权人价值 $E_D = V_D$，期望股权人价值 $E_S = V_B - V_D$。在实施该项目后，企业价值变化 $\Delta E(V) = N - C$，期望债权人价值变化 $\Delta E_D = 0$，期望股权人价值变化 $\Delta E_S = N - C$。股权人支付了项目的所有成本，同时得到了所有收益，不再发生投资不足的问题。

（2）假设企业没有风险，从而具有确定的价值 V_B。考虑一个新的高风险项目，该项目期望价值为 0，但采取该项目，企业价值会有以概率 P_1 向下变动至 V_A 的风险和以概率 P_2 向上变动至 V_B 的可能性，但期望值仍是 V_B。

如果项目成功，股权人获得的收益由 $V_B - V_D$ 增加到 $V_C - V_B$，债权人仅能得到 V_D；如果项目失败，股权人收益降为 0，债权人仅收到剩余的价值 V_A，造成出现"头部股权人赢，尾部债权人输"的现象。于是，股东愿意从低风险投资项目转向高风险（甚至 NPV 为负的）投资项目，即发生资产替代现象。于是在债券发行时，债权人会对债券要求更高的风险溢价，从而增加债务成本。如果企业通过风险管理降低该投资项目的风险，确保债权人利益，则能降低债务成本。

可见，资产替代和投资不足两者都会增加企业负债成本。实施风险管理，可以减轻这些扭曲现象，从而减少负债融资成本、增大企业价值。

4．降低委托代理成本

这里的委托代理关系包括债权人和股东之间的代理关系以及股东和经理人之间的代理关系。首先看债权人和股东之间的代理问题。股东们通过他们对经理队伍的任命和薪酬制度制定方面的能力在企业内部拥有部分决策控制权。而借钱给企业的债权人对企业则不具有控制权，这样，股东们与债券持有者之间形成了一种代理关系。这种关系为股东们通过各种方式转移债券持有者的财产创造了机会。债券持有者与借款企业之间的代理冲突产生于要求权的非线性性质。在有限责任和权益要求的剩余性质下，股东们倾向于高估投资方案风险，这会导致"投资不足"的问题。这意味着，要么企业因为未能选择价值最大的投资方案而损失价值，要么执行高成本的控制方案以限制经理人员的自由裁量权。无论是哪一种情况，企业价值都将会减少。此外，如果债券持有者预料到高风险项目选择的这种让渡，那么融资的债务成本将会增加。在这种情况下，选择低效率项目的成本仍然由企业来承担。由于对企业具有决策权的不仅有股东，还有股东所雇用的管理者，因而第一个代理问题产生于股东和经理人之间。史密斯和斯达尔兹（1985）认为，由于股东所雇用的经理人，在公司决策中起着非常重要的作用，股东和管理者之间也存在"委托代理"问题。经理们出于对自己利益的考虑可能会做出不利于股东的决策，如过度追逐风险，这和经理们的薪酬安排是分不开的。由于固定薪水、与业绩相关的激励性报酬以及以权益形式存在的报酬在经理们总薪酬中的比例不同，可能会导致经理们不同的行为方式。因此，风险管理对于薪酬安排的合理设计（尽量使经理人和股东的利益一致），也是可以增加企业价值的。

5．帮助公司吸引大股东

与小额投资以及投资高度分散化的小股东不同，拥有企业大量未分散投资的大股东更加关注企业管理者的行为，更有动力监控企业的经营，更希望能够增加企业价值，从而从企业价值增加中获得更多的财务利益。大股东一般都拥有对企业很有价值的知识和技能，并通过敦促经理人最大化企业价值来降低代理成本。因此，这样的大股东的存在对企业是有利的。随着大股东持有更多的股份，企业其他所有的投资者都从中获益。风险管理的存在可以帮助吸引这样的大股东，增加企业价值。股东敦促管理者最大化企业价值的一种方法就是制定有效的管理报酬合同和激励政策，把管理者和股东的利益联系起来。这并不是说管理者持有的股票越多越好。如果管理者的薪酬大部分和其无法控制的股票收益联系在一起，这对管理者而言是不公平的，只会促使管理者承担风险（企业股票持有者可以从股票价格的大幅波动中获取利益），而达不到把管理者和股东利益统一起来的目的。一般而言，把管理者的报酬和创造企业价值的某个指标联系起来，而不去试图分清这个指标中哪些部分是管理者可以控制的，这种做法是比较合理的。风险管理可以减少企业的风险暴露，增加企业价值，也是管理者可以有所作为的地方，因此，把管理者报酬和企业价值联系起来是比较合理的。这既不会使管理者承担过多的风险，也不会使管理者做出过于保守的风险控制决策，使一切都沿着企业价值最大化的方向前进，同时股东和各个利益关联方的利益也得到了保证。风险管理的存在使得对于管理者的激励变得相对容易，消除了那些管理者无法控制的市场价值波动来源，减少了管理者的人力资本和其他与企业相关的物质财富风险，使管理者愿意接受相对较低的报酬，从而进一步增加了企业价值。

6．帮助企业获取"关联方价值"

"关联方价值"是指如果企业拥有忠实的关联方，就可以在和关联方的长期合作中获得"特别价值"。其中，关联方包括任何支持和参与企业生存和成功的团体和个人，主要包括雇员、客户、供应商、商业伙伴、投资者、监管者、股票分析专家、信用分析专家以及评级机构等。这些关联方都是企业成功的要素，关联方流失会给企业带来巨大的成本。一般来说，企业希望各关联方保持对企业的长期的专用性投资，这些专用性投资包括员工学习只在企业有价值而在企业外部没有什么价值的知识和技能、供应商为企业特供的零部件进行研发活动、顾客对企业产品价值支付隐含的信用担保等，同时长期保持与企业的这种关联关系。在企业的风险状况变得糟糕时，所有的特异性投资都会被相关关联方取消，他们觉得一个充满风险的企业可能无法履行对他们的长期利益进行保证。而这种特异性投资的撤销和关联关系的后果是会给企业带来巨大成本的。例如，员工流失成本，尤其是人才流失到竞争对手那里，会伴随技术和商业信息的流失，这将会给企业带来莫大的损失。在美国，有研究表明替换一个工人所带来的招聘和培训费用大概为待聘职位薪金的 1～2.5 倍。职位越复杂，费用越高，而伴随其中的技术和商业信息流失造成的无形损失则更高。客户流失成本也是如此，一般来说，赢得一个新客户的代价至少是留住一个老客户的 5 倍，因为老客户一般购买得更多、对价格更不敏感，并且常常为企业带来新客户。企业进行的风险管理活动可以保证其更容易兑现对关联方的承诺，与支付高额成本来维护关联方关系相比，对风险进行套期保值的成本更低。因此，关联方关系管理是风险管理的一个重要组成部分，是风险管理增加企业价值的重要途径。

本章要点

良好的风险管理有助于降低决策错误的概率、避免损失的可能、相对提高企业本身的附加价值。企业应从企业的内部审计视角和外部的社会责任视角来审视企业风险的产生及广泛影响，从全面的角度树立企业风险观。

为了保证风险管理目标的完成，《企业风险管理整合框架》提出了企业构成全面风险管理的 8 个要素：内部环境、目标设定、事项识别、风险评估、风险应对、控制活动、信息与沟通和监控。它们源于管理当局经营企业的方式，并与管理过程整合在一起，是 8 个关联体。

企业风险影响企业价值的各种理论都有一个共同的基础：风险对企业的影响来自企业从事业务活动中产生的摩擦成本或交易成本。这些交易成本包括企业具有风险的现金流导致的税负增加；预期破产成本增加；可能出现的财务危机引起并可能导致的无效投资决策的代理成本；由风险导致的投资项目挤出以及管理者与股东利益不一致产生的代理成本和管理者无法分散风险所要求的额外风险补偿成本等。这一系列交易成本或摩擦成本降低了企业现金流的期望值。通过风险管理，企业可以降低经营和管理中存在的交易成本和摩擦成本，增大企业价值。

案例资料

2016 年，作为全球四大会计师事务所之一的 A 事务所遭遇了"大麻烦"。这家公司面临着巨额审计诉讼案，被要求索赔 55 亿美元，外界称这起案件是"史无前例"的。在这起审计诉讼案中，一个引人关注的焦点在于，这是一起"罪犯"告"警察"的案件。该事务所的律师 M 在接受英国《金融时报》采访时表示："这是我从业 35 年来见过的最诡异的案件，相当于'罪犯'告'警察'，理由是'警察'没发现他的作案行为。"该诉讼案的判决意义重大，一旦判决成立，将可能会开启类似一连串诉讼的"大门"。

据英国《金融时报》报道，本起诉讼案的原告是 T 公司的破产受托人美国某保险公司，而被告则是曾任职于因金融危机倒闭的某银行审计的 A 会计事务所。T 公司在破产前曾是美国前十大抵押贷款公司，同时也曾是美国政府赞助成立的政府国家抵押贷款协会（也称吉利美）的第五大房地产抵押贷款支持证券（MBS）发行商。某银行的破产是美国银行业史上第七大破产事件，而在其破产之前，此银行曾是 T 公司最大的客户，为 T 公司提供了大量房屋抵押贷款供其进行证券化。

值得玩味的是，该银行不仅是 T 公司的大客户，两者之间还存在更为"亲密"的关系。早在 2011 年，T 公司的高管就因与该银行高管串通进行账务造假，累计从该银行挪用了 14 亿美元用于支持 T 公司的业务，其中部分资金用于购买公司高管飞机、水上飞机和高级轿车，因此最终被联邦法院判处 30 年监禁。因而，有部分人士对 A 事务所在明确知道此银行与 T 公司的"犯罪前科"的前提下，也未采取更为严格的审计措施表示质疑。

另外，此起诉讼案的一个重要争论焦点在于，A 事务所是否有能力阻止欺诈的发生，是否真正履行了审计的责任。美国某保险公司状告 A 事务所在担任该银行审计期间，未充分履行审计职责，未能发现该银行约 10 亿美元的资产实际上并不存在或已分文不值，并且 T 公司与该银行的员工串通，使用虚假文件掩盖事实。

原告律师团表示，A 事务所本身有能力可以发现并阻止欺诈行为发生，但因其多次忽视了财务警告，使其并未及时阻止该欺诈行为，这是失职的。律师团首席律师 S 表示，A 事务所对该银行账户的审计是其见过最为糟糕的审计。另外，根据原告律师团出具的一份 2006 年的文件显示，A 事务所对于该银行十几亿美元交易行为的审计是交由一名实习生负责的，该实习生负责审计此银行持有的抵押物资产，审计后向直接领导报告称，他"感觉"抵押品是充足的。

对于失职的指控，A 事务所方面表示不予接受。据彭博社报道，A 事务所称其已经完全履行了行业标准要求下的所有责任。在庭审上，A 事务所之前负责该银行的首席审计师 J 表示，该银行对 A 事务所的欺骗是故意的、有组织的。即使他和他的同事要求该银行提供更为全面详尽的文件，这些文件也有可能是被伪造的。"该银行知道审计师通常的工作流程，而我们并不知道他们要做些什么去掩盖其欺诈行为，我们已经尽最大努力了，但最终并未发现。"J 说。

外界普遍认为，此次诉讼案对于 A 事务所的打击或许是"致命"的。除了 55 亿美元高额的赔偿之外，诉讼的成立或会开启对 A 事务所其他两件类似失职案件的审理，这对 A 事务所来说将会是更大的打击。同时，一旦此次诉讼树立了先例，其他三大会计师事务所在未来也可能会面临类似的诉讼，整个审计行业或将面临着巨大的变化。

但同时有分析认为，A 事务所在此次诉讼案中境况或不足以称为"生死战"。据了解，2011 年 9 月，B 事务所被指控未能发现 T 公司内部存在的欺诈行为，导致 T 公司的破产托管人和某基金公司损失巨大，最终要求索赔 76 亿美元。但最终该诉讼中大部分原告基本与 B 事务所达成和解，和解细节大部分并未公布。因此有分析称，在 A 事务所此次的诉讼案尚未判决之前，双方也存在着和解"私了"的可能性。另外，A 事务所也曾经历过类似的审计失职案件，2006 年，因其出具不实审计报告，中国上海某公司向 A 事务所索赔 2 亿元人民币，对方最终达成和解，并支付约 2 000 万元人民币赔偿金等。

由此可见，A 事务所被指控失职已然不是第一次了，并且有分析人士认为，原则上，审计师保证严格按照当地的审计准则进行了必要的审计程序，并且在执行中没有重大疏漏就是可以的，而管理层舞弊和错报本身并不能证明审计师有过错。同时，为了避免影响会计师事务所的信誉和公信力，会计师事务所一般都会选择私下和解。因此，此次 A 事务所面临的 55 亿美元索赔案最终结果还存在着较大的变数，可能产生的影响也未可知。

案例讨论

1. A 事务所在上述案件中自身的风险管理是否有失职行为？

2. 审计行业作为企业市场风险管理服务的提供者，其自身应当如何应对风险的冲击？

复习思考题

1. 社会责任与内部审计视角的风险管理有何差异？
2. COSO 对风险管理范式是如何演进的？
3. 试述风险管理与公司价值创造的相关性。

本章参考文献

[1] 上海国家会计学院. 企业风险管理[M]. 北京：经济科学出版社，2012.

[2] 胡为民. 内部控制与企业风险管理[M]. 北京：电子工业出版社，2009.

[3] 冯巧根. 高级管理会计[M]. 南京：南京大学出版社，2009.

[4] 刘新立. 风险管理[M]. 北京：北京大学出版社，2006.

第三章 风险管理导向的内部控制框架

本章结构图

```
                              ┌─────────────────┐    ┌──────────────────────┐
                              │ COSO的内部控制  ├────┤  内部控制整合框架    │
                              │   整合框架      │    └──────────────────────┘
                              │                 │    ┌──────────────────────┐
                              │                 ├────┤ 内部控制整合框架的局限性 │
                              └─────────────────┘    └──────────────────────┘
                              ┌─────────────────┐    ┌──────────────────────┐
                              │ COSO的企业风险  ├────┤  风险管理整合框架    │
                              │ 管理整合框架    │    └──────────────────────┘
                              │                 │    ┌──────────────────────┐
                              │                 ├────┤ 风险管理整合框架的评价 │
                              └─────────────────┘    └──────────────────────┘
┌──────────────┐                                     ┌──────────────────────┐
│ 风险管理导向的│                                     ├┤  引入风险组合观     │
│ 内部控制框架 │                                     │ └──────────────────────┘
└──────────────┘                                     │ ┌──────────────────────┐
                                                      ├┤ 增加了战略目标并扩大了报告 │
                                                      │ │   目标的范畴         │
                              ┌─────────────────┐    │ └──────────────────────┘
                              │ 基于风险管理的  ├────┤ ┌──────────────────────┐
                              │ 内部控制框架    │    ├┤ 引入了两个新的概念——风险 │
                              │                 │    │ │ 偏好和风险容忍度     │
                              └─────────────────┘    │ ┌──────────────────────┐
                                                      ├┤ 新增风险管理3个要素——目标 │
                                                      │ │ 设定、事项识别、风险应对 │
                                                      │ ┌──────────────────────┐
                                                      ├┤ 将"控制环境"改为"内部环境" │
                                                      │ └──────────────────────┘
                                                      │ ┌──────────────────────┐
                                                      └┤ 拓展了"信息与沟通"要素 │
                                                        └──────────────────────┘
                              ┌─────────────────┐    ┌──────────────────────┐
                              │ 基于风险管理的  ├────┤  新框架的主要变化    │
                              │ 内部控制框架新发展│   └──────────────────────┘
                              │                 │    ┌──────────────────────┐
                              │                 ├────┤  对新框架变化的评价  │
                              │                 │    └──────────────────────┘
                              │                 │    ┌──────────────────────┐
                              │                 ├────┤ 新的《内部控制整合框架》│
                              │                 │    │   对我国的影响       │
                              └─────────────────┘    └──────────────────────┘
```

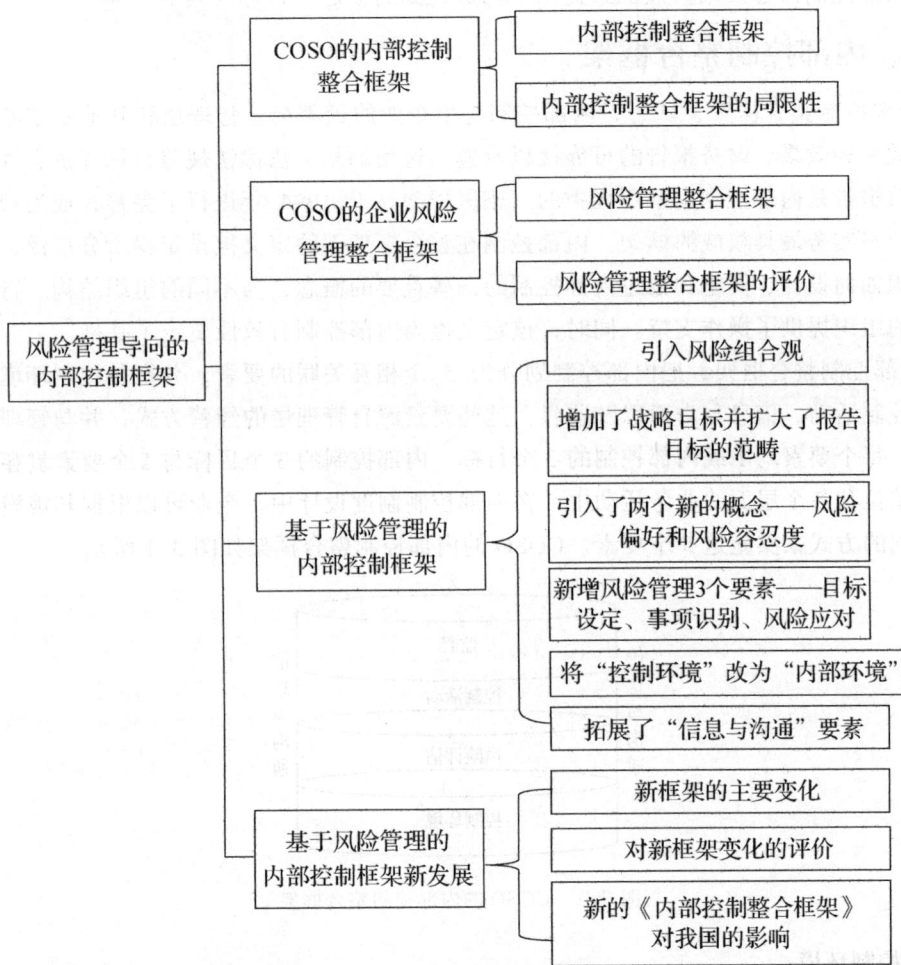

本章学习目标

➢ 理解基于风险管理的内部控制框架。

➢ 掌握 COSO 的《内部控制整合框架》和《企业风险管理整合框架》。

➢ 了解基于风险管理的内部控制框架新发展。

内部控制制度对企业的发展至关重要，建立内部控制制度是对企业的基本要求，是保证企业良好运行的基石。我国企业内部控制的基本框架主要借鉴了美国 COSO 发布的《内部

49

控制整合框架》和《企业风险管理整合框架》。在这一部分，我们主要介绍这两个具有重要
意义的内部控制框架及其发展史。

第一节　COSO 的内部控制整合框架

1992 年 9 月，美国 COSO 发布的《内部控制整合框架》，是目前国际上认同度较高的权
威性的内部控制概念框架。该框架提出了内部控制的概念、目标及其 5 个元素。

一、内部控制整合框架

《内部控制整合框架》认为，内部控制是由企业的董事会、管理层和其他员工实施的，
为经营效率和效果、财务报告的可靠性以及遵循适用的相关法律法规等目标提供合理保证的
过程。该报告是内部控制发展历程中的一座里程碑，于 1994 年进行了完善，成为现代内部
控制理论与实务最具权威的框架。内部控制在整合框架下的定义被设定得十分广泛，包括了
关于组织如何设计、实施和推进内部控制的一些重要的概念，为不同的组织结构、行业和地
理区域的组织提供了操作支持。同时，该定义也为内部控制有效性奠定了基础。

《内部控制整合框架》把内部控制划分为 5 个相互关联的要素，分别是控制环境、风险
评估、控制活动、信息与沟通以及监督。这些要素源自管理层的经营方式，并与管理过程紧
密相连，每个要素均承载内部控制的 3 个目标。内部控制的 3 个目标与 5 个要素贯穿机构的
各业务单位和各个层面的业务活动中。在内部控制制度设计中，企业可以根据其规模和结构
采用不同的方式来实施这 5 个要素。COSO 的内部控制整合框架如图 3-1 所示。

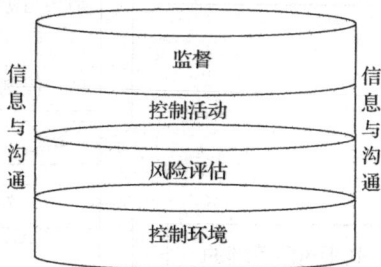

图 3-1　COSO 的内部控制整合框架

1. 控制环境

控制环境决定了企业的基调，其好坏直接影响企业员工的控制意识、企业内部控制的贯
彻和执行以及企业经营目标及整体战略目标的实现。控制环境提供了内部控制的基本规则和
构架，是其他 4 个要素的基础。控制环境包括员工的诚信度、职业道德和才能，管理哲学和
经营风格，权责分配方法和人事政策，董事会的经营重点和目标等。

2. 风险评估

每个企业都面临诸多来自内部和外部的有待评估的风险。风险评估的前提是使经营目标
在不同层次上相互衔接、保持一致。风险评估是识别、分析相关风险以实现既定目标，从而
形成风险管理的基础。由于经济、产业、法规和经营环境的不断变化，企业需要确立一套机

制来识别和应对由这些变化带来的风险。

3．控制活动

控制活动指那些有助于管理层决策顺利实施的政策和程序。企业应根据风险评估的结果，采用相应的控制措施，将风险控制在可承受范围之内。控制活动有助于确保实施必要的措施以管理风险，实现经营目标。控制活动体现在整个企业的不同层次和不同部门中，它们包括诸如批准、授权、查证、核对、复核经营业绩以及财产保护和职责分工等活动。

4．信息与沟通

企业应以一定的形式、在一定的时间范围内识别、获取和沟通相关信息，以使企业内部各层次员工能够顺利履行其职责。信息与沟通包含以下两个方面的内容。第一，公允的信息必须被确认、捕获并以一定形式及时传递，以便员工履行职责。信息系统能提供涵盖经营、财务和遵循性信息的报告，以帮助经营和控制企业。信息系统不仅处理内部产生的信息，还包括与企业经营决策和对外报告相关的外部事件、行为和条件等。第二，有效的沟通从广义上说是信息的自上而下、横向以及自下而上的传递，所有员工必须从管理层得到清楚的信息，认真履行控制职责。员工必须理解自身在整个内部控制系统中的位置，理解个人行为与其他员工工作的相关性。员工必须有向上传递重要信息的途径。同时，与外部诸如客户、供应商、管理层和股东之间也需要有效的沟通。

5．监督

内部控制系统需要被监督，即对该系统的有效性进行评估。企业可以通过持续性的监督行为、独立评估或二者的结合来实现对内部控制系统的监督。持续性的监督行为发生在企业的日常经营过程中，包括企业的日常管理和监督行为、员工履行各自职责的行为。独立评估活动的广度和频度有赖于风险预估和日常监督的有效性。内部控制的缺陷应该自下而上进行汇报，问题严重的应上报最高管理层和董事会。

二、内部控制整合框架的局限性

内部控制设计和执行只能对企业目标的实现提供合理的保证。实现的可能性受所有内部控制系统固有局限的影响，这些固有局限包括：决策人判断上的失误；由于简单差错或错误导致的失效；两个或更多的人联合欺诈或串通以绕过内部控制；管理层凌驾于内部控制之上而失效，外部不受控事件的影响而导致的失效；要考虑与控制相关的成本和收益。所以，内部控制并不是"万灵药"，其自身固有的局限性可能导致企业不能实现合理预期目标。

由于上述的固有局限，董事会和管理层无法对组织目标的实现提供绝对的保证，因而内部控制提供的是合理保证而非绝对保证。管理层在设计和执行内部控制时，仍应当考虑并尽最大可能将这些内在的局限性最小化。

第二节 COSO 的企业风险管理整合框架

自《内部控制整合框架》发布以来，该框架已经被世界上许多企业采用，但理论界和实务界纷纷对《内部控制整合框架》提出了一些改进意见，他们强调内部控制框架的建立应与企业的风险管理相结合。2004 年 9 月，COSO 发布了《企业风险管理整合框架》（简称《ERM 框架》），新的框架是在 1992 年的《内部控制整合框架》的基础上，结合《萨班斯-奥克斯利法案》在报告方面的要求，进行扩展研究得到的。普华永道的项目参与者认为，新报告中有 60%的内容得益于 COSO 1992 年报告所做的工作。由于风险是一个比内部控制更为广泛的概念，因此，新框架中的许多讨论比 1992 年报告的讨论更为全面、更为深刻。此外，COSO 在其风险管理框架讨论稿中也说明，风险管理框架是建立在内部控制框架基础上的，内部控制则是企业风险管理必不可少的一部分。风险管理框架的范围比内部控制框架的范围更为广泛，而是对内部控制框架的扩展，是一个主要针对风险的更为明确的概念。

一、风险管理整合框架

（一）对风险管理的再认识

企业风险管理是一个由企业的董事会、管理层及其他员工共同参与的，应用于企业战略制定和企业内部各个层次和部门的，用于识别可能对企业造成潜在影响的事项并在其风险偏好范围内管理风险的，为企业目标的实现提供合理保证的过程。这是一个广义的定义，风险管理适用于各种类型的组织、行政部门。该定义直接关注企业目标的实现，并且为衡量企业风险管理的有效性提供了基础。

风险管理的整合框架表明，企业风险管理是一个过程，企业风险管理的有效性是某一时点的一个状态或条件。判断一个企业的风险管理是否有效，是基于对风险管理要素设计和执行是否正确的评估基础上的一个主观判断。企业的风险管理若要有效，则其设计必须保证所有的要素得到执行。企业风险管理可以从一个企业的总体来认识，也可以从一个单独的部门或多个部门的角度来认识。即使是站在某一特定的业务部门的角度来看待风险管理，所有的要素也都应作为基准包括在内。

（二）风险管理整合框架的目标

在主体既定的使命或愿景范围内，管理层制定战略目标、选择战略，并在企业内自上而下设定相应的目标。尽管许多目标是针对特定主体的，但是，一些目标是广泛共通的。例如，在供应商和消费者心目中树立和保持正面的声誉，向各利益相关者提供可靠的报告，以及遵循法律和法规开展经营，几乎是所有主体共同的目标。

COSO 的《企业风险管理整合框架》将主体的目标分成以下 4 类。

（1）战略目标。它是企业高层次的目标，与企业的使命、愿景相协调，并支持使命和愿景。战略目标反映了管理层就企业如何努力为它的利益相关者创造价值所做出的选择，识别出与此选择相关联的风险，并考虑它们可能产生的影响。

（2）经营目标。经营目标与企业经营的有效性和效率有关，包括业绩和盈利目标以及保护资源不受损失。它因管理层对结构和业绩的选择不同而不同。

（3）报告目标。报告目标与报告的可靠性有关，包括内部与外部报告，并且可能涉及财务与非财务信息。

（4）合规目标。合规目标与符合相关法律和法规有关，取决于外部因素，在一些情况下对所有企业都适用，而在另一些情况下则适用于一个行业。

主体目标的这种分类，使我们可以关注企业风险管理的不同侧面。这些各不相同却又相互交叉的类别（一个特定的目标可以归入多个类别），反映了不同的主体需要，而且可能成为不同管理者的直接责任。这个分类还有助于区分每一类目标中的期望目标。

企业风险管理为实现报告的可靠性、符合法律和法规相关的目标提供合理保证。这些类型目标的实现处于主体的控制范围之内，并且取决于主体的相关活动完成的好坏。

但是，战略目标（如取得预定的市场份额）与经营目标（如成功地引入一条新的产品线）的实现并不总是处在主体的控制范围之内。企业风险管理不能防止糟糕的判断或决策，或可能导致一项经营业务不能达成经营目标的外部事项。但是，它的确能够增大管理层做出更好决策的可能性。针对这些目标，企业风险管理能够合理地保证管理层和起监督作用的董事会及时地了解主体朝着实现目标前进的程度。

（三）风险管理整合框架的要素

企业管理包括 8 个相互关联的构成要素，它们源于管理层经营企业的方式，并与管理过程融合在一起。这些构成要素是：内部环境、目标设定、事项识别、风险评估、风险应对、控制活动、信息与沟通和监控。根据 COSO 的风险管理整合框架的内容，内部控制的目标、要素与组织层级之间形成了一个相互作用、紧密相连的有机统一整体；同时，对内部控制要素的进一步细分和充实，使内部控制与风险管理日益融合，拓展了内部控制。企业风险管理整合框架要素如图 3-2 所示。

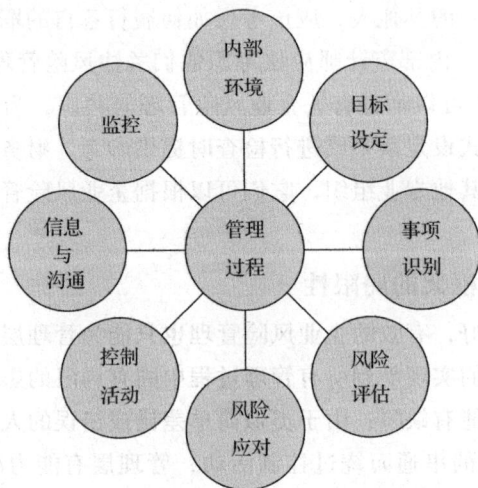

图 3-2　企业风险管理整合框架要素

企业风险管理是一个动态的过程。举例来说，风险评估增强企业风险应对能力，可能会影响企业控制活动，并凸显出企业对信息与沟通的需要或主体的监控过程的必要性的考虑。因此，企业风险管理并不是一个严格的顺次过程。也就是说，一个构成要素并不仅仅影响接下来的那个构成要素，它是一个多方向、反复的过程，在这个过程中几乎每一个构成要素都能够影响其他要素。

任何两个主体不可能也不应该以同样的方式应用相同的企业风险管理。由于行业和模式以及管理理念和文化的不同，企业的风险管理能力和风险管理需求也大相径庭。因此，尽管所有主体都应该具备每一个构成要素并保证其有效运行，但是企业对风险管理的应用——包括采用的工具以及职能与责任的划分——通常各不相同。

二、风险管理整合框架的评价

（一）风险管理整合框架的意义

1．强调了系统性的功能作用

在实施企业整体风险管理过程中，主体中的每个人都对企业风险管理负有责任。首席执行官 CEO 负有首要责任，其他管理人员支持主体的风险管理理念，并在各自的责任范围内依据风险容量去管理风险，风险官、财务官、内部审计师等负有关键的支持责任。主体中的其他人员负责按照既定的指引和条例去实施风险管理，董事会对企业风险管理进行监督，并察觉和认同主体的风险容量。外部集团，如顾客、零售商、商业伙伴、外部审计师、监督者和财务分析师常常提供影响企业风险管理的有用信息，但是他们不对主体的风险管理的有效性承担任何责任。

2．可以为不同的利益相关者提供有效的借鉴和指导

对企业的董事会来说，董事会应当与高级管理人员讨论本企业风险管理的现状，并提供监督董事会应当确信知悉的最重大的风险信息，以及管理层正在采取的行动和如何确保有效的风险管理。董事会应当考虑寻求内部审计师、外部审计师和其他方面的参与。对企业的高层来说，首席执行官应把业务单元的领导和关键职能部门人员召集到一起，评估企业的风险管理能力和有效性。企业中的其他人，应该考虑如何履行各自的职责，并与更高层人员讨论有关加强风险管理的看法；内部审计师应该考虑他们关注风险管理的范围。对监督者来说，《企业风险管理整合框架》可以增进有关企业风险管理的共识，为监督者在对他们所监督的主体采用规则或指南等形式设定期望或进行检查时提供参考。财务管理、审计和相关领域提供指南的规则制定机构和其他专业组织，它们可以根据企业风险管理整合框架消除概念和术语方面的差异，达成共识。

（二）风险管理整合框架的局限性

即使设计和运行得再好，有效的企业风险管理也只能为管理层和董事会提供有关主体目标实现的合理保证。目标的实现受到所有管理过程中固有局限的影响，这些固有局限包括：决策过程中的人为判断可能有缺陷；由于类似简单差错或错误的人为失败可能导致的故障；可能会通过两个或多个人的串通而绕过控制活动；管理层有能力凌驾于企业风险管理过程（包括风险应对决策和控制活动）之上；需要考虑风险应对的相关成本与效益等。

在考察企业风险管理的局限时应该认清以下 3 个概念。

第一，风险与未来有关，面对未来本身就具有不确定性。

第二，企业风险管理针对不同的目标在不同的层次上运行。

第三，企业风险管理不能对任何一类目标提供绝对保障。

第一个概念表明，没有人能够准确地预测未来。第二个概念表明存在特定的事项完全在管理层的控制范围之外。第三个概念与一个事实有关，即没有任何一个过程总能像预期的那样。

合理保证并不意味着企业风险管理经常会失败。许多因素单独或一起强化了合理保证的概念。满足多重目标风险应对的积累影响和内部控制的多目标属性降低了主体不能实

现其目标的风险。此外，正常的日常经营活动，在组织中不同层次上运行人员的责任都以实现主体目标为目的，这也在一定程度上保证了目标的实现。

第三节　基于风险管理的内部控制框架

COSO 确定的内部控制包含在企业风险管理框架之内，是其不可分割的一部分。企业风险管理比内部控制更广泛，引入风险管理，拓展和细化了内部控制，形成了一个更全面、更强有力的关注风险的概念。

简单来看，《企业风险管理整合框架》（或称《ERM 框架》）在《内部控制整合框架》的基础上增加了一个新观念、一个战略目标、两个概念和 3 个要素，即风险组合观、战略目标、风险偏好和风险容忍度两个概念及目标设定、事项识别、风险应对 3 个要素。针对企业风险管理需要，风险管理框架要求设立一个新的部门——风险管理部，并相应设立首席风险官（CRO），全面地、集中地推进企业风险管理。相对于《内部控制整合框架》而言，《企业风险管理整合框架》无论在内容上还是范围上都有所扩大和提高。

一、引入风险组合观

在《内部控制整合框架》的基础上，《ERM 框架》引入了风险组合观，即在单独考虑如何实现企业各个目标的过程中，《ERM 框架》更看重风险因素，不仅要单独考虑各个风险，更要从总体的、组合的角度去理解风险。对企业内部的每个单位而言，其风险可能落在该单位可接受范围内；但从企业总体来看，总风险可能会超过企业总体的风险偏好范围。因此，企业风险管理要求以风险组合观看待风险，对相关的风险进行识别并采取措施使企业所承担的风险在风险偏好范围内。

二、增加了战略目标并扩大了报告目标的范畴

《内部控制整合框架》将企业的目标分成 3 类，即经营目标、报告目标、合规目标。《ERM 框架》也包含这 3 个目标，其中经营目标、合规目标与内部控制这个框架中的定义相同，但对报告目标的界定有所不同。《内部控制整合框架》的报告目标只包括公开披露的财务报告。而在《ERM 框架》中，报告目标有很大的扩展，覆盖了企业编制的所有报告，既包括对内报告，也包括对外报告；既包括法定报告，也包括向其他利益相关者提供的非法定报告；既包括财务信息，也包括非财务信息。

另外，《ERM 框架》还增加了一个新的目标，即战略目标。它处于比其他目标更高的层次。战略目标来自一家企业的使命或愿景，因此经营目标、报告目标和合规目标必须与其相协调。企业的风险管理应用于实现经营目标、报告目标和合规目标的过程中，也应用于企业的战略制定阶段。

三、引入了两个新的概念——风险偏好和风险容忍度

《ERM 框架》在面临的风险中引入了两个概念：风险偏好和风险容忍度。从广义的角度看，风险偏好是指企业在实现目标的过程中所愿意接受的风险的数量，它在制定战略和选择

相关目标时起到风向标的作用。从定性的角度看，一般将风险偏好分为风险喜好、风险中性和风险厌恶 3 种类型。此外，企业也可以从定量的角度对风险进行衡量，反映企业目标、收益与风险之间的关系。企业的风险偏好与企业战略直接相关，不同的战略给企业带来的风险各有不同，在企业战略制定阶段进行风险管理，就是要帮助企业管理者在不同战略间选择与企业风险偏好一致的战略。

风险容忍度是指在企业目标的实现过程中所能接受的偏离程度，是企业在风险偏好的基础上设定的相关目标实现过程中对差异的可接受程度。在确定各目标的风险容忍度时，企业应考虑相关目标的重要性，并将其与企业风险偏好联系起来，将风险控制在风险容忍度的最大范围内，以保证企业能在更高的层次上实现企业目标。

四、新增风险管理 3 个要素——目标设定、事项识别、风险应对

《ERM 框架》在《内部控制整合框架》的基础上新增了 3 个风险管理要素：目标设定、事项识别与风险应对，3 个要素环环相扣，共同构成了风险管理的完整过程。

（1）目标设定。在目标设定上，《ERM 框架》由于要针对不同的目标分析其相应的风险，因此，目标设定自然成为风险管理流程的首要步骤，并成为《ERM 框架》的一部分。

（2）事项识别。在进行事项识别时，《ERM 框架》讨论了潜在事项的概念。《ERM 框架》将潜在的事项定义为来自企业内部或外部资源的可能影响企业战略执行或目标实现的一件或一系列的偶发事件或事项。有正面影响的潜在事项代表机会，有负面影响的潜在事项代表风险，《ERM 框架》采用一系列技术来识别有关事项及其起因，对企业的潜在事项以及事项的发展趋势进行计量。

（3）风险应对。《ERM 框架》提出了 4 类风险应对策略：规避、降低、分担和承受。管理层比较不同应对策略的潜在影响，在企业风险容忍度范围的假设下，考虑风险应对策略的选择。在个别和分组考虑风险的各应对策略后，企业管理层应从总体的角度考虑企业选择的所有风险应对策略组合对企业的总体影响。

五、将"控制环境"改为"内部环境"

《ERM 框架》对控制环境要素进行了深化和拓展，将《内部控制整合框架》中的"控制环境"改为"内部环境"，强调了董事会的风险管理理念。在《内部控制整合框架》中，控制活动是指那些有助于确保管理层的指令得以贯彻执行的政策和程序。在《ERM 框架》中，控制活动是指有助于保证企业风险应对措施得到有效执行的相关政策和程序的制定与执行。不难看出，前者是广泛的管理活动中的控制概念，后者是风险管理活动中的控制概念，其外延比前者小。在《内部控制整合框架》中，风险评估以内部控制为中心，控制活动被视为风险管理的手段；在《ERM 框架》中，风险评估以风险管理为中心，内部控制处于从属地位。

六、拓展了"信息与沟通"要素

《ERM 框架》拓展了企业信息与沟通的构成内容，认为企业的信息包括来自过去、现在和未来的潜在事项的数据，而不应仅仅关注历史信息。历史信息可以帮助企业将实际的经营成果与目标、计划和预期相比较，以深入了解企业在不断变化的市场条件下是如何运行的。现在状况的数据可以向企业管理层提供更多重要信息，了解企业现在的运营状况。未来潜在

事项的数据和潜在影响因素可以帮助企业完成信息的分析，帮助企业管理层做出更好的经营决策。企业信息系统的基本职能应能够以时间序列的形式收集和捕捉数据，其收集数据的详细程度应视企业风险识别、评估和应对的实际需要而定，并保证将风险维持在风险偏好和风险容忍度范围内。

总的来讲，《EMR 框架》在内涵界定、目标体系和构成要素等方面都对《内部控制整合框架》进行了拓展和延伸。《EMR 框架》明确在整个企业范围内识别和管理风险的重要性；强调企业的风险管理应针对企业目标的实现在企业战略制定阶段就予以考虑，而企业在其下属部门进行风险管理的基础上，应对风险进行加总，以"风险组合观"来看待风险。总而言之，《EMR 框架》是《内部控制整合框架》的一种完善和超越。表 3-1 对 COSO 的《内部控制整合框架》与《企业风险管理整合框架》进行了比较。

表 3-1　COSO 的《内部控制整合框架》与《企业风险管理整合框架》的比较

描述类型	《内部控制整合框架》	《企业风险管理整合框架》
基调	管理层为达到目标而进行的内部控制要求	满足管理层为了达到一定的目标进行企业风险管理的要求
目标		战略目标（新增，全局掌控）
	经营目标	经营目标
	财务报告目标	报告目标（范围更广）
	合规目标	合规目标
风险观	没有提出风险组合观，只有风险评估	从企业整体层面提出风险组合观
环境	管理层及员工的内部控制观念	管理层及员工的风险观念，并提出风险偏好、风险容忍度的概念
要素		内部环境（更广义）
		目标设定（新增）
		事项识别（新增）
	风险评估	风险评估
		风险应对（新增）
	控制活动	控制活动
	信息与沟通	信息与沟通
	监督	监控

第四节　基于风险管理的内部控制框架新发展

为应对商业和经营环境的急剧变化，经过多年的调研和修订，2013 年 5 月，COSO 发布了修订后的《内部控制整合框架及配套指南》，并提议 2014 年 12 月 15 日以后用该框架取代 1992 年发布的原框架指南。新《内部控制整合框架》的发布将有助于公司高管在企业运营、法规遵从以及财务报告等方面采用更为严密的内部控制措施，提升内部控制的质量。COSO的《内部控制整合框架》发布于 1992 年，截至 2017 年，25 年过去了，资本市场和商业环境已经发生了翻天覆地的变化，这也要求应对《内部控制整合框架》有所调整。

新的《内部控制整合框架》和原框架相比，在基本概念、内容和机构，以及内部控制的定义和五要素、评价内部控制体系的有效性标准等方面均没有变化。据此，在很多业内人士看来，新的《内部控制整合框架》对于原框架内容的变更不应称为改动，而是一种升级。

一、新框架的主要变化

（一）新框架明确列示了用以支持内部控制 5 要素的原则

1992 年版框架隐晦地提出了内部控制的核心原则，2013 年版框架则明确列出了 17 项原则，每一项原则都代表着与内部控制五要素相关联的基本概念。COSO 之所以决定将这些原则明晰化，是为了帮助管理层更好地理解什么才是有效的内部控制。这些原则仍较为宽泛，以适用于营利性组织（包括上市公司和私营公司）。每一原则都有代表着这些原则相关重要特点的多个关注点支持。这些关注点旨在为管理层提供有用的指引，协助其设计、实施和执行内部控制，以及评估相关原则是否存在和发挥效用。不过，新框架并未要求对这些原则进行单独评估以确定其是否存在。管理层可以自由判断新框架所提供关注点的合适度或者相关度，然后根据企业的具体情况，选择和考虑与某一特定原则密切相关的重要特点。各大要素和各项原则组合起来就构成内部控制的准则，各个关注点则为管理层提供指引，协助其评估内部控制的各大要素是否存在并发挥效应，以及在企业内共同运作。每个关注点都与 17 项原则中的某一项相对应，而每项原则也都与 5 要素的某一个相对应。

（二）新框架明确了目标设定在内部控制中的作用

1992 年版框架指出，目标设定是一个管理流程，而且是内部控制的先决条件。新框架虽然保留了这一概念性观点，但它将相关讨论内容从风险评估章节移到第二章"目标设定"中，以强调目标设定并不是内部控制的一部分。

（三）新框架反映了科技日益深入的相关性

这一点非常重要，因为过去的二十多年，不仅使用或依赖技术的企业数量大幅增长，而且技术应用的程度和范围快速变化。技术已经从用以处理批量交易的庞大的独立主机环境，发展成横跨众多系统、组织和流程的技术。日益先进的技术会影响所有内部控制要素的实施方式。

（四）新框架更深入地讨论了有关治理的理念

这些概念主要关乎董事会以及董事会的下属委员会，包括审计委员会、薪酬委员会和治理委员会。这里要传达的主要信息是，董事会监督对有效的内部控制至关重要。

（五）新框架扩大了报告目标类别

新框架扩大了报告目标类别（也是"立方体"最主要的外在变化），将财务报告以外的其他外部报告类型，以及包括财务和非财务报告在内的内部报告，都纳入考虑范围。如此一来，共有 4 类报告，即内部财务报告、内部非财务报告、外部财务报告及外部非财务报告。

（六）新框架加强了对反舞弊预期的考虑

尽管 1992 年版框架已经考虑到舞弊，但有关反舞弊预期以及舞弊和内部控制之间关系的讨论并不突出。2013 年版关于舞弊的讨论明显增多，并且考虑和探讨了将舞弊单独作为内部控制的一项原则的潜在因素。

（七）新框架更加关注非财务目标

新框架对运营合规和非财务报告目标的关注点的扩展，直接带来了有关这些领域的更全面的指引。提供有关指引是希望更多的使用者能够将新框架应用到财务报告以外的领域。

新框架明确的 17 项原则代表了与每个控制要素相关的基本概念。这些原则直接从控制要素中提炼，一个组织可以直接全部应用这些原则来实施内部控制。这些原则都可以应用于经营、报告和合规 3 类目标。每个控制要素包括的原则如下。

1．控制环境

原则 1：组织对正直和道德等价值观做出承诺。

原则 2：董事会独立于管理层，并对内部控制的推进与成效加以监督控制。

原则 3：管理层在董事会的监督下，确定组织结构、报告路径和在追求目标实现过程中适当的权力和职责。

原则 4：团队展现出对吸引、开发和保留与目标相适应的具备胜任能力的人员的承诺。

原则 5：组织根据其目标，使员工各自担负起内部控制的相关责任。

2．风险评估

原则 6：就识别和评估与其目标相关的风险，组织做出清晰的目标设定。

原则 7：组织对影响其目标实现的风险进行全范围的识别和分析，并以此为基础来决定风险应如何进行管理。

原则 8：组织的风险评估对内部控制体系可能造成较大影响的改变。

原则 9：组织识别和评估对内部控制体系可能造成较大影响的改变。

3．控制活动

原则 10：组织选择并开展控制活动，将风险对其目标实现的影响较早列入可接受水平。

原则 11：（信息）技术，组织选择并开展一般控制以支持其目标的实现。

原则 12：组织通过合理的政策制度和保证这些政策制度切实执行的流程程序，来实施控制活动。

4．信息与沟通

原则 13：组织获取或生成，并使用相关、有质量的信息来支持内部控制发挥作用。

原则 14：组织在其内部沟通、传递包括内部控制的目标和责任在内的必要信息以支持内部控制发挥作用。

原则 15：组织与外部相关方就影响内部控制发挥作用的事宜进行沟通。

5．监督

原则 16：组织选择、推动并实施持续且（或）独立地评估以确认内部控制的要素是存在且正常运转的。

原则 17：组织在相应的时间范围内，评价内部控制的缺陷，并视情况与那些应采取正确行动的相关方（如管理高层、董事会）沟通。

二、对新框架变化的评价

与旧框架相比，新框架主要有 3 大亮点，即更实、更活、更稳。

1．更实：提供了内部控制体系建设的原则、要素和工具

新框架细化了董事会及其下设专业委员会的描述，而且新框架里提到了很多案例，增强了从业者对内部控制体系建设的理解。

新框架在继承旧框架内部控制的基本概念和核心内容的基础上，提供了内部控制体系建设的原则、要素和工具。具体的变化体现在突出了原则导向，即在原有 5 要素基础上提出了 17 项基本原则，在此基础上进一步提炼出 82 个代表相关原则的主要特征和重点关注点的要素。这是本次修改的亮点，使内部控制体系的评价更加有据可循。

新框架提供了 17 项具体的原则，这是新框架比较"实"的地方，之前的旧框架只有 5 个要素，更像是一个学术模型告诉管理层要怎么做，并没有非常明确的具体答案。而这次 COSO 提到的 17 项原则相对来说都是更明确的，这为企业做内部控制提供了一套路线图，为企业评价内部控制提供了一张打分表。

2．更活：强调企业可以有自己的判断

在内部控制建设和评价中，新框架强调依赖管理层的判断而不是像原来一样要求严格基于证据。新框架强调董事会、管理层和内部审计人员拥有"判断力"，这是新框架比较"活"的地方。

新框架认为，内部控制如何实施、如何评价、如何认定有效性，企业可以有自己的判断。就本质上而言，这是在为内部控制解套，是新框架的灵魂。

新框架强调在内部控制建设过程中应注重与效率的结合，建议管理层通过判断，去除那些失效、冗余乃至完全无效的控制，提高控制的效率和效果，而非单纯地为了控制而控制。

3．更稳：强调内部控制有效性的认定

新框架对于如何确保内部控制体系的有效性进行了进一步澄清，尤其强调内部控制 5 要素中的每一项都会受到其他要素的影响，内部控制五要素应视为一个整体来对待，并且描述了不同要素下的控制措施如何影响其他要素的原则。这有助于管理层整合性地看待内部控制体系和控制实施，而非孤立对待。

新框架在指出内部控制的局限性方面比旧框架更加明确，它指出了内部控制在决策和应对外部事件中的局限性。

旧框架发布于 1992 年，在当时体现了一种前沿的、先进的思路。尤其是在我国，随着内部控制规范体系的实施，内部控制变成了对上市公司的最低要求。这种从"前沿"到"最低要求"的变化，集中体现在上市公司要强制披露自己内部控制的有效性，并接受审计。那么，是不是审计通过了，上市公司就没有风险、没有问题了呢？实际情况并不是这样的，一些风险事件还是发生了。所以，新框架强调了内部控制对"天灾"（外部事件）和"人祸"（人为失误）的无能为力。

三、新的《内部控制整合框架》对我国的影响

目前，我国内部控制规范的框架体系借鉴的是 COSO 于 1992 年发布的《内部控制整合框架》。既然《内部控制整合框架》已得到修订，那么它一定会影响到我国企业的内部控制建设。

我国的内部控制规范体系在建设之初便参考了全面风险管理的思想，在报告内将内部控制 5 要素整合对待，在反欺诈和反舞弊等方面与新框架不谋而合。

需要认识到，新框架是由 50%的北美内部控制从业者和 50%的北美以外的内部控制从业者共同参与制定的，故而这个新框架从出生开始就带有很显著的地域特征，其原则会更有利于该地域的企业和从业者。我国在参考新框架进行内部控制规范体系的升级或更新时，应借鉴其原则和要素，结合我国国情，深入吸取我国近年来内部控制规范体系建设的宝贵经验，审慎接纳，而非全面照搬。就目前来讲，新框架可能主要会对上市公司产生影响。

在很多人看来，不少公司把内部控制体系建成了"花架子"，无法落地实施。其实，诚如新版内部控制框架指出的，"内部控制只是一个达到目标的手段，本身不是目标"。国际上有了新的内部控制框架，我国将来必然会在内部控制建设方面有所借鉴，所以，我国内部控制规范制定机构及企业应尽快熟悉新版内部控制框架，吸取其有益部分为我所用，更好地提升我国企业内部控制建设水平。

本章要点

本章主要阐述了风险管理导向的《内部控制整合框架》的相关概念与结构要素，包括内部控目标、内部控制原则等具体内容。内部控制制度对企业的发展至关重要，建立内部控制制度是对企业的基本要求，是保证企业良好运行的基石。

内部控制划分为 5 个相互关联的要素，分别是控制环境、风险评估、控制活动、信息与沟通以及监督。它们源自管理层的经营方式，并与管理过程紧密联系，每个要素均承载内部控制的 3 个目标。内部控制的 3 个目标与 5 个要素贯穿于机构各业务单位和各个层面的业务活动中。

企业管理包括 8 个相互关联的构成要素，它们源于管理层经营企业的方式，并与管理过程融合在一起，这些构成要素是：内部环境、目标设定、事项识别、风险评估、风险应对、控制活动、信息与沟通和监控。

《ERM 框架》在《内部控制整合框架》的基础上新增了 3 个风险管理要素：目标设定、事项识别、风险应对，这 3 个要素环环相扣，共同构成了风险管理的完整过程。

案例资料

北京热力集团成立于 2000 年，为国有独资企业。北京热力集团为规范管理，控制经营风险，经过两年多的时间，建立起了具有行业特殊性的内部控制体系，并且在实践中不断成熟。集团编写了《内部控制管理手册》《内部控制自我评价手册》《重大风险解决方案》和《内部控制管理现状评估报告》等规范性文件。该内部控制体系以风险管理为主线，包含了财务管理控制、生产经营控制、质量技术管理控

制、信息披露控制及员工综合控制等方面。

1. 目标设定

目标这一载体是管理者对下级进行管理的重要方式。总体目标一旦确定，必须以总体目标为方向，并将总体目标分解为每个部门甚至每位员工的分目标，这样才能有理有据地对员工进行评价、考核和奖惩。对内部控制而言，确定总体目标和细化、分解目标是一切控制活动的前提。明确的总体目标及细分目标是内部控制的方向，构成了内部控制评价的指标和标准。

结合 COSO《内部控制整合框架》《ERM 框架》以及我国《内部控制基本规范》，北京热力集团从内部控制的目标出发，结合集团自身的特点，北京热力集团将内部控制的总体目标划分为具体的 5 个目标。

（1）增强风险理念，强化风险管理，建立起有效和完善的风险控制系统，确保集团各项经营活动和业务正常有序运行。

（2）完善组织结构，组织结构决定着集团的决策机制、监督机制等，建立科学风险管理框架下的企业内部控制体系。

（3）制定规范的集团会计制度，确保会计信息的真实性、完整性、准确性、及时性等，保证其高质量。

（4）创造良好的集团内外部经营环境，及时发现并纠正各种舞弊错误行为，竭力防止舞弊的发生，保障股东利益，确保集团财产的安全性和完整性。

（5）遵循国家相关法律法规和公司规章制度，保证集团内部控制制度的贯彻实施。

2. 事项识别

在与管理人员访谈、研读制度文件、梳理业务流程等工作的基础上，北京热力集团识别出集团层面风险共 5 大类，即战略风险、经营风险、财务风险、法律风险和市场风险，二级风险 88 项，并组织集团中层以上管理人员完成了风险评估问卷调查工作。北京热力集团对风险成因和可能造成的影响进行了分析，编制完成北京热力集团风险清单及成因分析表。在梳理风险点和进行风险识别时，北京热力集团采取内外因素相结合的分析方法，充分考虑到了内部原因和外部原因。

3. 风险评估

对集团层次和业务层次的风险进行识别确认，形成风险清单以后，接下来的工作便是对识别出的风险进行分析评估。按照相关规定和权重进行数据分析，对风险进行排序、编制风险清单，评出 6 项重大风险：政策法规风险、人才战略风险、安全生产风险、组织结构风险、薪酬管理风险、热费收缴风险。

4. 风险应对

集团对每一项重大风险的管理现状和应对策略进行分析，编写了《重大风险解决方案》。

（1）对于政策法规风险，要加强对政策法规变化趋势的监测和分析，健全相应工作机制，例如：搭建通畅、准确的政策法规信息收集渠道；归口管理部门定期分析政策法规信息，编制分析报告，为集团决策提供服务；探讨建立政策法规突变情况的应急管理机制。

（2）对于人才战略风险，人力资源部应动态监控各部门及分子公司的人才流失情况，针对人才流失严重的单位组织开展专项研究。人力资源部通过座谈与研讨，分析挖掘人才流失深层次的原因并予以解决的同时，严格实施人才引进和选拔管理，从源头控制人才流失风险。

（3）对于安全生产风险，集团应增加培训频率，有效强化一线人员的安全意识，提升一线人员的执业能力水平；建立隐患排查常态化机制，加强隐患监督管理。

（4）对于组织结构风险，应对各部门的职能进行梳理和优化，各职能部门的主体工作应调整为规划、政策指导、监督检查、重大事项管理以及跨部门间的协作等，以更好地发挥其管理职能；补充完善相关组织结构管理制度，制定《部室职责及岗位设置管理办法》。

（5）对于薪酬管理风险，应深化用工制度改革，突破以往的用工模式，打破身份界限，推行岗位管理，营造内部竞争的环境，按个人能力、工作岗位确定员工薪酬，按实际工作业绩给予报酬；制定（调整）薪酬方案前，开展职位分析与评价工作；进一步细化职务职级、优化薪酬构成，综合协调使用短期激励和中长期激励，并为特殊人才设计特殊的薪酬方案。

（6）对于热费收缴风险，加强对收费人员的培训力度，提高其综合素质水平，不断强化收费人员的服务意识；集团对应各供热服务分公司设立多个热费归集账户，账户由集团财务管理部统一管理，分公司将热费存入对应的银行账户。集团财务管理部承担热费系统入账信息与财务账目核对的职责，将核对职责前移、工作量细分，以解决核对工作量大、梳理困难的问题。

5. 控制活动

控制活动是建立内部控制体系的关键性步骤。

（1）定责定岗定编完善组织管理体系

集团领导层高度重视组织结构规划工作，明确提出了全面提升集团管理水平和管控能力，加快由粗放型到集约型管理转变的要求。

集团开展了"三定"项目，主要内容是总部机关以及各部室的定机构、定职责、定编制工作。集团特别成立了"三定"工作领导小组，由党群工作部、集团办公室、企业管理部、人力资源部这4个部门组成。在总部机关"三定"工作完成的基础上，6家分公司也先后开展并完成了"三定"工作，在部室协作、职能整合、工作效率等方面有了较大的进步。按照精简高效、权责清晰和协同运转的原则，集团顺利完成了机关本部的"三定"工作。集团共精简机构11个（原来是24个，现在是13个），现13个部室是：董事会办公室、党群工作部、办公室、企业管理部、经营计划部、财务管理部、人力资源部、供热发展部、供热生产部、安全保卫部（应急指挥办公室）、技术管理部、法律事务部、审计与内控部。根据工作需要，党群工作部内设5个处，综合处、组织处、宣传处、纪检监察处和工会工作处。设立5个中心，分别是：客户服务中心、生产调度与监控中心、资产管理中心、供热技术发展研究中心和热费结算中心。根据工作需要，组建稽查大队。"三定"工作调整了集团总部与分子公司的职责权限，强化了机关职能定位，基本建立起结构合理、职能明确、权责清晰、运转协调、办事高效的组织管理体系。推进了子集团董事会、监事会、经理层的建设工作，调整优化了对二级、三级子公司的管控，完善了外部董事、财务总监等管理办法，加快推进了法人治理结构的建设。

（2）初步构建起科学的人力资源管理机制

集团领导层高度重视人才战略规划工作，树立了以人为本的思想。《北京热力集团有限责任公司企业管理专项规划》制定了人力资源管理指标和工作任务，明确了人力资源的战略发展目标，为集团的跨越式发展提供了支持。对于一般管理人员，制定了一般管理人员正常晋升办法，规范了一般管理人员的培养、选拔和任用制度。对于中层人员，建立了中层人员选拔、考核、评价、监督、退出等机制，制定了岗位竞聘办法和岗位动态管理办法，使中层管理者的责任感和管理水平不断提高。对于集团的高管人员，其引进主要采用公开选拔、竞争上岗、组织选拔以及综合上述方式的推荐、评测等方式，选拔高管人员时尤其注意"岗位回避制度"的落实。对于后备人才，建立起后备干部人才库，对经营管理团队的稳定性，集团经营管理方针、政策的延续性起到了保障作用。

（3）安全生产工作制度

集团制定全面、详细、可操作性较强的有关安全生产的工作制度及规定，如《北京热力集团有限责任公司交通安全工作管理办法》《北京热力集团有限责任公司消防安全工作管理办法》《北京热力集团有限责任公司治安保卫工作管理办法》和《北京热力集团有限责任公司安全工作管理办法》等，为日常安保工作提供了较好的制度依据。安全保卫部通过工作总结，对自身工作进行查漏补缺，同时，定期组织工作汇报会，在会上听取领导及公司各部室同事的建议。集团在维稳工作中，由安全保卫部牵头，以各单位安全保卫部门为维稳系统建设的主体，以专职和兼职保卫干部队伍为基础，形成全天候治安防控体系，最终使集团内部的维稳工作处于可控状态。集团各级领导有较强的安全意识，熟悉集团安全现状，重视并支持安全人员队伍管理、安全教育、安全检查、隐患整改、安全投入等相关工作。

（4）热费收缴制度

北京热力集团有关热费收缴的制度及工作细则较为全面、详细，确定了各部室及岗位的工作内容，明确了各级领导的责任，为顺利开展热费收缴工作提供了制度保证。为了在采暖季更为高效地完成热费收缴工作，北京热力集团根据供热面积和用户分布情况，设立了收费网点开展收费工作，既保证了应收账款的收回又最大程度上方便了热用户。建立热费收缴网上平台，利用信息化系统等高科技手段，减轻了收费结算人员的工作强度，较好地解决了基层单位登账难的问题。

案例讨论

结合上述资料，谈谈北京热力集团风险管理框架下的内部控制具有哪些特征，对其他企业有什么借鉴意义。

复习思考题

1. 试评COSO《内部控制整合框架》的优劣。
2. 简述COSO《企业风险管理整合框架》的特征。

3. 突出风险导向内部控制的积极意义。

4. 如何创新和发展风险管理视角的内部控制？

本章参考文献

[1] 财政部会计司．企业内部控制规范讲解 2010 [M]．北京：经济科学出版社，2010.

[2] 美国 COSO．企业风险管理：整合框架[M]．大连：东北财经大学出版社，2013.

[3] 美国 Treadway 委员会发起组织委员会．内部控制：整合框架（2013）[M]．北京：中国财政经济出版社，2014.

[4] 企业内部控制编审委员会．主要风险点关键点控制点与案例解析（修订版）[M]．上海：立信会计出版社，2015.

[5] （美）穆勒．2013 版 COSO 内部控制实施指南[M]．秦荣生，译．北京：电子工业出版社，2015.

[6] 池国华，朱荣．内部控制与风险管理[M]．北京：中国人民大学出版社，2015.

[7] 李晓慧，何玉润．内部控制与风险管理[M]．北京：中国人民大学出版社，2016.

第四章　内部控制的机制优化

本章结构图

```
                        ┌─────────────────────┐         ┌─────────────────────┐
                        │   内部控制与管理机制    │────────│    内部控制与管理       │
                        └─────────────────────┘         ├─────────────────────┤
                                                         │  内部控制与管理机制的相关性 │
                                                         └─────────────────────┘

                                                         ┌─────────────────────┐
                        ┌─────────────────────┐         │      前馈机制          │
                        │  内部控制中的前馈与反馈机制 │─────────├─────────────────────┤
                        └─────────────────────┘         │      反馈机制          │
  内部控制的机制优化                                          ├─────────────────────┤
                                                         │  前馈与反馈机制的互补关系   │
                                                         └─────────────────────┘

                                                         ┌─────────────────────┐
                        ┌─────────────────────┐         │ 风险导向的提出：企业风险   │
                        │  风险导向内部控制机制的特征 │─────────│ 管理整合框架           │
                        └─────────────────────┘         ├─────────────────────┤
                                                         │  风险导向内部控制机制     │
                                                         └─────────────────────┘

                                                         ┌─────────────────────┐
                        ┌─────────────────────┐         │ 优化内部控制机制的必要性和 │
                        │ 内部控制机制的优化路径：   │─────────│ 意义                 │
                        │ 运行机制、约束机制和评价   │         ├─────────────────────┤
                        │ 机制                 │         │  内部控制机制的优化路径   │
                        └─────────────────────┘         └─────────────────────┘
```

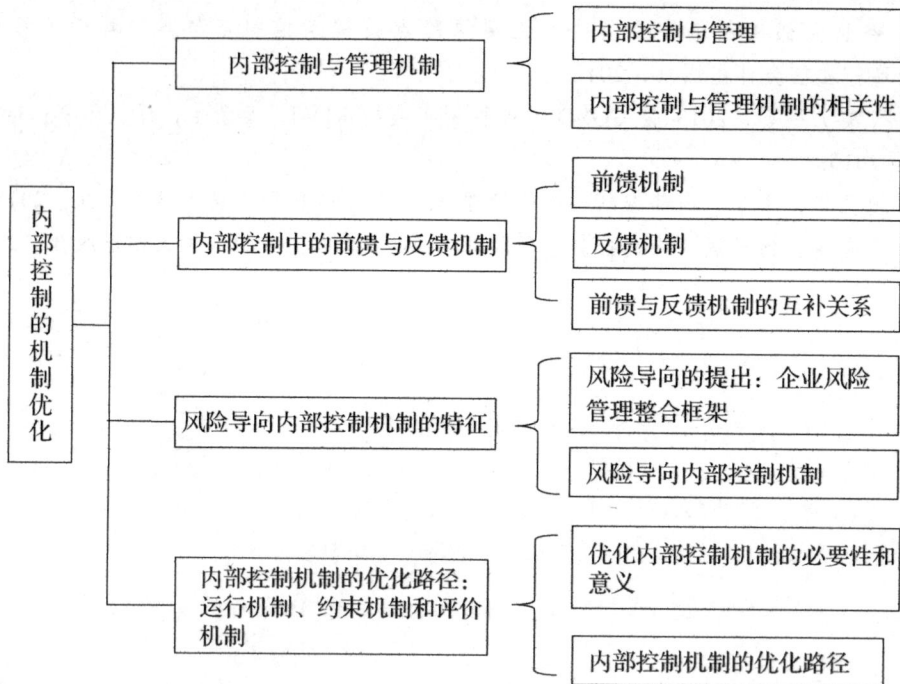

本章学习目标

➢ 理解内部控制与管理机制的含义、内容和关系。

➢ 熟悉内部控制的前馈机制和反馈机制，掌握前馈与反馈机制的互补性关系。

➢ 掌握风险导向的内部控制机制具备的特征。

➢ 基于运行机制、约束机制和评价机制等路径，优化内部控制机制。

　　内部控制作为重要的管理机制具有动态性、全面性等特征。作为服务于内部控制活动的设计，内部控制机制理应当囊括企业环境、人力、物力和环节等全局性的细节，达到防范和降低风险的效果，以助于企业实现经营管理的目标。随着环境不确性的增强，传统的内部控制机制往往困囿于初始条件，不适应新情况，呈现出诸多问题。因此，只有在因地制宜的同时与时俱进、不断优化，内部控制机制才能贴合实际、控制风险，做企业经营管理的助推器。

第一节　内部控制与管理机制

一、内部控制与管理

学术界认为内部控制早期是由"内部牵制"的概念延展而来的。"内部牵制"是为了保护企业资金安全和记账的准确性而采取的职责分工、岗位分离等方法。该阶段的内部控制仅仅局限于会计事项，以资金安全和记账正确为着眼点。可以说，"内部牵制"是狭义的内部控制。

随着实践的发展，1963 年美国审计程序委员会在其发布的"审计程序第 23 号"文件中，首次将内部控制划分为内部会计控制和内部管理控制。虽然，此时的内部控制分流为两个部分，但是学术界对两者关系给予的评价是"不可分割，相互联系"。进一步地，我们发现内部会计控制沿袭了内部牵制的主要思想，注重会计数据的真实准确。而内部管理控制则上升一个层次，旨在提高业务有效性和合规性，两者结合以实现企业目标。该时期的内部控制将触角伸向浅层管理即业务方向，拓宽了内部控制的内涵。

20 世纪 80 年代，内部控制制度概念被美国注册会计师协会（AICPA）"审计程序说明 55 号"提出。该文件认为，内部控制制度是为合理保证企业特定目标的实现而建立的各种政策和程序，内容分为控制环境、会计制度和控制程序。内部控制对应的管理范畴进一步扩大。

在探讨财务报告中舞弊现象的产生原因并寻求解决方案过程中，反虚假财务报告委员会（COSO）发现，50%财务报告虚假由内部控制失效所致。基于此，COSO 对现有各种内部控制理论和解释进行整合，在 1992 年发布的内控框架基础上，于 1994 年增补了《内部控制整合框架》，由此产生了具有国际影响力的 COSO 报告。它将内部控制定义为："是一个要靠组织中董事会成员、管理层和其他员工共同去实现的过程，该过程是为经营的效果性和效率性、财务报告的可信性，以及相关法律制度的遵循性提供合理保证。"与此同时，COSO 框架下的内部控制要素实现了与管理过程的进一步融合，包括控制环境、风险评估、控制活动、信息与沟通及检查与监督。5 个要素呈金字塔形状，由下至上，层层垒砌成一个整体。

根据上述内部控制定义的演变过程，我们可以看出，内部控制与管理之间的界限被一次次突破。在内部牵制阶段，内部控制与企业经营管理过程结合也许尚不明显。但是，之后从管理控制强调业务活动的效率合规，管理方针的落实，到以内部控制制度保证经营管理目标的实现，内部控制的边界一步步外延，甚至使管理与控制的职能与界限处于一种模糊状态。相关学者更是认为内部控制发展到现阶段已然成为管理的"同义词"。而从内部控制责任角度看，内部控制已经实现从"审计师"到"管理层"再到"管理全员"的转变。

事实上，内部控制从一开始就是基于管理的内在要求与运行机制。因为有人类就有管理，有管理就有配置控制的要求。而学术界扩大内部控制概念，将内部控制与管理紧紧联系在一起，主要受管理学发展的影响。20 世纪初，从管理学角度，法约尔将"控制"作为五大管理职能之一，而管理学上的"控制"概念针对组织内部，属于相对小的内部控制的范畴。之后，内部控制一直受到管理职能理论的重视，在整个管理学概念体系中占有重要地位。

尽管内部控制作为企业管理的一部分而难以与管理划清界限，但是作为一个独立范畴，应该专注于自己的专门领域，细化其特定的目标、范围和机制。

二、内部控制与管理机制的相关性

内部控制是适应企业管理的内在要求而实施的运作机制，它属于企业管理机制的重要组成部分。但是，内部控制并不等同于管理机制。比较而言，管理机制范围更宽，内部控制则相对专门化，有关机制设计则更精细、更具针对性。

1. 管理机制

20 世纪 50 年代，苏联较早地将"机制"引入管理领域，我国对"管理机制"的广泛应用则是在 20 世纪 80 年代改革开放后大力推进国企改革的时期。管理机制已经成为现代社会广泛使用的一个概念。

（1）管理机制的内涵

目前，学术界对于管理机制的内涵认识较为统一。单凤儒（2003）认为管理机制是指管理系统的内在结构和作用机理，李桂萍（2012）依据机制设计理论的精髓，将管理机制定义为组织管理系统的制度、结构、功能及运行机理。可见，管理机制是通过建立科学的管理系统，制定各种制度，优化内部结构和功能，来实现组织目标和可持续发展的行为过程。或者说，其本质是一个管理主体和管理客体互动发展，实现组织目标的过程。

（2）管理机制的构成

管理机制是由管理系统的结构要素和结构方式形成的。结构要素是指系统中的各个元素，可以是具有物质形态的，也可以是抽象意义上的概念，如企业组织机构、股东、管理层、员工、各业务环节、企业文化、管理理念、员工素质等。结构方式是指联系结构要素的方式和关系，通俗地说，结构方式就是指管理系统的各个结构要素是怎样组合到一起的。具有一定特征的结构要素按特定的方式组合在一起，就构成了管理系统的管理机制。例如，在股份公司中股东与管理层之间的委托代理关系、管理者之间职权分工、员工提供劳动和获取报酬之间的关系等。

一般来说，股东、管理层、员工各有其身份、利益和职责，它们通过委托代理关系、经济责任关系和领导隶属关系等结构方式组合在一起。这些组合要素组合受相应的利益驱动，并由政府的政策法规、社会和情感等因素决定其生成特定的内在机能。上述各要素之间的相互关联性，以及影响系统结构相互作用的原理就是管理机制的内在作用机理。

（3）管理机制的实现方式

管理机制的实现通常依赖管理结构，具体的管理结构对应具体的管理机制。对于工商业企业来说，管理结构包括产权结构、组织结构、治理结构等。由于各个要素的属性和特征不尽相同，因而联系方式也呈现差异性，这样按照不同的作用机理就使得管理结构表现出不同的内在机能。

进一步地，决定这些作用机理与内在机能发挥的根本依据是客观规律，影响管理机制发挥作用的重要条件是环境。企业管理机制的发挥主要是经济规律、物质利益驱动规律、社会心理规律和情感需求规律等作用的结果。除了客观规律，环境是企业在经营过程中不能回避的一个重要因素。即使面对同样的管理结构，不同的政治、经济、文化等环境因素也会塑造不同的管理机制。所以，不能够脱离环境空谈管理机制，环境因素是一项管理机制发挥其作用机理的重要根据和条件。管理机制体现的特定功能，直接决定整个管理系统的功能输出，最终决定企业绩效好坏。综合上述内容，我们可以描绘管理机制的运作过程，如图 4-1 所示。

```
            ┌──────────┐
            │  管理结构  │
            └────┬─────┘
                 │
                 ▼
┌────────┐   ╭──────╮   ┌────────┐
│  规律   │──▶│ 作用  │◀──│  环境   │
└────────┘   │ 机理  │   └────────┘
             ╰──┬───╯
                │
                ▼
             ╭──────╮
             │ 内在  │
             │ 机能  │
             ╰──┬───╯
                │
                ▼
         ┌──────────────┐
         │ 系统功能（行为）│
         └──────────────┘
```

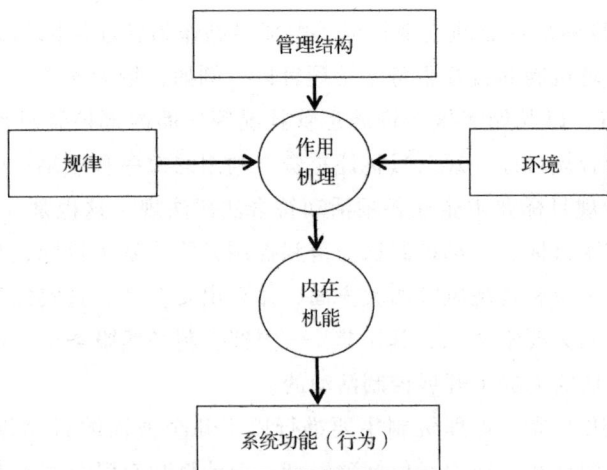

图 4-1　管理机制实现方式

（资料来源：单凤儒. 管理机制与管理功效链[J]. 经济研究，2003（02）:69-73.）

2．内部控制与管理机制的内在联系

对于一个企业组织来说，管理是一个系统，里面包含多个独立领域。独立的领域之间紧密相连，进而服务于整个管理系统。对于相对独立的领域，我们要从系统的角度进行考量，以有助于加深对该领域的理解。

（1）内部控制是管理机制的有机组成部分

虽然企业组织管理存在诸多相对独立的管理领域，但各个管理领域之间有着千丝万缕的联系。对于内部控制来说，它并不是一个相对独立的领域，尤其就现代意义上的内部控制而言，它嵌入在管理系统每个领域，在设计整体管理机制和各子系统时，都要考虑内部控制的要求。

而就在学者们对内部控制研究得热火朝天的时候，李心合（2013）认为内部控制被全能化和神化了，体现在"无所不能""无所不包""无所不做"和"无时不有"。这种现状虽然拓宽了内部控制的覆盖面，使得内部控制与管理更加一体化，但其对理论和实践的负面效果也不可小觑。在理论层面，内部控制与管理的同化会导致现有学科体系的混乱和相关概念的不符。在管理学中，控制与计划、决策、考评等概念一样，具有其特定含义，它们均是管理职能循环体系中的一个环节而已，注重衡量绩效，比较实际绩效与标准绩效，注重采取行动加以纠偏。而内部控制口径被扩张后，管理的位置发生了变化，内部控制与企业管理的关系也相应改变。在实践层面，全能型的内部控制在实施过程中，由于实施者认知和经验上的限制很难被全面理解和驾驭，内部控制可能由于其体系过于庞大而导致内部效果不佳。全能型的内部控制在实施过程中由于实施者认知和经验上的限制很难被全面理解和驾驭。此时的内部控制设计、运行和评价会使内部控制在原本就比较主观的基础上再度"蒙灰"，内部控制效果不理想。

鉴于此，我们应该对内部控制进行合理定位，即内部控制是管理机制的有机组成部分，有其特殊的目标、范围和机制。内部控制通过构建一套覆盖企业各类业务和财务活动的内部牵制体系，有效防范和控制战略风险、运营风险、报告风险和合规风险。

（2）内部控制在管理机制中的特殊性

内部控制是管理机制的有机组成部分，但是内部控制在管理机制中具有特殊性，在目标和方法方面与其他的管理机制有一定区别。

① 目标。管理目标是企业的宏观目标，内部控制作为管理目标的微观部分，更多体现的是专业性。整个管理机制的目标服务于管理目标，例如，最大化资源使用效率、保护资产安全与实现资产增值，以及如实报告资源运营状况等。而内部控制目标则主要包括经营目标、财务报告目标和合规目标。经营目标注重资产利用的效率和效果；财务报告目标强调财务报告的可靠性；合规目标要求企业各项活动符合法律法规。这也是 COSO 框架中提出的接受度最高的内部控制目标。内部控制以防范和控制风险为基本目标，具体风险包括战略风险、运营风险、报告风险和合规风险四大方面，体现出安全性、真实性和符合性特征。由上可见，控制作为管理五大要素之一，其子集——内部控制必然服务于管理目标。内部控制是在控制环境和风险评估的前提下开展控制活动的。

② 方法。从方法上看，管理机制主要进行以下几个方面的机制设计。第一，管理结构。组织最基本的结构是产权结构，包括独资型、合伙型和有限公司，有限公司又分为有限责任公司和股份有限公司。公司治理是最高层次的管理，是股东、董事会、监事会和经营管理者之间相互依赖和相互制约的一种管理机制，保证决策科学性和防止舞弊。第二，组织结构。为完成企业目标，需要对复杂工作进行分解和协调，设立各个机构部门，明确权力和责任。在组织结构下，还会对企业内部的功能进行作业消化和岗位设置。所以，组织结构设计要正确处理好企业管理幅度与管理层次的关系、集权与分权的关系。第三，业务流程。企业具体的工作任务需要根据组织结构和岗位分工进行流程设计，并围绕企业目标根据业务程序和方法进行运转。第四，业绩评价和激励设计。企业需要对各层次主体行为效果进行衡量，同时为了提高责任主体的工作绩效，还需要进行激励机制的设计。人才是"第一生产力"，企业应尊重人才，树立"以人为本"的观念。为了做出更卓越的贡献，使企业获得更好的经济效益，对人才进行激励是必要的。这要求企业对员工合理分配岗位，合理制定薪酬激励方案。第五，信息系统设计。现代社会十分强调信息，管理更是离不开信息与沟通。因此，管理机制要进行信息系统的设计，协调统一会计系统、统计系统和内部沟通系统。

内部控制方法基本沿袭管理方法的思想。内部控制在管理机制方法基础上，专门设计细化管理方法的某个维度，添加特定内容。

首先，监督机制。在组织控制上，内部控制不仅仅要考虑治理结构和组织结构，更应加强监督，设计专门的监督机制。只有对企业活动进行全方位监控，才能及时发现企业各个节点和环节上的"炎症"和"肿瘤"。内部控制一个重要的专门监督是内部审计，工作范围包括财务审计、业务审计和管理审计。关于内部监督的管理体制和实施方式可以具体情况具体分析，突出与企业管理的适应性。

其次，约束机制。内部控制通过约束机制来约束相关参与方的行为，使其符合预定路径。其中，内部牵制可以说是最为经典和核心的一种约束机制。早期的内部牵制侧重从会计角度进行界定，核对账目并实施岗位分离。牵制方式上从不相容职务分离入手。内部牵制思想的基本假定是两个或两个以上的人同时做一件事，比一个人独自做一件事，出错和作弊的可能性大大减少。关于牵制机制，相关研究大多集中在分离式牵制，强调不相容的职务应该由不同的人担任。而李心合（2013）从人类的二重性角度提出分离式牵制的另外一种形式——合作式牵制。合作式牵制基于集体主义文化背景中的利他性，突出不同的人做相同的事，如在做一些重大项目决策前由不同人合作把控，多人共同签订合同文件，相关业务流程由不同人共同实施。

内部控制与管理机制都是中性工具，服务于企业经营管理。当这些工具能够显著提高管理功效时，它们就是高效的、先进的；但是，如果这些工具使用不恰当，它们就是不好的机制，甚至会产生"副作用"。同时，我们必须清楚地意识到绝对好的内部控制与管理机制是不存在的，一种好的内部控制和管理机制被应用到另一个环境和另一个管理系统，也许并不能够产生正向的功效。在特定的环境下，内部控制和管理机制只有适应特定的系统，满足环境和系统的特殊性，才能够促进目标的实现和产生高功效。

第二节　内部控制中的前馈与反馈机制

管理控制的方式可以分为反馈机制和前馈机制，内部控制需要前馈机制与反馈机制来保证控制活动的有效性。脱离前馈机制的内部控制活动呈现出诸多不确定性，而反馈机制对于内部控制的效果偏离预定目标起到反馈作用，同前馈机制一起，有助于实施经济问责。

一、前馈机制

前面已经讲到，延迟性和滞后性是反馈机制不能够消除的内在缺陷，反馈机制无论进行怎样的优化都会伴有局限性。所以，我们应该借助反馈机制以外的机制来提高内部控制的有效性，前馈机制就是这样一种机制。

1．前馈机制概述

前馈机制是指对被控系统可能出现的未来偏差提前调节系统输入，使内部控制系统未来的输出结果与给定结果产生的未来偏差尽量小，如图 4-2 所示。

图 4-2　前馈机制

图 4-2 表明，科学的内部控制活动必须要对内外部的环境进行全面把握，对相关风险进行识别和评估。重大的外部环境主要是国际形势、国内政治经济政策、企业外部利益相关主体如供应商、消费者、竞争对手的变化；内部环境主要包括企业文化、经营管理者的领导作风、内部资源配置等。管理者只有考虑到内外部环境，发现环境变化新动向，及时发现和评估企业面临的风险并进行科学预测，内部控制活动才会有的放矢，企业才能有针对性地、有目的地进行控制活动。所以，依据环境和风险事先做出预测的内部控制系统的机制，就是位于管理系统前端的前馈机制，也被称作预测机制和事前机制。

与反馈机制明显不同的是，内部控制的前馈机制是针对被控系统未来可能出现的结果偏差来提前控制被控系统的行为，使其符合预定标准。所以，它可以在一定程度上规避反馈机制造成的损失和贻误机遇。这种控制的超前性是前馈机制具有的控制优势。

2．前馈机制的局限和失误

前馈机制是在对环境和风险进行把握并科学预测的基础上，对被控系统进行调节的一种前瞻性机制。随着实践的发展，前馈机制因为可以弥补反馈机制的局限而得到越来越多的重视。但是前馈机制运行的基础是预测，预测本身带有不确定性，造成前馈机制天然地具有局限性，即可靠性较低和风险性较大。

前馈机制低可靠性和高风险性，多源于认知局限性。由于人在认知方面的局限性，使其并不能够把握认识对象的全局，难以获得一个全面无死角的认知结果。同时，人在认知方面具有极大的主观性，不同的人由于其立场、经验和知识结构不同而对同一对象会产生不同的认识。在相关认知结果的基础上进行预测本身会使预测结果被削弱；再加上预测标准的选择、预测者的预测经验、预测环节等因素，会使预测结果进一步被弱化。所以，前馈机制得以运作的前馈信息可靠性是值得怀疑的，这种没有被肯定的可靠性就是风险。同反馈机制的滞后特性一样，前馈机制在可靠性和风险敞口方面均值得商榷。所以，在实施前馈控制过程中，无论哪个环节的预测不准确，都有可能导致整个前馈控制失误，使控制系统在未来运行过程中偏离给定状态。

二、反馈机制

目前的内部控制系统中，大多数企业仍然首选反馈机制。因为反馈机制无论在理论研究还是在实务操作中都相对成熟，是传统的一种信息回馈路径。

1．反馈机制概述

反馈机制，是指施控系统根据被控系统输出结果与设定结果之间的正向或负向差异，来对被控系统进行调节，并对相关人员进行问责的一种机制，如图 4-3 所示。

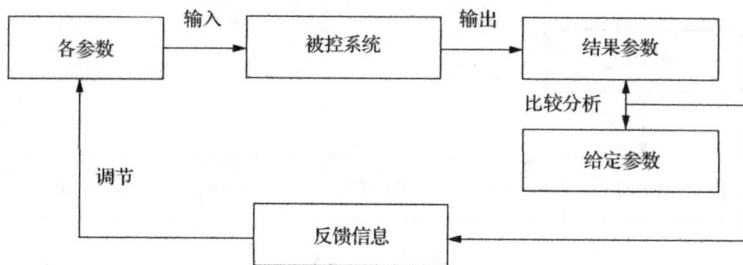

图 4-3　反馈机制

COSO 内部控制整体框架中包括了控制环境、风险评估、控制活动、信息与沟通、检查与监督在内的 5 大内部控制要素。其中，监督建立在控制活动之后，是对控制活动的结果进行监控，实质上就是反馈机制的体现。这种反馈信息会在后续循环过程中作为控制活动的修正指引，调节被控系统参数和相关行为主体的行为。除此之外，这种反馈机制构成内部控制评价机制的一部分，作为经济问责的依据。

由此可见，内部控制的反馈机制实施的依据是被控系统实施结果和给定结果之间的现实偏差。反馈机制最突出的特点在于它是根据被控系统运行的过去结果和现实性偏差，来调节被控系统的未来行为。

2．反馈机制的局限与失误

随着实践的丰富和人们认识的提高，反馈控制的局限也显而易见，主要表现在延迟性和滞后性。延迟性对应的是及时性，它是指内部控制的反馈机制必须在内部控制系统运行之后出现偏差的前提下，才能做出相应的信息反馈，信息反馈需要经历一个较长的时间过程，时效性相对较低。而滞后性主要源于反馈机制是对内部控制系统过去的行动结果进行评估比较，进而做出对未来内部控制系统的调节，它根据的是过去的状态，是一种"亡羊补牢"式的控制方式。但时过境迁，过去的环境和条件并不一定适应未来情况，所以，反馈机制对环境和条件不具有变化的假设使其呈现出致命的滞后性。然而事实上，延迟性和滞后性是反馈机制不可避免的缺陷，不能消除。

反馈机制的延迟性和滞后性会使反馈机制出现种种失误，这种失误主要是因为反馈机制的延迟性，对被控系统施加过时的反馈调节。过时的反馈调节会有一系列的危害，主要表现在时间上的不及时使现实偏差呈现扩大趋势。消除这种扩大化的偏差往往需要投入更多的人力、物力和财力，造成更大的损失。当然，我们可以通过提高反馈控制系统的要素性能、优化排列结构、提高控制指令传达速度等方式，来缓解因过时失误而产生的不利影响。

三、前馈与反馈机制的互补关系

前文分别就反馈机制和前馈机制的界定、依据、局限和失误表现进行了介绍。总体来说，反馈机制是根据被控系统运行结果与给定结果之间已经形成的现实偏差对被控系统进行调节。前馈机制是对被控系统可能产生的未来结果与给定结果之间未来实现的预测偏差进行调节。反馈机制的突出特点在于延迟性和滞后性；前馈机制不存在这样的缺陷，其主要局限在预测可靠性上以及存在的较大风险上。两者之间的比较如表4-1所示。

表4-1 前馈机制与反馈机制的比较分析表

项目	前馈机制	反馈机制
依据	预测的结果	过去的结果
比较方式	预测比较	观察比较
优点	有前瞻性，有助于规避损失、抓住机遇	较为成熟，可操作性强
缺点	预测可能存在不准确性	延迟性、滞后性
失误表现	可靠性低，风险大	反馈适时，反馈过度

如表4-1所示，前馈机制是一种预测比较，是基于预测结果与给定结果之间进行比较，比较结果存在可靠性不确定的缺陷。而反馈机制是根据已经实现的偏差与给定结果进行比较，是一种观察性质的比较，不掺杂预测，所以比较结果是相对确定可靠的。

进一步地，我们发现在内部控制系统运行过程中，要克服反馈机制延迟和滞后产生的失误，不可能从反馈机制本身得到帮助，它需要借助前馈机制。从这个角度来说，前馈机制是反馈机制的补充。另外，前馈机制一旦产生失误，被控系统在运作过程中偏离给定状态，这时就需要及时、有效的反馈机制来纠正这些偏差，所以反馈机制也是前馈机制的补充。因此，前馈机制与反馈机制正好互补，分别作用于被控系统的前端和后端。我们在进行内部控制设计的时候，应当将前馈机制与反馈机制结合成一个有机系统，嵌入于优势互补的内部控制系统之中。

将前馈机制和反馈机制共同纳入内部控制系统中，形成全程性前馈-反馈机制。我们可以简单以图4-4表示前馈-反馈机制。

从图4-4可以看出，前馈-反馈机制呈现以下的运行机理。在内部控制系统中，我们首先需要在获取内外部环境和风险前馈信息基础上，做出预测或计划。除此之外，前馈信息也会包括前一阶段预测执行的现实结果与给定结果产生偏差这一反馈信息。复合式的前馈信息可以对被控系统做出更加切合实际和具有前瞻性的预测，从而调节被控系统的行为。依照前馈机制被控系统运行之后产生的现实结果与给定结果进行比较分析，形成反馈信息重置于前端口作为纠偏依据。可见，前馈-反馈机制呈现出闭合循环状，实现了信息流的充分沟通和调解。更深层次地，当前馈-反馈机制不能够实现较为理想的控制结果时，我们需要根据前馈-反馈信息对相关决策方案进行修正，对控制目标进行调整。这时，需要将单纯的前馈-反馈机制转换为"权变的前馈-反馈机制"。

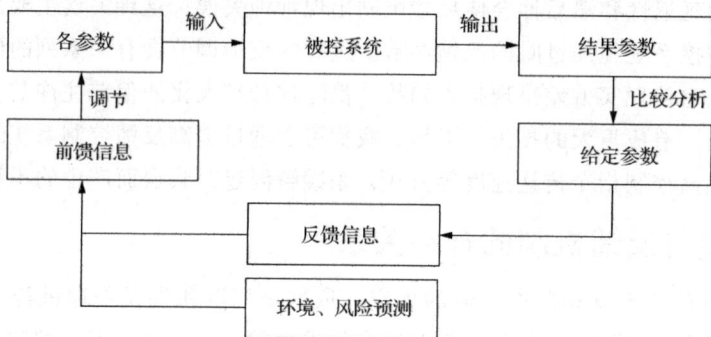

图 4-4　前馈-反馈机制

基于前馈机制与反馈机制的这种互补性质的关系，在进行内部控制工作的过程中，我们需要遵循以下两点原则。第一，互补性原则。既然内部控制的前馈机制与反馈机制具有互补性，在实际内部控制机制设计过程中就不可偏废任何一方，应当将两种机制有机结合起来，实现两者之间的优势互补，克服各自的局限性和不足之处，从而更好地参与到内部控制目标中。否则，如果内部控制依靠单纯的反馈机制参与内部控制中，等到被控系统出现问题才去想方设法，往往会"捉襟见肘"、滞后消极。第二，重视前馈控制原则。该原则可能与前面互补性原则存在重叠之处。不过，互补性原则强调前馈机制与反馈机制的共存，对待双方的态度应该不偏不倚。现实中许多偏差是可以预见的，提前预测这种差异可以为企业应对将要发生的变化提供较为充足的时间和空间。经过这种提前准备的方式，管理人员可以让企业规避可能的损失，降低风险。更为重要的是，风险这枚"硬币"，一面是损失，另一面是机会。所以，经历一个前馈过程可以让企业尽可能早地发现机遇、采取行动；而且，前馈机制是一种更加积极的控制态度，可以在某种程度上传达出企业积极应对问题的正向力量。

综上所述，前馈机制与反馈机制是依据不同的信息做出不同应对方案的两种机制。两者虽然在依据、特性、局限和失误表现等方面呈现差异，却不是相互矛盾的。相反，好的内部控制系统需要将两者进行有机结合，发挥两者之间的互补性优势。内部控制系统应该将运行结果和预测结果紧密联系起来，只有将前馈和反馈路径有机连接起来，才能够更好应对变化的环境，更好地实现内部控制目标。值得关注的是，重视前馈控制原则需要围绕内部控制系统对前馈机制的预测环节付出更多的努力，使得预测更加及时、科学和精准。

第三节　风险导向内部控制机制的特征

前面，我们讨论了内部控制与管理机制，认为内部控制是管理机制的有机组成部分，是管理机制中特殊性的存在，有其特定内涵和目标。如果将管理内容进一步缩小，内部控制可以进一步被界定在风险管理中。从国际内部控制和风险管理的发展趋势来看，两者有相互融合发展的趋势。

随着全球经济一体化进程的推进，市场竞争日益激烈，内外部环境风云变幻，企业的经营风险和财务风险也呈现出前所未有的特征，风险管理逐渐成为企业管理中的重要环节。

一、风险导向的提出：企业风险管理整合框架

（一）风险导向的提出

1992 年，在 COSO 报告建立内部控制框架之后，以安然为代表的公司于 2001 年左右发生了财务报告舞弊事件，这使得业界和监管当局更加关注企业的风险管理，推进了内部控制理论的发展进程。

2002 年，《SOX 法案》302 条款与 404 条款对内部控制做出更加严格的规定。302 条款要求由首席执行官和首席财务官认证下述关于内部控制的部分内容：签字高管承担建立和维持公司内部控制机制的责任；借助于已经设计的内部控制机制，以保证签字高管能够获得有关公司及其子公司的重要信息；确保已评估公司内部控制机制在编制财务报告日前 90 天的有效性；以前述评估结果为依据，在报告中陈述其对内部控制机制有效性影响的结论性意见。404 条款要求上市公司年度报告中应该包括内部控制报告，并且该报告应该载明管理层有责任为企业建立、维护恰当的与财务报告有关的内部控制；识别管理层应用的内部控制框架，并按照要求评估与公司财务有关的内部控制的有效性；要求上市公司的审计师依据审计委员会制定的标准证实并报告管理层的评估。简单来说，302 条款明确公司负责人对建立和保证内部控制体系负责；必须披露内部控制的设计与运行缺陷；表明针对内部控制重大缺陷或实质性漏洞的整改措施等。404 条款要求公司管理层对内部控制有效性做出评价，会计师应当验证并报告管理层的内部控制评价报告。理论界普遍认为，这项改革举措，即"自罗斯福时代影响最深远的美国商业实务改革"法案（SOX 法案）加强了上市公司董事及高层管理人员的责任，完善了公司的内部审计制度，强化了外部审计监管。

在这样的背景下，COSO 于 2004 年在原 COSO 发布的框架基础上提出《企业风险管理整合框架》（ERM 框架），将企业风险管理定义为是一项由企业全员参与的活动。即它应用于战略制定和内部更高层级组织部门，用于识别可能对企业造成潜在影响的事项并在风险偏好范围内管理风险，为实现企业目标提供合理保证。可见，该框架为企业的风险管理提供了完整的原则和行为指南。同年，美国上市公司会计监管委员会（PCAOB）发布 2 号审计准则，涵盖与财务报告审计相结合的财务报告内部控制审计。

近年来，科学技术取得长足进步，全球化运营成为大势所趋，企业面临更加严峻的经营环境。与此同时，随着法律法规的精细化程度的提高、公司治理的进一步完善、风险管理关注度的日益提高，COSO 更加致力于发展更高层次的内部控制框架。2013 年，COSO 在《内部控制整合框架》基础上，更新背景，扩展应用，明晰内部控制要求，产生了 COSO 新框架。ERM 成为企业内部控制必须依据的新框架。换言之，企业不仅可以借助这个框架来满足内部控制机制的需要，还可以借此转向一个更加全面的风险管理过程。

（二）两个框架对比分析

通过对内部控制框架和风险管理框架的对比分析，我们可以发现时代关注点的变化，这

对于把握内部控制的发展方向十分重要。

1．联系

首先，在时间和内容上，《ERM 框架》是《内部控制整合框架》的延续和扩展。从 1992 年到 2004 年再到 2013 年，为期 20 年的内部控制发展将内部控制主线引向风险管理。风险管理已然成为这个时代急需受到关注的焦点。当然，《ERM 框架》涵盖了以前框架的经营目标、报告目标和合规目标，包括控制环境、风险评估、控制活动、信息与沟通、监督 5 大内部控制要素。

其次，内部控制与风险管理并不是取代与被取代关系。内部控制是风险管理的基础，风险管理是具有更高层次和更具有综合意义的控制活动。如果风险管理脱离内部控制，风险管理将成为一个毫无意义的名词。两者可以共生共存，如 2013 年的 COSO 新框架虽然对其他方面做出了改变，但并没有对内部控制再次定义。因而，《内部控制整合框架》无论是作为内部控制理论的一个重要阶段成果，还是在内部控制的概念结构中，均继续存在。

2．区别

从《内部控制整合框架》到《ERM 框架》，我们发现相关的变化主要体现在以下 3 个方面。

（1）目标：从 3 个目标到 4 个目标。《内部控制整合框架》有 3 个目标：经营的效果性和效率性、财务报告的可信性和对有关法律制度的遵循性。而《ERM 框架》在前 3 个目标的基础上，增加了一项目标——战略目标，扩大了报告目标的范畴。同时，风险管理不仅应用在实现 3 个目标的过程中，也是在战略制定阶段需要重点考虑的因素。基于此，新框架也提出了相应的新观念即风险组合观，要求除单独考虑各个风险因素之外，更有必要从总体的、组合的角度理解风险。

（2）要素：从五要素到八要素（见表 4-2）。

表 4-2　两种框架要素变化简表

《内部控制整合框架》五要素	《企业风险管理整合框架》八要素
控制环境	内部环境
—	目标设定
—	事项识别
风险评估	风险评估
—	风险应对
控制活动	控制活动
信息与沟通	信息与沟通
监督	监控

由表 4-2 可以看出，风险管理框架增加了 3 个风险管理要素。其中，目标设定是指根据企业的发展规划，制定相应的战略目标和子目标，选择战略方案，并将战略目标层层分解落实。事项识别可以进一步确定为风险识别，企业在管理过程中会面临诸多不确定性，这些不确定性给企业带来的可能是损失，也可能是某种机遇。作为事项识别的一部分，企业应该进行外部风险和内部风险的识别。外部风险包括自然环境、政治因素、法律税收、市场、技术和会计制度等，内部风险体现在人员、技术、流程、制度、信息系统、增长因素等方面。风险应对是指企业在前 4 项要素的基础上对风险做出的应对方案，可能呈现的风险应对策略主要有风险规避、风险分散、风险转移和风险承受。《ERM 框架》通过新要素构建了风险管理程序，如图 4-5 所示。

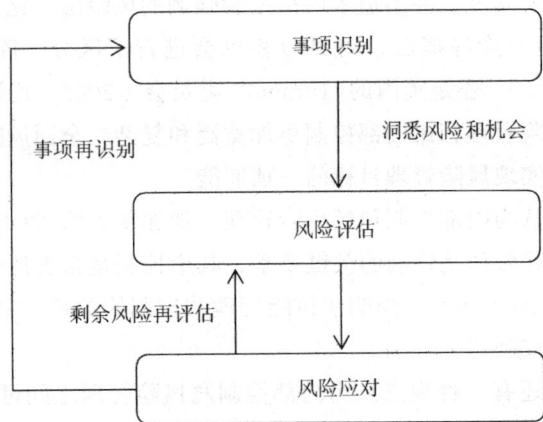

图 4-5　风险管理程序

除了 3 个新增的风险管理要素之外，新框架对于其他五要素在继续保持的基础上进行了更加深入的分析，扩大了要素原有范围。

（3）概念：从抽象的合理保证到"风险偏好"和"风险容忍度"的合理保证。《内部控制整合框架》在定义中提及"合理保证"，但是并没有对合理保证的程度或者方式等做出较为具体的说明，是抽象的合理保证。而《ERM 框架》在前者的基础上加入"风险偏好"和"风险容忍度"两个概念，使合理保证有了数量和程度上的界定。

这两个概念相对之前风险最小化的概念更加切合实际和符合价值创造导向下内部控制的要求。在价值管理中，不是风险越小越好。为了捕捉商业机会，许多时候需要管理者积极地面对风险，愿意并有技巧地接受风险。

（三）风险管理与内部控制

1．内部控制与风险管理的缘起

内部控制与风险管理的缘起是基于目标的不一致。由于个体的生命和任期有限，以及利益冲突方面的先天局限性，使得社会与个体之间的目标不一致，个人与企业目标不一致。之所以会造成目标不一致，主要在于个人认知能力的不足，欠缺负责任的精神使得工作易出现差错。其次，对于传统方法的热衷和惰性使得企业管理低效率。更恶劣的情况是，人的自利性会滥用职权谋私利，导致舞弊事项发生。因为这些因素产生的目标不一致，对企业和社会而言，实现目标的过程就会产生不确定性。对这些不确定性的认知、评价、控制，对应地产生了风险管理。对客观存在的这些不确定性予以控制，使其在社会和企业所接受的框架内发挥作用，就是内部控制。

2．内部控制与风险管理的关系

从内部控制与风险管理缘起的角度看，风险管理是不确定性提出的要求，内部控制是应风险管理的要求对客观存在的不确定性予以控制的一种管理工作，是以风险管理为起点的。内部控制是风险管理的子集，是为风险管理服务的。

根据《内部控制整合框架》和《ERM 框架》，我们可以看出内部控制包含在风险管理之中。第一，从框架目标和要素看，风险管理框架增设了融入风险组合观的战略目标，添加了目标设定、事项识别和风险应对 3 项风险管理要素，使得风险管理内涵更加丰富。第二，风险管理站在价值创造的角度，并不追求内部控制强调的风险最小化，而是引入风险对策，加入风险偏好、风险容忍度等概念，对风险和机会进行了区分。除此之外，无论是南非的 King Ⅱ Report（2002），还是英国的 Turnbull 委员会（2005）均认为内部控制是风险管理的必要组成部分，风险管理相比内部控制更加宽泛和复杂。全面风险管理贯穿于企业整个管理过程，内部控制是实现风险管理目标的一项职能。

相反，也有观点认为内部控制包括风险管理。如加拿大的 COCO 报告（CICA，1995）认为，风险评估和风险管理是控制的关键要素，其中控制是指支持企业实现目标的集合体，实质是内部控制。CICA（1998）阐明了风险管理与控制的关系："当您在抓住机会和管理风险时，您也正在实施控制。"

除以上观点外，还有一种观点认为内部控制与风险管理之间可以画等号。《内部控制整合框架》进化为《ERM 框架》的根本原因在于内部控制的最终目的就是控制风险。所以，内部控制是控制风险，控制风险是风险管理，通过这层传递关系，甚至可以说内部控制等同于风险管理。

从国际内部控制与风险管理的发展趋势来看，笔者认为两者有相互融合发展的趋势，内部控制在风险管理中的子集范围逐渐扩大。随着风险管控意识的逐渐深入，内部控制与风险管理之间的重合部分会越来越多，互补作用也会越来越明显。内部控制和风险管理实质上是具有共同目标的"一体两面"的概念结构，两者辩证统一、相互依存、相互促进。

二、风险导向内部控制机制

随着世界经济全球化和信息化程度的加深，企业面临越来越多的经营风险。重点突出风险管理，建立风险导向的内部控制机制是企业在新形势下的必然选择。

（一）导向与风险导向的定义

导向，是指工作的指引或者切入点，讲究的是何处入手、如何着手的问题。风险导向，是指以风险作为工作的出发点，从风险处着手。

目前，对以风险为导向的管理工作研究较多的是风险导向审计和风险导向内部控制。风险导向审计是立足于对各类风险进行识别、分析和评价，并以此作为出发点，制订审计计划和策略，将风险管理贯穿在整个审计流程中。

同风险导向审计一样，风险导向内部控制也是以风险识别为基础的，以风险评估为立足点去设计和实施内部控制。根据对风险导向内部控制的理解，风险导向内部控制机制是指以风险识别和评估为导向，根据导向结果决定内部控制目标、活动和方法，实现改善组织风险目标的机制。可见，风险管理是风险导向内部控制机制的核心主线。风险思想贯穿于内部控制的全过程，影响内部控制机制各环节。

（二）建立风险导向内部控制机制的必然性和可行性

1. 必然性

首先，瞬息万变的内外环境的变化给企业带来诸多挑战。为了使企业能够实现经营目标和可持续发展，必须对外部风险和内部风险进行实时把控。企业经营说到底就是对风险进行管理和控制，否则企业面对风险不堪一击，会很快倒闭。所以，面对自然环境的变化、政策的更迭、技术的革命等外部风险，并购重组等外部因素，以及软硬件基础设施完备程度、流程设计合理性和人员信用等内部风险因素，企业的初步任务就是风险识别。在识别基础上，企业对风险进行多维度的定性和定量分析。在估计了风险的严重性、风险发生可能性大小之后，拟定相应对策，才会有的放矢。

其次，内部控制本身不是完美无缺的。内部控制如果缺少对风险的关注，就像中药配方中少了关键一味药，治愈效果会不好。现如今提倡的前馈-反馈内部控制机制中，人们对于风险的把握必须要有预测的前馈信息，在综合了风险考量之后做出的预测相比以前的风险把握更具科学性。

所以，无论从风险本身的重要性或内部控制实施的有效性方面，都要求建立风险导向的内部控制机制。

2．可行性

风险意识和风险管理理念在理论界和实务界已广泛存在，且出现了风险管理与内部控制融合的趋势。自2004年《ERM框架》发布以来，理论界对于"风险管理与内部控制"的相关问题研究很多，并提出了建设性的意见；2008年我国财政部等五部委联合制定《企业内部控制基本规范》，提供了政策上的指导。在实务界，一些企业逐步建立起风险导向的内部控制机制，如中国联通、中国神华等，为我国企业界风险导向内部控制机制的建设树立了榜样，增强了信心。另外，风险管理与内部控制在很多内容、方法上都是共通的，如两者基本要素中均有风险评估要素。所以，内部控制具有合适的土壤实现风险管理风险识别、风险应对等内容的嫁接。因而，风险导向的内部控制机制是可行的。

（三）风险导向内部控制机制的设计和特征

1．风险导向内部控制机制的设计

风险导向内部控制机制是在内部控制机制的前导环节设计风险导向程序，指引内部控制机制运行。由于内部控制机制中已经囊括风险评估，因而需要加入的环节是事项识别和风险应对，形成"事项识别—风险评估—风险应对"的风险导向程序。

具体来说，风险识别主要针对图4-6所描绘的风险因子。

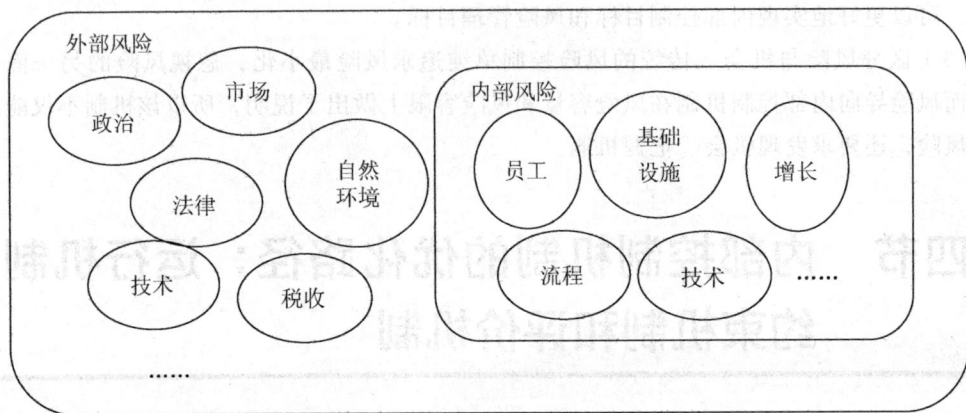

图4-6 内外部风险识别

其中基础设施主要体现在制度、信息系统、软硬件等方面；增长因子表现在并购重组、

跨国经营、一元化与多元化经营等方面。

识别了外部和内部的风险之后，需要对其进行风险分析评估。表 4-3 所示为风险分析的具体项目和相应解释。

表 4-3　风险分析的具体项目和相应解释

分析项目	解释
风险敞口	风险可能带来的最大损失
波动性	风险剧烈程度
风险发生的概率	风险在多大可能性上会发生
可损度	风险若发生，相对可以确定的损失
持续时间	风险存在时间的长短
相关性	各种风险之间的内在关联
风险容忍度	可接受的风险损失

进一步来说，在识别和评估风险的基础上，更为重要的是提出风险应对方案。首先，树立风险警觉意识，提醒风险存在。其次，采取具体的风险应对策略，包括风险回避、风险降低、风险分担和风险承受。

2．风险导向内部控制机制的特征

（1）风险评估对内部控制机制的指引作用。风险导向内部控制机制的出发点是风险评估，要强化风险评估在内部控制机制中的指引作用。风险评估结果进入前馈系统中用作预测手段调节被控系统的运行，使其符合给定结果。实际运行结果与风险再评估结果结合再次重复上述过程，使被控系统的运行不断优化。另外，由于风险评估是内部控制的出发点，因而在内部控制实际运行过程中面临的不确定性大大降低，受较少的风险干扰，使内部控制更加有效地运行。

（2）遵循"事项识别—风险评估—风险应对"程序。在风险导向内部控制机制一节讲到要在内部控制机制中设置"事项识别—风险评估—风险应对"程序。企业在充分考虑风险因素后，可以更好地实现内部控制目标和风险管理目标。

（3）区分风险与机会。传统的风险控制单纯追求风险最小化，忽视风险的另一面是机遇。而风险导向内部控制机制在风险容量和风险容限上做出了说明，所以该机制不仅能防范控制风险，还要求发现机会、把握机遇。

第四节　内部控制机制的优化路径：运行机制、约束机制和评价机制

一、优化内部控制机制的必要性和意义

通常情况下，具有国际竞争优势的大型企业集团必定具有相对完善的内部控制机制。而我国的内部控制机制建设现状不容乐观。很多企业的内部控制机制形同虚设，难以发挥作

用。也有很多企业设立了内部控制机制，但是呈现出简单落后、低效率等特点。那些建立完备的内部控制机制的企业，一方面反映出该企业经营状况良好，有丰富的人力、物力、财力支持；另一方面，也反映出使该企业保持竞争力和可持续发展，需要强化内部控制机制的建设。尤其是处在现如今的知识信息时代，内部控制机制的优化是内部控制的一项重要工作。具体来说，优化企业内部控制机制具有以下意义。

1. 提高企业价值

内部控制机制是管理机制的有机组成部分，能够有效降低企业在经营过程中遭受的损失，在一定程度上规避风险和失误。内部控制机制的健全会推动企业业绩提高，增进其市场价值，从而获得更强的竞争力。此外，当企业决定优化内部控制机制时，可能给市场传递积极的信号，从而使信息使用者获得较高的价值增值和拥有投资选择的优先权。

2. 提高经济效益

人们往往会根据经济效益的高低和前后变化，对一个企业经营状态做出评判。的确，一个企业最重要的目标就是创造良好的经济效益。目前，我国现有企业普遍管理不太完善，内部约束机制较差，存在一些效益流失的现象。因此，加强内部控制机制可以明显提高企业经济效益。而优化内部控制机制可以在已有内部机制的基础上，集合新环境、新技术，应用新理念，改造旧的低效率的环节，从而使得被控系统运行结果更加符合目标，也能够在一定程度上节约人力、物力。

3. 利于企业抓住机遇

目前的内部控制与风险管理渐趋融合，最新的风险管理框架更是凸显风险管理的重要性。构建风险导向的内部控制机制正是源于这样的背景。值得注意的是，原先在风险问题上，大家普遍关注风险最小化。而最新的框架在引入"风险偏好"和"风险容忍度"概念后，将风险管理从"风险最小化"转变成"可接受风险水平"。之前，企业在单纯的风险最小化引导下的风险管理不区分机会与风险。随着认知能力的提高和实践的发展，人们逐渐意识到风险覆盖的不全是损失，还会蕴藏机会。新框架不再像旧框架那样要求企业对财务报告等提供抽象的合理保证，而是要求企业在风险可接受范围内提供合理保证。这使得企业在防范风险的同时也会关注机会。风险导向的内部控制将风险与机会区分开来，借助于优化内部控制机制使企业抓住机遇，抢占经营与投资活动的制高点。

二、内部控制机制的优化路径

任何事物都是发展的，发展是绝对和永恒的。所以，一成不变的内部控制机制没有生命力可言，会随着时间、地点和条件的转移而不再具有适应性。只有将内部控制机制置于不断优化的状态下企业才能永葆青春，才能不断提高企业价值，增加经济效益，从而实现企业可持续性的成功。本部分内容主要从运行机制、约束机制和评价机制3大机制来介绍内部控制机制的优化路径。

1. 运行机制

（1）内部控制运行机制的概念和本质

为了真正发挥内部控制机制的作用，我们就必须分析其结构，掌握其作用原理，找到创新机制的路径，提高企业管理绩效。所以，在提出内部控制运行机制的优化路径之前，明确内部控制运行机制的概念、本质等内容是十分必要的。

内部控制运行机制是指内部控制从起始环节到结束环节的整个过程，由明确目标、确定标准、强化执行、监督检查、完善提高5个环节组成。对内部控制追本溯源，可以发现内部控制思想源于委托代理理论。当企业所有权与经营权分离之后，逆向选择、道德风险等代理成本随之而来。由于委托双方之间目标不一致，为了缩小目标偏差，降低代理成本，内部控制机制必然产生。说到底，内部控制是一种持续均衡利益关系的契约装置。换言之，内部控制运行机制是针对该契约装置来有效均衡利益关系的一种行为配置。

（2）运行机制的优化路径

不同学者从不同的角度提出了运行机制的优化路径。如刘进（2006）在完善内部控制运行机制的措施方面，提出组织文化、治理结构、人力资源、信息技术方面的优化路径。刘素贞和张杰（2008）从目前我国内部控制运行机制中存在的问题出发，提出完善公司治理框架、加强内审独立性、转变内审职能、加强会计信息化建设、搭建社会监督框架、增强风险意识和加快企业文化建设的路径思考。总之，公司治理、企业文化、信息化建设等的内部控制路径，需要在环境、主体等层面加以综合优化。

① 优化运行环境。《内部控制整合框架》中的内部控制五大要素分别为控制环境、风险评估、控制活动、信息与沟通和监督。控制环境作为内部控制的首位要素，是内部控制运行机制必须予以考虑的重要方面。

关于优化运行环境，我们可以从两个维度即客观环境和人文环境进行。客观环境路径具有客观实在性，并不能够人为改变。因此，我们只能加强对客观环境的认识，增强风险意识。虽然不能改变运行的客观环境，使其朝企业有利的方向发展，但是深化企业所处客观环境的认识也是一种优化方式，可以窥见风险，发现机遇，进而采取防范风险和把握机遇的应对策略，有利于内部控制的实施。其次，对于人文环境，企业应当创造以人为本的内部控制环境。现代企业内部控制面临的是知识经济时代，讲究科学发展，人是组织最重要的资源。因此人本管理思想必须融合在内部控制中，替代早期以人为物、机械化、工具性的传统物本思想，为其在激烈的竞争环境中实现可持续发展提供有力支持。可见，人文环境的优化重点强调人的创造力和主观能动性的发挥，重视人最为本质的意识和思想活动。另外，内部控制的源头和基础是公司治理，治理机制是最高层次的权责机制。阎达五和杨有红（2001）认为随着公司治理机制的完善，内部控制框架与公司治理机制的关系是内部管理监控系统与制度环境的关系。黄世忠（2001）同样认为如果不强化治理结构的建设，建立健全内部控制以确保会计信息的真实和完整只会是纸上谈兵。所以，公司治理是内部控制的一个基础性环境要素。治理机制分为内部和外部治理，包括董事会的权威性，经理层的独立性，治理结构的完善以及外部治理机制的完善和监事的有效监督等。公司治理环境的好坏直接从源头上影响内部控制的成败，所以，内部控制运行环境的优化还需要考虑到公司治理的优化。除了以人为本和公司治理的人文环境，企业要集中部分注意力在信息沟通系统上。企业各个层次都需要信息支持，信息流动贯穿企业风险管理全过程。公司应培养信息技术人员来创造优良的管理信息系统和会计信息系统为沟通环节及时提供内容。

所以，优化运行环境主要通过两个方面进行：一方面是加强风险意识，提高风险辨识分析能力；另一方面是创设以人为本的内部控制环境，加强公司治理，健全信息沟通系统。可以说，无论是风险意识还是信息系统、公司治理、以人为本的企业文化均是现代化企业内部控制得以有效实施的必备前提，是企业内部控制环境优化的重点对象。

② 优化运行主体。在对运行环境进行优化之后，内部控制运行机制需要明确运行主体。内部控制运行主体的明确与内部控制目标的确定有关。内部控制的目标既有全局性的战略目标，如企业五年发展规划；又有针对特定环节的具体目标，如怎样保证资金的有效利用。所以，内部控制的多层次目标必然会涉及不同主体，由此决定了内部控制运行机制运行主体的全面性。我国《企业内部控制基本规范》（财会〔2008〕7号）中总则的第一章第三条：本规范所称内部控制，是由企业董事会、监事会、经理层和全体员工实施的、旨在实现控制目标的过程。可见，内部控制不仅依靠高层的董事会或类似决策机构和中间的经理层，还需要基层全体员工的支持。

但是，我国诸多企业在内部控制运行机制中存在的一个严重问题是名不副实。虽然对内部控制重要性的认识与日俱增，但是内部控制机制的设立只是徒有其名，虚有其表，运行不佳。很多企业聘请专家团队为企业内部控制编写相关制度，成绩斐然，但是重设立、轻执行的问题往往使其难以进入实质性的运行环节，导致内部控制运行机制形同虚设，难以发挥内部控制的有效作用。所以，内部控制运行机制不仅要明确各层次的运行主体，更要强调运行主体的权威性和执行力。高层的董事会作为决策机构，应为内部控制运行机制提供强有力的支持，在内部控制运行机制问题上态度鲜明。中层经理人员不仅应在高层领导的指示下提高内部控制运行机制的执行力，更应基于适应企业发展的主动要求，来提高内部控制运行机制的执行力。中高层管理者对内部控制运行机制的合理支持，一方面使基层人员受到熏染；另一方面使基层人员依章办事，进入到内部控制运行机制有效运行的活动之中。

③ 优化运行内容。内部控制运行机制是结合企业的战略计划对整个流程进行控制的一个过程。之前在内部控制边界问题上，我们发现内部控制范围逐渐扩大，与管理工作之间的空白地带渐小，所以内部控制运行机制在运行内容上多表现为复杂性、多层次性。但是，内部控制与管理工作依然存在区别，所以要求企业在设计内部控制运行机制时不可以与管理机制混为一谈，否则会造成学科上的混乱和界限模糊。

对运行内容的优化，企业应该重点放在流程管理上。COSO报告指出，当内部控制被纳入企业的基本架构之内，而且是企业整体的一部分时最有效。而且内部控制是由流程管理部门人员直接实施的，其与流程管理密不可分。例如，制造企业在生产制造时会牵涉到各种流程、各个部门。企业应该有的放矢，结合自身特点，优化企业流程，嵌入内部控制机制，使企业朝目标运行。

④ 优化运行方法。内部控制是从早期"内部牵制"演化而来的，可见牵制约束的思想在内部控制中根深蒂固，是控制的"天然配方"。内部控制运行机制中运行方法的优化主要考虑约束机制的优化。由于在下面章节中将会着重介绍约束机制，故运行方法的优化在此不再赘述。

2. 约束机制

内部控制中的关键词是"控制"，"控制"换一种说法就是"约束"。尽管不同的流程或者不同的环节控制措施有所差异，但是所有环节和业务的关键之处在于如何解决牵制和制衡问题。国内外对内部控制机制改革的措施很多，但是如此多的内部控制措施改革的目的就是实现有效制约，如政府的招投标改革、银行审贷业务分离、完善公司法人治理结构、阳光政府信息公开等均是为了构建良好的牵制机制而努力。所以，约束机制是内部控制机制中的核心要素。

有效实现约束机制，必须将其与企业自身特点和实际情况相结合，以"内部牵制"为核心，从制衡、协作和监督3个维度来实现相互牵制。

（1）制衡机制

制衡机制的核心观点是不同的人做不同的事，是一种分离式的牵制，这也是早期内部牵制推崇的思想。

在企业治理层面，制衡机制主要体现为决策权、执行权和监督权的三权分立。从现代企业制度看，企业正在优化制衡体系，主要表现在以下几个方面：①企业设立股东大会和董事会，分别以一股一票和一人一票进行决策，体现的是决策权的制衡；②任何业务需要至少经过两个或两个以上的平行部门以及两个或两个以上的平行部门执行或授权，这种两个或两个以上不同的权利层次设计，体现的是执行权的制衡；③通过监事会和审计委员会的权利制衡，体现的是企业监督权的优化。企业在做出上述努力的同时，还是会出现种种财务造假等现象。可见，企业虽然一直在优化制衡体系，完善内部控制，但是任重道远。因此，在制衡机制方面，首先明确制衡主体。为适应现代企业制度要求，企业应建立健全法人治理结构，形成董事会、监事会和管理层相互制约的格局。同时，前述工作机制应该在党委、纪委的监督下发挥作用。其次，明确制衡客体。例如，业务的审批流程应该有明文规定，有章可依，清晰明确，由多个岗位或多个部门严格执行，提升权利透明度，实现制衡。企业必须严格实行决策权、执行权和监督权的分离，形成三者相互牵制、交叉监督、权责分明的制衡机制。

就具体的业务流程，制衡机制在不同层级、不同部门和不同岗位之间实行事权和财权分离，业务上实行管办分离，规章制度设计、执行和监督分离等，遵循"不相容职务分离"的观念。这是制衡机制必须要涉及的牵制，每项业务要经过多道手续办理；各手续有各种凭证，需要签字审批发挥效力；资金、实物和账务要分开管理。具体来说，第一，授权与经办应分离。例如，在企业购买理财产品实现短期投资业务上，财务总监授权，银行出纳具体操作，实现授权与经办的分离。第二，经办与审核分离。例如，在发票报销制度上，经办人必须将原始凭据交给财务部具体人员审核才能予以报销。第三，实物保管与记录分离。如制造企业的存货会设立专门的仓库保管员，成本会计会对存货进行金额数量等方面的记录。第四，执行与记录分离。例如，公司采购办公用品，公司销售商品等由相应的办公室、销售部执行，而相关的记录由财务部进行。第五，记录的总账明细分离、总账日记账分离等。当然还有其他许多的制衡机制，在此不一一列举。企业需要做的是根据企业实际情况进行机制设计，并嵌入到业务流程中，提高内部控制的约束力和执行力。

（2）协作机制

协作机制不同于制衡机制，它的核心观点是合作、协调，强调同一份工作需要不同的人协调和通力合作来完成。这种合作式的牵制关注的是合作共赢、相互之间的监督。所以，协作机制是制衡机制的补充和协调。否则，单有制衡机制，使得企业"内耗"严重，部门人员会基于最大化自己效用来损害企业的和谐发展。同样地，只有协作机制，会大大增加企业出现舞弊的可能性，损毁企业形象。

在决策层面，协作机制强调共同决策。其中，具有代表性的是"三重一大"集体决策机制，具体包括：关乎企业发展、改革等重大问题集体决策；企业重要职务的调动、任免等集体决策；涉及资本规模和结构等重大项目设立及安排事项等集体决策；大额资金使用集体决策。落实"三重一大"过程中，要明确企业主要负责人，制定具体的实施细则，落实责任，保证执行有力到位。同时，加强监督机构对决策机制的监督，设计交叉监督机制，纠正偏误。

在具体业务层面，协作机制主要表现为不同部门、不同岗位之间的合作和协调。例如，对于开展某项具体业务，相关部门集合开会，集思广益。对于各部门资金的使用状况，财务部可以和该部门联合会审，增强监督效果。就某项决议，由两个部门负责人进行会签，明确职责分属，实现牵制。再如，企业为了招投标工作，多个部门共同行动、共同实施。

协作机制重点发挥人与人之间通过合作关系实现牵制目的，是一种越来越受到重视的约束机制。当然，企业要为协作机制营造良好的文化氛围，树立人本思想，尊重人的创造力。领导人要有广阔的胸襟，善纳谏言。

（3）监督机制

建立健全内部控制监督机制是企业提升管理效果的必要工作。很多企业纷纷组织内部审计对企业进行监督，但是效果往往不尽如人意。一个十分重要的原因在于内部审计执行的监督注重查错纠弊，却不能防患于未然。事后的监督不能挽回已经造成的损失和不利影响，而且内部审计往往流于形式，并不能够实实在在地发挥作用。总体来看，企业的内部控制监督力度较为薄弱。鉴于上述因素，在监督机制里，我们必须强化两方面的监督机制，即内部监督和外部监督。

内部监督是最为重要的监督机制，重点突出监事会、内部审计和纪检监察的作用。第一，监事会是法人治理机构的一部分，也是公司治理机制的重要环节。它的存在源于股东对董事会和管理层受托责任履行情况进行监督，首要职能是监督检查公司的财务。为了保证监督效果，强化监事会的监督职能，首先应明确监事会的地位。监事会是独立于董事会和管理层的监督机构，独立于被监督对象，由具有丰富经验的专家团队组建。监事会必须被赋予极高的权力，才能够对董事会和管理层进行有效监督。同时，监事会的人事调动、薪酬等需要与被监督对象分离，否则监事会会受制于被监督对象，弱化监督效果。第二，内部审计机构是对企业内部控制过程有效与否进行的再监督，在业务运作层面发挥着重要作用。内部审计的工作范围包括3大块：财务审计、业务审计和管理审计。依据工作范围，可以对内部审计机构设立双重领导体制，董事会领导负责财务审计和管理审计，经理层领导负责业务审计。当然，内部审计机构的独立性依然是一个严峻又重要的话题。审计人员本身要保持人格独立，公正严谨，明晰内部审计方式，发挥内审的监督作用。第三，纪检作为公有单位，对企业的廉洁风险予以管控。企业应尊重监察工作，为其提供条件。同时，纪检人员也应保持高度的独立性，自我要求严格要求，执行监督检查工作。

外部监督不同于内部监督，主要在于通过外部主体对被监督对象进行调查鉴证和监督。外部监督又分为由独立机构实施监督行为的第三方机制和接受社会监督的公开机制。前者是外部审计机构，如财政、税收等对被监督对象进行调查、鉴证等。外部审计部门应该建立岗位责任制、信息沟通制度，合理分工，协调配合，形成有效的监督合力。而作为公开机制接受的社会监督主要是企业的信息公开制度，优化信息通道，使得企业在阳光下经营。在信息公开方面，企业需要酌情考量应公开哪些信息、对什么人公开以及采取怎样的公开方式。

3. 评价机制

内部控制实施效果如何取决于内部控制的评价机制。它是内部控制系统中必要的一道机制，是对内部控制设计和实施的有效性进行检验、分析和评价的活动。评价机制通常包括评价主体、评价内容和评价标准。所以，优化评价机制也可以从这 3 个主要方面着手。

（1）评价主体

内部控制评价主体的恰当与否直接影响评价的结果。由于对内部控制的评价涉及保证企业经营管理的合法合规、财务报告相关信息的可靠性和资产安全，提高经营效果和效率，实现企业发展战略等具体目标和战略目标，因而内部控制评价主体应该向全面性、多层次和专门化等角度优化。

首先，对于评价主体的全面性而言，不能仅仅将内部控制的评价归于高层决策机构如董事会。全面的内部控制主体涵盖高层董事会、中层管理者以及下属的内审机构，也应该将内部控制的评价活动基层化，让全体员工参与进来。毕竟全体员工均在被控系统中，对内部控制有着最为直观的感受。当然，评价主体的全面性不是指全员性，全员参与只会导致评价成本增高，还可能诱发种种问题。所以，企业应综合自身特点，将不同的企业成员纳入内部控制评价主体之中。

其次，内部控制评价主体的全面性，涉及企业内部各层级员工，这就需要明确评价主体的层次性。高层次的内部控制评价主体本应由董事会来担任，但是由于董事会作为内部控制机制的实施机构，在执行和评价应分离的牵制原则下，内部控制战略层面的评价主体应由监事会负责。监事会是一个独立于董事会和经理层的最高层次的监督评价机构，主要负责对董事会和经理层的内部控制设计和执行的有效性进行监督和评价。另一层次的评价主体是董事会和经理层领导下的审计委员会，该主体负责对关键内部控制指标制定和执行效果进行检查和评价，也对关键人员的绩效、品质和内审部门进行监督评价。最基层的内部控制评价主体是基层员工对内部控制实施过程进行反馈总结，发现最切实最直接的内部控制相关问题，增加对内部控制评价的准确性。

最后，兼顾到评价主体的全面性和多层次性的同时，企业需要建立专门的评价小组来进行内部控制评价工作。考虑到内部控制有效性评价需要一定的技术支持，内部控制评价小组中至少包括内部审计人员、具体流程实施人员、财务部人员、信息技术人员。同时，该小组需要接受监事会和审计委员会的领导，以在评价过程中获得高层主体强有力的支撑。

（2）评价内容

内部控制的评价内容是十分明显的，就是对内部控制设计和运行如何进行评价。一般情况下，大家能够直接想到的评价客体是内部控制制度、内部控制方法等，而忽略了内部控制设计的执行主体即人这一要素，殊不知内部控制体系均是人为的产物，与相关主体的素质品行密不可分。所以内部控制评价的内容主要有两个方面：内部控制设计和执行者，内部控制制度本身。

首先，任何企业制度均是由人来制定的，内部控制制度也不例外。内部控制主体的知识结构直接影响内部控制体系的设立和制度制定的科学性；内部控制主体的人文素养直接影响内部控制体系的合理性、适应性；内部控制主体的操守和价值观直接影响企业行为，进而影响内部控制的效率和效果。因此，对内部控制评价主体的优化应该囊括内部控制主体的道德、从业信用、知识水平、日常工作态度等多方面。

其次，对于内部控制制度本身，我们应该重点关注体系的健全性、合理性和执行的有效性。关注体系的健全性要求全面分析企业现行内部控制制度是否符合公认的内部控制框架，是否所有的关键控制点或称为风险点都设计了相应的控制程序。更重要的是，评价工作应先明确内部控制关键程序的设置目标，再依照该种设计思路对内部控制的取得结果进行评价。对内部控制体系的合理性评价主要考虑该体系是否与企业相适应，受到影响的主体是否接受该内部控制体系以及对于企业来说该体系是不是取得经济效益大于产生的成本。只有上述几种情况的回答是正面的，内部控制体系相对来说才是合理的。内部控制体系执行情况如何，关键取决于各个控制环节的负责人是否按规定实施内部控制，是否按程序执行内部控制，是否监督内部控制的运行，是否可以控制企业的风险在可接受的范围内等。同时，对内部控制前期发现的内部控制缺陷及完善情况进行总结分析，对内部控制薄弱环节进行重点评价，为优化内部控制效果提供方向。

（3）评价标准

任何事物发展的好坏都需要一把尺子来进行衡量，评价标准就是内部控制评价机制的尺子。依据评价标准，可以将内部控制设计和执行情况分为高于标准之上、与标准平行，以及处于标准之下 3 种情形。

在内部控制评价标准制定方面，政府部门应该做出卓越贡献。首先，基于风险管理的要求，政府监管部门应确立具有统一色彩的和横向可比的内部控制评价基本框架。其次，具体的评价指标以及各个指标在总评结果中的权重等也应该由具有相关职能的政府部门组织专家学者进行设计。最后，对内部控制评价结果如何分级政府部门也应该有一个总体方针。在政府做出贡献的基础上，企业应发挥自主能力，综合自身运营特点，就具体的评价指标进行再设计和细化设计，并对真实的评价结果具体定级。政府指导和企业自主综合作用才能够建立具有可比性又适应企业的评价标准，为企业内部控制的评价提供标尺和进步的空间。

运行机制、约束机制和评价机制 3 大机制不是相互孤立存在，而是纵横相关、共同推动内部控制发挥作用。在对 3 大机制进行优化考虑时，不能片面化、个体化。内部控制机制任意一个部分的变化都会引起整个内部控制系统的有效性变动，只有将三者结合成有机整体，全面把握、全面设计，才能优化整个内部控制机制，防微杜渐。

本章要点

内部控制是管理机制的有机组成部分，但是内部控制在管理机制中具有特殊性，在目标和方法方面，与其他的管理机制有一定区别。内部控制与管理机制都是中性工具，服务于企业经营管理。在特定的环境下，内部控制和管理机制只有适应特定的系统，满足环境和系统的特殊性才能够促进企业目标的实现和产生高功效。前馈机制与反馈机制是依据不同的信息做出不同应对方案的两种机制。虽然在依据、特性、局限和失误表现等方面呈现差异，绝非对立关系。相反，好的内部控制系统需要将两者进行有机结合，发挥两者之间的互补性优势。内部控制系统应该将运行结果和预测结果紧密联系起来，将前馈和反馈路径有机连接起来，才能够更好地应对变化的环境，更好地实现内部控制目标。

随着风险管控意识的逐渐深入，内部控制与风险管理之间的重合部分会越来越多，互补作用也会越来越明显。内部控制和风险管理实质上是具有共同目标的两种不同称谓，两者相互依存、相互促进。随着经济全球化和信息化程度的加深，企业会面临越来越多的经营风险。重点应突出风险管理，建立风险导向的内部控制机制是企业在新形势下的必然选择。

任何事物都是发展的，只有将内部控制机制置于不断优化的状态才能永葆青春，优化内部控制机制有益于提升企业价值，增加经济效益，使企业把握机遇。内部控制机制的优化路径主要从运行机制、约束机制和评价机制三大机制入手，提高机制运行的效率，实现内部控制目标。

案例资料

安徽皖江物流（集团）股份有限公司（以下简称为皖江物流）是一家集煤炭物流、大宗生产资料电商物流和集装箱物流于一体的大型现代综合物流企业。皖江物流地处我国东部沿海经济发达地区和西部内陆地区的接合部，是长江能源输出第一大港和安徽省最大的货运、外贸、集装箱主枢纽港，国家一类对外开放口岸。公司是安徽省内规模最大的现代综合物流企业之一，由原芜湖港改制而成，于2003年3月正式上市。2010年12月，淮南矿业集团战略重组芜湖港，淮南矿业集团成为公司控股股东。2011年，皖江物流被国家发展改革委列为第一批国家煤炭应急储备点。在2012年中国《财富》国内上市公司500强排行榜中，皖江物流排名第151位，在港口行业里位居第一。目前，公司享有国家AAAAA级物流企业、国家标准化AAAAA级良好行为企业、安徽省文明单位等荣誉称号。

谁也不会想到这样一个集万千"宠爱"于一身的企业会被中国证券监督管理委员会调查，会被上交所公开谴责。此后，人们开始关注并且挖掘皖江物流背后的故事。

根据相关资料的描述，2011—2014年，皖江物流可谓铤而走险。2011年，皖江物流未在年报中披露淮矿物流为华中有色、上海中望、中西部钢铁等公司提供16亿元的动产差额回购担保业务。2012年，公司虚增收入45.51亿元，虚增利润2.56亿元，分别占当年年报收入的14.05%左右，年报利润的51.36%。2013年，该公司又虚增收入和利润，分别为46.03亿元和2.34亿元，也没有按照规定披露淮矿物流与福鹏系公司30亿元债务转移和1.56亿元的动产差额回购担保事项。2014年，皖江物流没有披露淮矿物流提供的2.2亿元的最高额担保和为江苏匡克等8家公司承担最高额13.05亿元的动产差额回购担保，全资子公司淮矿物流破产重组。2014年10月9日，由于皖江物流涉嫌信息披露不合法合规被中国证券监督管理委员会调查。2015年6月18日，公司收到证监会的《行政处罚及市场禁入事先告知书》。2016年2月22日，公司进行重大资产重组。

以上资料显示，皖江物流通过签订阴阳合同（如2013年，淮矿物流通过签订阴阳合同的方式，处理高价库存螺纹钢，合同销售价格比实际结算价格高出 2.39 亿元，虚增皖江物流销售收入 2.04 亿元，虚增利润 2.04 亿元）、虚构关联方交易、少提大额坏账准备、少计财务费用等方式酿造了一个性质严重且金额巨大的财务事件。上交所认为皖江物流公司的高层管理者没有做到应有的勤勉尽责，内部控制失效，缺乏运作督促，导致公司出现虚增收入与利润、披露数据不真实，财务数据存在严重失真的情形以及未披露对外担保事项等多项违规行为。

那么，皖江物流为何要做出这般行为？经分析，原因在于公司存在严重的内外部风险。

就外部风险而言，皖江物流的港口装卸中转业务近年来由于煤炭钢铁等产品市场供求的变化而变得不稳定，导致公司业务量和营业利润产生波动。同时，长江中下游港口在价格、效率和承接能力等方面均对公司施压。所以，宏观的经济局势加上行业竞争构成了皖江物流明显的外来压力。关于公司内部风险，近年来随着业绩的提升和规模的发展，皖江物流内部组织和管理系统在扩大化的同时也变得更加复杂，加上内部竞争，管理难度更大。更加严重的是，公司的营业收入和净利润 2012 年及以后均出现较大幅度的下滑趋势，财务风险逼紧。

成也萧何，败也萧何！皖江物流的成功与自身努力密不可分。但是面对新的情况，自身选择也抹黑了自己。会计造假绝对不是企业解决问题的方法，相反，面对不利因素，对于大型集团公司的管理问题，我们更应该转变思路，调整战略，凝聚人心，加强内部控制建设，完善风险管理体系。

案例讨论

1. 结合上述皖江物流的风险案例，谈谈你对内部控制机制建设的设想与思路。

2. 如何从前馈与反馈机制的内在关联上，实现企业内部控制与管理机制的有机结合？

复习思考题

1. 内部控制通过何种途径来促进企业管理机制的优化？
2. 试述前馈与反馈机制在内部控制中的应用。
3. 简述风险导向内部控制机制的特征。
4. 论述优化内部控制机制的路径选择。

本章参考文献

[1] 吴水澎，陈汉文，邵贤弟．企业内部控制理论的发展与启示[J]．会计研究，2000（5）：2-8．

[2] 刘宗柳，陈汉文．企业内部控制：理论、实务与案例[M]．北京：中国财政经济出版社，2000．

[3] 李心合．内部控制研究的困惑与思考[J]．会计研究，2013（6）：54-61．

[4] 单凤儒．管理机制与管理功效链[J]．经济研究，2003（2）：69-73．

[5] 张维迎.企业理论和中国企业改革[M].北京：北京大学出版社，1999.

[6] 夏恩·桑德.会计与控制理论[M].方红星，等译.大连：东北财经大学出版社，2004.

[7] 李心合.内部控制：从财务报告导向到价值创造导向[J].会计研究，2007（4）：54-60.

[8] 府亚军.对优化企业管理机制的思考[J].北京信息科技大学学报（自然科学版），2004（2）：70-74.

[9] 刘进.对内部控制运行机制的思考[J].中国内部审计，2006（7）：21-24.

第五章　内部控制的信息披露

本章结构图

```
                                    ┌─────────────────────────┐
                                    │   内部控制信息的使用者    │
                      ┌─────────────┼─────────────────────────┤
                      │  内部控制信息的 │ 内部控制信息的内部供需分析 │
                      │   供需分析    ├─────────────────────────┤
                      │             │ 内部控制信息的外部供需分析 │
                      │             └─────────────────────────┘
                      │             ┌─────────────────────────┐
                      │             │   内部控制信息披露的监管   │
  ┌──────────┐        ├─────────────┼─────────────────────────┤
  │ 内部控制的 │        │ 内部控制信息 │  内部控制信息披露制度建设  │
  │ 信息披露  ├────────┤  披露制度   ├─────────────────────────┤
  └──────────┘        │             │   内部控制信息披露的内容   │
                      │             └─────────────────────────┘
                      │             ┌─────────────────────────┐
                      │             │    内部控制信息披露现状    │
                      │  内部控制信息披露├─────────────────────────┤
                      └──│ 现状及问题改进 │ 内部控制信息披露现状的原因分析 │
                         └─────────────┼─────────────────────────┤
                                    │   内部控制信息披露问题的改进 │
                                    └─────────────────────────┘
```

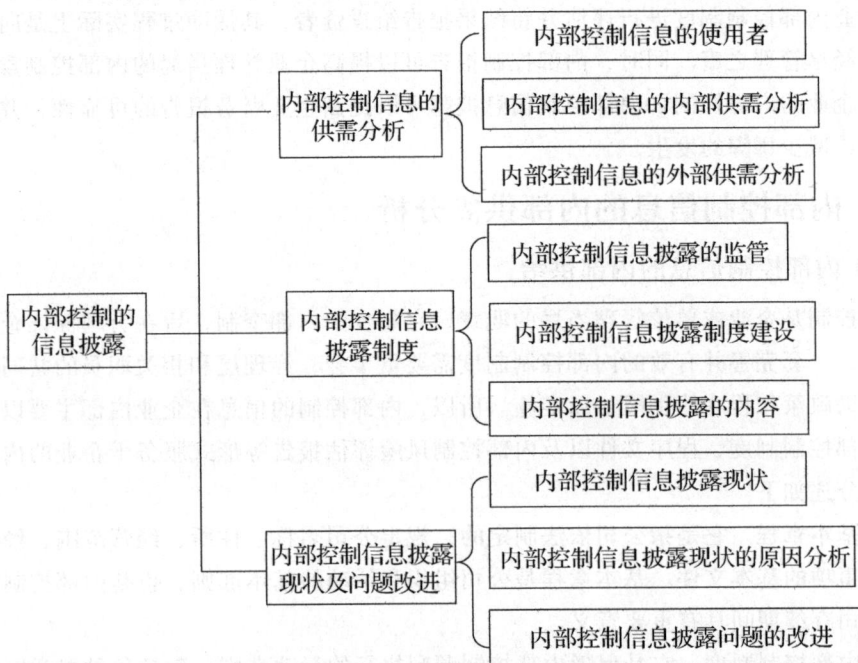

本章学习目标

➢ 理解内部控制信息披露的需求。

➢ 了解内部控制信息披露的制度建设情况。

➢ 了解目前内部控制信息披露的现状及问题。

第一节　内部控制信息的供需分析

一、内部控制信息的使用者

内部控制起源于所有权与经营权分离后的委托代理关系中股东对于经理层经营权的控制，是股东实现权力制衡的基本措施。对经理层经营权控制的机制可分为两类：一是以资本市场、产品市场和法律规章制度为主体的外部控制机制；二是以董事会为主体的内部控制机制。理论和实践证明，外部控制机制并不能取代内部控制机制。

内部控制是由企业董事会、经理层和其他员工实施的，为运营的效率与效果、财务报告的可靠性、相关法令的遵循性等目标的达成而提供合理保证的过程（COSO，1992）。内部控制信息披露建立在董事会和经理层对内部控制评价的基础上。内部控制信息披露是企业把其内部控制整体情况及其设计的合理性、实施的有效性等进行公开披露，以方便投资者从外部了解企业内部控制状况，进而得出关于企业内部控制的整体评价的活动过程。内部控制信息披露的目的在于表明企业的内部控制是否有效，进而帮助投资者做出科学投资的决策。

对管理当局来讲，内部控制信息披露是其解除受托责任的一种方式。内部控制信息披露通过对企业内部控制制度进行评估并将结果报告给投资者，其活动过程实际上是向投资者证明自己已经尽管理之责。同时，内部控制报告可以提高企业管理当局的内部控制意识，从而使其重视企业的内部控制。内部控制信息披露可以提高企业财务报告的可靠性，并在一定程度上防止或减少舞弊的发生。

二、内部控制信息的内部供需分析

（一）内部控制信息的内部供给

内部控制是企业或单位管理当局的职责，它起步于内部牵制，旨在合理保证企业管理目标的实现，一套完善并有效的内部控制制度需要董事会、经理层和相关职员的共同努力及遵循，并借助政策和程序的手段加以实施。所以，内部控制的信息在企业内部主要以公司基本章程、内部控制制度、程序文件以及内部控制风险评估报告等形式服务于企业的内部信息使用者。现分述如下。

（1）基本章程。它是指公司依法制定的，规定公司名称、住所、经营范围、经营管理制度等重大事项的基本文件。基本章程是公司组织和活动的基本准则，也是内部控制存在的基础，在公司存续期间具有重要意义。

（2）内部控制制度。它是保障内部控制顺利执行的行动准则，包括各种规章制度，如决策管理制度、预算管理制度、资产管理制度、风险管理制度、授权审批管理制度、内部管理报告制度、人事管理制度、财务管理制度等。内部控制制度由企业管理当局负责设计（包括自上而下和自下而上），通过公司内部的政策和程序，在全员参与下才能运行和实现。

（3）程序文件。它从属于内部控制制度，是内部控制的重要组成部分，主要包括内部控制手册、业务流程图、标准化的表单和程序文件，既是内部控制制度实施的具体形式，也是实施内部控制的书面文件。

（4）内部控制风险评估报告。它由企业内部风险管理部门编制、定期向高级管理层汇报，内容涵盖上一期风险管理工作回顾、本年度的风险评估情况以及未来风险总体形势的研判，是满足管理层决策或治理层改善管控水平需要的信息报告。

（二）内部控制信息的内部需求

企业内部控制信息的内部使用者主要是董事会、经理层和执行层。

1．董事会

董事会对股东（大）会负责，依法行使企业的经营决策权。董事会负责内部控制的建立、健全和有效实施。监事会对董事会建立与实施内部控制进行监督。董事会一般通过年度风险评估报告了解企业面临的各种风险以及管控情况，并进一步完善内部控制制度。

2．经理层

经理层负责企业内部控制的日常运行。经理层主要指高层管理人员，在企业整个内部控制制度执行中处于主导地位，是内部控制制度制定和实施的负责人。经理层以内部控制执行的有效性向董事会负责：首先，要保证内部控制的完整有效；其次，引导、督促员工按照内部控制制度开展工作，结合内部控制的执行情况（平时不一定有内部风险评估报告）以及年度内部控制执行情况（内部控制风险评估报告），对主要风险采取必要的控制措施，以降低风险；最后，向董事会、投资者及债权人报告内部控制实施情况。

3．执行层

执行层主要指部门经理及一般员工，他们具体负责执行内部控制制度。内部控制制度在企业主要以各种政策、办法、内部控制手册、业务流程图、标准化的表单等程序文件形式存在，包括核准、授权、验证、调节、复核营业绩效、保障资产安全等，并且通过职务分工等多种活动形式在整个企业内的各个阶层与各种职能部门内实施，使每一个参与者都能清晰地知道该业务的基本流程、管控要求、岗位职责、控制要点以及应承担的主要职责。

三、内部控制信息的外部供需分析

（一）内部控制信息的供给

在资本市场中，内部控制信息的主体是上市公司，内部控制信息的使用者主要是外部投资者。在观察内部控制的信息供给情况方面，内部管理者处于信息供给的优势地位，而外部投资者只能依靠企业对外公布的各项报告来进行信息的收集和了解。也就是说，外部投资者与内部管理者之间存在着信息不对称，这在一定程度上阻碍了市场资源的有效分配，违反了公平公正原则，久而久之就会导致逆向选择和道德风险的产生。因此，上市公司真实充分地对外披露内部控制信息能够有效遏止信息的不对称性程度，从而降低资本成本，改善企业的经营业绩。委托代理理论认为，在内外部信息不对称的情况下，企业应当建立完善的信息披露制度，处于信息弱势的委托人应以恰当的方式激励掌握内部信息的代理人来实现信息共享，缓和两者之间信息供给的矛盾。企业内部控制的信息披露规范是重要的信号传递机制，经营状况良好的公司会主动对外披露信息，使外部信息使用者能够将其与业绩较差的公司区分开来，以减少投资者的决策成本，使社会资源在市场配置功能的作用下流向能够实现更大价值的一方，进而使优质公司的业绩得到提高。

安然等公司的财务舞弊使得美国在 2002 年通过了《SOX 法案》，使内部控制信息披露由自愿性向强制性的时代迈进。同时，内部控制相关问题的研究也成为各界讨论的焦点。受《SOX 法案》的影响，我国政府也逐步建立和完善企业内部控制体系。自 2006 年起，我国沪深证券交易所出台专门的文件，要求上市公司评价其内部控制并进行披露以来，财政部、证监会、审计署、银监会和保监会分别在 2008 年和 2010 年联合发布了《企业内部控制基本规范》及《企业内部控制配套指引》，要求上市公司提交并披露内部控制自我评价报告。同时，对 2011 年在境内外上市的 67 家公司实施内部控制规范的试点并在 2012 年对全部 A 股上市公司强制实施内部控制规范体系。2010 年财政部立项支持迪博公司开展内部控制指数研究。最近，该公司结合国家颁布的内部控制相关法律法规，提出了中国上市公司内部控制指数，以借此来综合反映我国上市公司内部控制水平与风险管理能力。

我国最早涉及内部控制信息披露的规范主要体现在证监会发布的《公开发行证券公司信

息披露编报规则招股说明书内容与格式特别规定》第 1 号、第 3 号和第 5 号中，规定要求公司管理层披露内部控制制度需要遵循"完整性、合理性及有效性"的原则。注册会计师对企业内部控制中的"三性"进行评价，注册会计师指出以上"三性"存在严重缺陷的，企业则应予详尽披露，并说明准备采取的改进措施。目前我国上市公司内部控制信息对外披露的载体主要为《内部控制自我评价报告》和《内部控制审计报告》。内部控制自我评价报告由审计委员会等相关机构负责编写，经董事会审议，是公司向外界传递内部控制信息是否有效的重要媒介。如果报告披露公司内部控制具有重大缺陷，则表明内部控制存在一个或多个控制缺陷组合，向外界表明公司内部控制是低质量的。经过独立的第三方审计师审核，形成内部控制审计报告；该报告鉴证内容较为广泛，除了关注企业整体内部控制、评价是否存在缺陷，重点关注与财务报告相关内部控制以外，还需要披露所关注到的非财务报告内部控制方面的重大缺陷。

（二）内部控制的外部需求分析

1. 投资者

内部控制信息通过《内部控制自我评价报告》以及《内部控制审计报告》传递给资本市场的信息使用者，以此来影响投资者对于企业未来风险和预期收益的判断和管控。因此，投资者以及潜在的投资者应当是内部控制信息需求的主体。赫曼森（Hermanson）研究表明，内部控制报告改进了内部控制的结构体系，提供了额外的与决策有关的信息。通过内部控制报告，使用者可以在一定程度上了解企业管理控制是否有效。因此，内部控制信息对于投资者而言是一项重要的决策依据。

首先，内部控制信息披露有利于降低投资者的信息搜集和甄别成本。如果没有内部控制信息的披露，投资者需要采取多种方式验证信息的真实性，同时受投资者个人知识基础、理解能力等因素的影响，往往需要耗费高昂的成本。而对资本市场上的每个投资者来说，如果每个投资者都亲自来收集信息，也会造成整个社会资源的巨大浪费。而借助内部控制信息的披露则有利于提高内部控制信息供给的数量和质量，也有助于减少重复搜集和甄别的社会成本。

其次，内部控制信息披露有助于降低投资者和企业管理当局之间的信息不对称程度。两权分离导致企业管理当局具有信息优势，存在逆向选择和道德风险的可能性，而投资者处于信息劣势，这种信息不对称会增加投资者的风险，损害投资者的利益。而内部控制信息披露可以有效降低投资者和企业管理当局之间的信息不对称程度，投资者可以更有效地利用信息进行投资决策，提高资本市场资源配置的效率。

2. 债权人

债权人一旦将资金投入企业，就将更为关注自己所投入到企业中的本金和利息能否顺利收回。因此，他们需要通过内部控制信息了解贷款企业所面临的各种经营风险和财务风险，以防止由此而引发的呆账和坏账的出现，并阻止其他利益相关者（如控股股东和管理者）对其权益的侵占。

在我国，银行是企业债务融资的主要途径，而国有商业银行和股份制商业银行又是企业融资的主要来源。国有商业银行缺乏有效的信用风险控制机制，其对被投资企业内部控制信息缺乏足够的需求。相对来讲，股份制商业银行公司治理较为完善，经营管理和风险控制水平也较高，作为市场中的竞争个体，为了减少呆账、坏账以及获取较高的投资回报率，这种债权人针对每一项贷款决策，都会对贷款企业进行严格全面的风险评估，以控制贷款风险。而企业内部控制信息又是反映企业风险、财务报告可靠性的重要指标。如果企业内部控制质量较低，就表明企业风险评估、风险应对，以及对风险的控制能力较低，企业的未来经营将面临很高的风险。所以，股份制商业银行债权人为了保护自己的利益，他们会主动控制风险，尽可能地规避那些存在内部控制缺陷的公司。与国有商业银行相比，股份制商业银行也更有动力产生对内部控制信息披露的需求。

3．外部审计师

内部控制信息需求最初源于外部审计师的需要。外部审计师对内部控制信息披露的需求源于其为公司内部控制信息披露提供的内部控制审计鉴证服务。内部控制评价是基础审计和风险导向审计的重要内容。

早期实施的制度基础审计过程中，外部审计师首先要对被审计单位的内部控制体系进行健全性测试与评价、符合性测试与评价，在此基础上开展实质性程序的测试。在现行的风险导向审计过程中，我国现行的审计准则要求外部审计师通过实施风险评估程序、控制程序和实质性程序，以获取充分、适当的审计证据，在此基础上形成审计意见。其中的风险评估程序涉及通过对被审计单位内部控制的了解以确定对企业重大错报风险的影响，控制程序则是通过对被审计单位内部控制制度的建立健全性和执行有效性的评价，评估控制风险的大小，判断内部控制的可信赖程度，进而确定被审计单位的审计范围、时间和具体程序，进而控制审计风险，保证审计质量和效率。因此，被审计单位内部控制评价结果往往会影响外部审计师的审计结论。

4．政府

政府对内部控制信息披露的需求源于政府的社会管理职能，政府代表的是社会公众的利益。财政部负责拟定和监督执行会计规章制度，制定和监督执行政府总预算、行政和事业单位及分行业的会计制度；指导和监督注册会计师和会计师事务所的业务；指导和管理社会审计。我国长期以来将内部控制和会计控制等同，因此由财政部负责内部控制相关立法的运行监督。很显然，要制定出具有监管意义的符合中国国情的规章制度就必须充分了解中国企业内部控制的实际情况，因此财政部是企业内部控制信息的需求者。与此同时，证券监管部门（中国证监会）依照法律法规的规定对全国证券市场进行统一监督，为了有效发展资本市场，保护投资者利益，中国证监会必须要求企业提供内部控制的相关信息，并对虚假、失实的信息负有调查和查处的义务。

5．信息中介

根据有效市场理论，一个成熟市场对各类信息的反应是非常准确和迅速的。这也是市场理性的一种反映。这样的市场必然会要求上市公司有充分、及时和可靠的信息披露，要求有一批专门的分析人员对各种信息加以综合整理、评价分析。证券分析师在资本市场上充当信息中介的角色，能够运用其专业技能对资本市场上的信息进行分析，评估上市公司的内在价值，缓解投资者与上市公司之间的信息不对称、降低处理和分析信息的成本来增进整个市场的有效性，从而使资本市场合理配置资源，促进资本市场健康运行。

研究表明，内部控制的信息披露作为财务报告的监督和担保机制可以提高会计信息质量，而信息披露质量越高、监督机制越完善的上市公司，越容易吸引到分析师的跟进；管理层权力越大，公司内部和外部信息不对称程度越严重，越不利于吸引证券分析师的跟进。上市公司信息披露的内容越充分、完整、及时，信息披露质量越高，证券分析师进行盈利预测时可以利用的公共信息就越多，盈利预测的准确性也就越高。同时内部控制制度的健全有助于抑制企业的盈余管理行为，从而提高证券分析师的盈利预测的准确性。

第二节 内部控制信息披露制度

一、内部控制信息披露的监管

内部控制的研究实施处于起步阶段等诸多因素决定了我国内部控制规范由政府有关职能部门制定，是一种以他律为主的标准。我国会计信息披露制度大多由政府部门制定，草拟后发征求意见稿，然后结合征求意见定稿。内部控制信息披露制度对内部控制信息的生成、内容和格式等施加限制和约束，其核心是对内部控制信息披露的数量和质量进行干预和控制。干预的手段包括行政手段、法律手段等。根据《证券法》的规定，国务院证券监督管理机构依法对全国证券市场实行集中统一管理。我国证券市场监管主要由中国证监会实施，而披露监管又是证监会实施证券市场管制的核心。证监会也是我国最早对内部控制信息披露做出规定的政府部门。证券交易所在证监会的领导、管理和监督下为证券集中交易提供场所和设施。根据《证券法》的规定，证券交易所对证券交易实行实时监控，并按照国务院证券监督管理机构的要求，对异常的交易情况提出报告。证券交易所应当对上市公司及相关信息披露义务人披露规则方面的信息进行监督，督促其依法及时、准确地披露信息。所以，为了加强对上市公司内部控制信息披露的监管，证券交易所也会出台相应的内部控制信息披露规则方面的相关政策。因此，现阶段，对我国企业内部控制信息披露实施管制的部门主要是财政部、证监会、上交所和深交所。

二、内部控制信息披露制度建设

我国上市公司内部控制信息披露规范工作自 2001 年开展起来经历了深刻改革，从最初的企业自愿性披露发展到今天的证监会强制要求披露。伴随着中国对内部控制信息披露的逐步规范以及未来发展趋势的不断变化，学术界和实务界对内部控制信息披露的研究也逐步跟进并不断变化。自 2001 年财政部出台《企业内部控制基本准则》以来，中国内部控制制度建设经历了多次完善与改进。2006 年 7 月，财政部、国资委、证监会、审计署、银监会、保监会联合发起创立中国企业内部控制标准委员会（即为制定内部控制制度提供意见的咨询机构）。2008 年 6 月，财政部又会同审计署、银监会、保监会制定并实施了《企业内部控制基本规范》。2010 年 4 月，财政部、证监会、审计署、银监会、保监会联合出台《企业内部控制配套指引》，该配套指引包括 18 项《企业内部控制应用指引》《企业内部控制评价指引》和《企业内部控制审计指引》，连同此前发布的《企业内部控制基本规范》，标志着"以防范风险与控制舞弊为中心、以控制标准和评价标准为主体，适应我国企业实际情况、融合国际先进经验的，结构合理、衔接有序、方法科学、体系完备的内部控制体系建设目标"的基本完成。《企业内部控制配套指引》自 2011 年 1 月 1 日按已定时间表在境内外不同类型的上市公司施行。同时鼓励相关非上市大中型企业提前执行。内部控制规范体系基本建成，对于中国企业建立并完善内部控制、评价内部控制、内部控制审计等相关工作具有重要的指导意义。内部控制控制信息披露制度建设历程如表 5-1 所示。

表 5-1　内部控制信息披露制度建设历程

时间/监管部门	制度名称	对内部控制信息披露的要求
2000 年 11 月/证监会	《公开发行证券公司信息披露编报规则招股说明书内容与格式特别规定》第 1、第 3、第 5 号	公司管理层披露其对内部控制制度"完整性、合理性及有效性"所做的说明。注册会计师对"三性"进行评价，注册会计师指出以上"三性"存在严重缺陷的，应予详尽披露，并说明准备采取的改进措施
2000 年 12 月/证监会	《公开发行证券公司信息披露编报规则年度报告内容与格式特别规定》第 7、第 8 号	公司管理层披露其对内部控制制度完整性、合理性及有效性所做的说明。注册会计师对"三性"进行评价，注册会计师指出以上"三性"存在严重缺陷的，应予详尽披露，并说明准备采取的改进措施
2001 年 4 月/证监会	《公开发行证券的公司信息披露内容与格式准则第 11 号——发行新股招股说明书》	公司管理层应披露对内部控制完整性、合理性及有效性的自我评估意见，以及注册会计师对发行人内部控制制度评价报告的结论性意见。注册会计师如指出以上"三性"存在重大缺陷，发行人对相关内容应予详尽披露，并说明改进措施
2006 年 6 月 5 日/上海证券交易所	《上海证券交易所上市公司内部控制指引》（自 2006 年 7 月 1 日起实施）	要求上市公司披露董事会内部控制自我评价报告，以及会计师事务所对自我评价报告的核实评价意见；对内部控制评价报告和内部控制缺陷的披露内容做了详尽的规定
2006 年 9 月 28 日/深圳证券交易所	《深圳证券交易所上市公司内部控制指引》（自 2007 年 7 月 1 日起实施）	要求上市公司董事会对公司内部控制情况进行审议评估，形成内部控制自我评价报告。公司监事会和独立董事应对此报告发表意见。注册会计师就公司财务报告内部控制情况出具评价意见
2008 年 6 月 28 日/财政部、证监会等五部委	《企业内部控制基本规范》	企业应定期对内部控制的有效性进行自我评价，出具内部控制自我评价报告。企业应聘请注册会计师对内部控制的设计和执行情况进行审计，对企业内部控制的有效性发表审计意见
2010 年 4 月 26 日/财政部、证监会等五部委	《企业内部控制应用指引》《企业内部控制评价指引》《企业内部控制审计指引》	配套指引对内部控制信息披露方面的规定更为具体，包括内部控制评价的内容、内部控制评价的程序、内部控制自我评价报告应披露的内容，内部控制审计程序、方法和内部控制审计报告的出具类型等
2011 年 12 月 30 日/上海证券交易所	《关于做好上市公司 2011 年年度报告工作的通知》	本所"上证公司治理板块"样本公司、境内外同时上市的公司及金融类公司应披露内部控制评价报告和注册会计师出具的财务报告内部控制审计报告。而且内部控制自我评价报告和财务报告内部控制审计报告应以单独报告的形式披露
2011 年 12 月 30 日/深圳证券交易所	《关于做好上市公司 2011 年年度报告工作的通知》	本所 A+H 公司和内部控制试点企业，应按《企业内部控制基本规范》的要求披露内部控制自我评价报告和会计师事务所出具的内部控制审计报告，而且公司应在披露年度报告的同时以单独报告的形式进行披露
2014 年 1 月 3 日/证监会、财政部	《公开发行证券的公司信息披露编报规则第 21 号——年度内部控制评价报告的一般规定》	主板上市公司，对于破产重组、借壳上市、重大资产重组等公司无法完成内部控制体系建设的在交易完成后实施；新上市的主板上市公司应于上市当年开始建设内部控制体系，并在上市的下一年度年报披露的同时，披露内部控制自我评价报告和内部控制审计报告

三、内部控制信息披露的内容

（一）内部控制自我评价报告

1．内部控制评价的概念

内部控制评价，是指企业董事会或类似权力机构对内部控制的有效性进行全面评价，形成评价结论，出具评价报告的过程。对于这一定义，可从以下 3 个角度进行理解。

（1）内部控制评价的主体是董事会或类似权力机构。内部控制评价的主体是董事会或类似的权力机构，是指董事会或类似的权力机构是内部控制设计和运行的责任主体。董事会可指定审计委员会来承担对内部控制评价的组织、领导、监督职责，并通过授权内部审计部门或独立的内部控制评价机构执行内部控制评价的具体工作，但董事会仍对内部控制评价承担最终的责任，对内部控制自我评价报告的真实性负责。对内部控制的设计、运行的有效性进行自我评价并对外加以披露，是目前管理层解除受托责任的一种重要方式，董事会可以聘请会计师事务所对其内部控制的有效性进行审计，但企业承担的责任不能因此而减轻或消除。

（2）内部控制评价的对象是内部控制的有效性。所谓内部控制的有效性，是指企业建立和实施内部控制对实现控制目标提供合理保证的程度。

从控制过程的角度看，内部控制的有效性可分为内部控制设计的有效性和内部控制运行的有效性。内部控制设计的有效性是指为实现控制目标所必需的内部控制程序都存在并且设计恰当，能够为控制目标的实现提供合理保证；内部控制运行的有效性是指在内部控制设计有效的前提下，内部控制能够按照设计的内部控制程序正确地执行，从而为控制目标的实现提供合理保证。内部控制运行的有效性离不开设计的有效性，如果内部控制在设计上存在漏洞，即使这些内部控制制度能够得到一贯的执行，也不能认为其运行是有效的。

从控制目标的角度来看，内部控制的有效性可分为合规目标内部控制的有效性、资产目标内部控制的有效性、报告目标内部控制的有效性、经营目标内部控制的有效性、战略目标内部控制的有效性。其中，合规目标内部控制的有效性是指相关的内部控制能够合理保证企业遵循国家相关法律法规，不进行违法活动或违规交易；资产目标内部控制的有效性是指相关的内部控制能够合理保证资产的安全与完整，防止资产流失；报告目标内部控制的有效性是指相关的内部控制能够防止、发现并纠正财务报告的重大错报；经营目标内部控制的有效性是指相关的内部控制能够合理保证经营活动的效率和效果，及时为董事会和经理层所了解或控制；战略目标内部控制的有效性是指相关的内部控制能够合理保证董事会和经理层及时了解战略定位的合理性、实现程度，并适时进行战略调整。

评价内部控制设计的有效性，可以考虑以下 3 个方面。一是内部控制的设计是否做到以内部控制的基本原理为前提，以《企业内部控制基本规范》及其配套指引为依据；二是内部控制的设计是否覆盖了所有关键的业务与环节，对董事会、监事会、经理层和员工具有普遍的约束力；三是内部控制的设计是否与企业自身的经营特点、业务模式以及风险管理要求相匹配。评价内部控制运行的有效性，也可以从 3 个方面进行考察：一是相关控制在评价期内是如何运行的；二是相关控制是否得到了持续一致的实施；三是实施控制的人员是否具备必要的权限和能力。

需要说明的是，由于受内部控制固有局限（如评价人员的职业判断、成本效益原则）的影响，内部控制评价只能为内部控制目标的实现提供合理保证，而不能提供绝对保证。

（3）内部控制评价是一个过程。这是指内部控制评价要遵照一定的流程来进行。内部控制评价工作不是一蹴而就的，它是一个涵盖计划、实施、编报等多个阶段，包含多个步骤的动态过程。

2．内部控制评价的内容

内部控制的目标包括合规目标、资产目标、报告目标、经营目标和战略目标。因此，内部控制评价的内容应是对以上 5 个目标的内部控制有效性进行全面评价。具体地说，内部控制评价应紧紧围绕控制环境、风险评估、控制活动、信息与沟通、监督 5 要素进行。

（1）控制环境评价。企业组织开展内部环境评价，应当以组织架构、发展战略、人力资源、企业文化、社会责任等应用指引为依据。其中，组织架构评价可以重点从组织架构的设计和运行等方面进行；发展战略评价可以重点从发展战略制定的合理性、有效实施和适当调整 3 个方面进行；人力资源评价应当重点从企业人力资源引进的结构合理性、开发机制、激励约束机制等方面进行；企业文化评价应从建设和评估两方面进行；社会责任可以从安全生产、产品质量、环境保护与资源节约、促进就业、员工权益保护等方面进行。

（2）风险评估评价。企业组织开展风险评估评价，应当以《企业内部控制基本规范》有关风险评估的要求，以及各项应用指引中所列主要风险为依据，结合本企业的内部控制制度，对日常经营管理过程中的目标设定、风险识别、风险分析、应对策略等进行认定和评价。

（3）控制活动评价。企业组织开展控制活动评价，应当以《企业内部控制基本规范》和各项应用指引中的控制措施为依据，结合本企业的内部控制制度，对相关控制措施的设计和运行情况进行认定和评价。

（4）信息与沟通评价。企业组织开展信息沟通评价，应当以内部信息传递、财务报告、信息系统等相关指引为依据，结合本企业的内部控制制度，对信息收集、处理和传递的及时性、反舞弊机制的健全性、财务报告的真实性、信息系统的安全性，以及利用信息系统实施内部控制的有效性进行认定和评价。

（5）监督评价。企业组织开展监督评价，应当以《企业内部控制基本规范》有关内部监督的要求，以及各项应用指引中有关日常管控的规定为依据，结合本企业的内部控制制度，对内部监督机制的有效性进行认定和评价，重点关注监事会、审计委员会、内部审计机构等是否在内部控制设计和运行中有效发挥监督作用。

具体的内部控制评价内容可通过设计内部控制评价指标体系来确定，评价指标是对内部控制要素的进一步细化，评价指标可以有多个层级，大体可分为核心评价指标和具体评价指标两大类，企业可根据其实际情况进行细分。具体的评价内容确定之后，内部控制评价工作应形成工作底稿，详细记录企业执行评价工作的内容，包括评价要素、评价指标、评价标准、评价和测试的方法、主要风险点、采取的控制措施、有关证据资料以及认定结果等。工作底稿可以通过一系列评价表格加以实现，通过对每个要素核心指标的分别分解、评价，最终汇总出评价结果。

3．内部控制评价的原则

企业实施内部控制评价至少应当遵循下列原则。

（1）全面性原则。评价工作应当包括内部控制的设计与运行，涵盖企业及其所属单位的各种业务和事项。

（2）重要性原则。评价工作应当在全面评价的基础上，关注重要业务单位、重大业务事项和高风险领域。

（3）客观性原则。评价工作应当准确地揭示经营管理的风险状况，如实反映内部控制设计与运行的有效性。

4．内部控制有效性的评价方法

内部控制不是独立存在的，从本质上说它服务于企业的目标，派生于企业的经营和管理，也就是说内部控制的目标也是派生于企业的目标。所以，从本源的角度看，内部控制的有效性是指为内部控制相关目标的实现提供的保证程度或水平。从另一个角度看，就是评价相关目标的风险在经过内部控制之后是否已经降到了一个适当的水平，如果已经降到一个适当的水平，则控制是有效的，反之，则无效。尽管企业内部控制框架提供了一个有效的标准，但是根据内部控制框架或标准对内部控制的有效性进行评价却可以选择不同的评价思路和方法。从目前的发展情况来看，主要存在详细评价法和风险基础评价法两种方法。

（1）详细评价法。1992年，美国以《内部控制整合框架》中的3个目标和5个要素作为评价内部控制有效性的标准。COSO指出，确定某一内部控制系统是否有效是在评估5个要素是否存在，以及是否有效发挥作用基础上的主观判断。在2004年的《企业风险管理整合框架》中，COSO指出，认定一个主体的企业风险管理是否"有效"，是在对8个构成要素是否存在和有效运行进行评估的基础之上所做的判断。美国2002年出台的《SOX法案》第404条款明确规定，管理层应承担设立和维持一个应有的内部控制结构的职责，要求上市公司必须在年报中提供内部控制报告和内部控制评价报告；上市公司的管理层和注册会计师都需要对企业内部控制系统做出评价，注册会计师还必须对管理层的评估过程以及内部控制系统结论进行相应的检查并出具正式意见。另外，还需强调内部控制评价的程序必须既能评价财务报告内部控制的设计，又能测试运行的有效性。因此，遵循这个思路，很多企业和事务所都曾经采用过详细评价法。这种方法的基本思路是：以内部控制框架或标准为参照物，根据内部控制框架的构成要素是否存在评价内部控制的设计有效性，测试内部控制的运行有效性，最后通过综合对设计和运行的评价来对内部控制的有效性做出总体评价，评估内部控制目标实现的风险，判断是否存在重大漏洞，确定内部控制是否有效。

（2）风险基础评价法。企业内部控制的另一种思路和方法不是从控制到风险，而是从风险到控制，即从内部控制相关目标实现的风险到内部控制。首先，要评估相关目标实现的风险；其次，识别和确定企业充分应对这些风险的内部控制是否存在；再次，识别和确定内部控制运行有效性的证据，评价现有的控制是否得到了有效的运行；最后，对控制缺陷进行评估，判定是否构成实质性漏洞，确定内部控制是否有效。这种方法从财务报表整体开始，然后到账户；从企业层面的控制开始，到活动层面的控制，具体体现了企业风险管理的理念和有的放矢地瞄准相关目标进行评价的风险基础观，使评价更有效，避免了与内部控制框架的简单核对，关注了企业风险，提高了评价效益。但这种方法需要评价主体具备很高的职业判断能力。

5．内部控制自我评价报告的披露要素及格式

根据财政部制定的《关于2012年主板上市公司分类分批实施企业内部控制规范体系的通知》（2012年）及财政部制定的《公开发行证券的公司信息披露编报规则第21号——年度内部控制评价报告的一般规定》（2014年）的要求，目前所有主板上市公司（对于破产重组、借壳上市、重大资产重组等企业无法完成内部控制体系建设的情况则在交易完成后实施；新上市的主板上市企业应于上市当年开始建设内部控制体系，并在上市的下一年度年报披露的同时，披露《内部控制自我评价报告》和《内部控制审计报告》）都应该披露内部控制自评报告，并明确表示这是对年度内部控制评价报告披露的最低要求。不论本规则是否有明确要求，凡对投资者投资决策有重大影响的内部控制信息，公司均应充分披露。

年度内部控制自我评价报告应包括以下要素。

> （一）标题：年度内部控制自我评价报告标题统一为"××股份有限公司××年度内部控制自我评价报告"。
>
> （二）收件人：年度内部控制自我评价报告收件人统一为"××股份有限公司全体股东"。
>
> （三）引言段：应当说明评价工作主要依据、内部控制自我评价报告基准日等内部控制评价基本信息。
>
> （四）重要声明：应当说明董事会、监事会及董事、监事、高级管理人员对内部控制及年度内部控制自我评价报告的相关责任，以及内部控制的目标和固有的局限性。
>
> （五）内部控制评价结论：应当分别披露对财务报告内部控制有效性的评价结论，以及是否发现非财务报告内部控制重大缺陷，并披露自内部控制自我评价报告基准日至内部控制评价报告发出日之间是否发生影响内部控制有效性评价结论的因素。对财务报告内部控制有效性的评价结论与注册会计师对财务报告内部控制有效性的审计意见存在差异的，以及公司与注册会计师对非财务报告内部控制重大缺陷的披露存在差异的，公司应在年度报告内部控制的相关章节中予以说明，并解释差异成因。
>
> （六）内部控制评价工作情况：年度内部控制自我评价报告内部控制评价工作情况应当披露内部控制评价范围、内部控制评价工作依据、缺陷认定标准，以及内部控制缺陷认定及整改情况。
>
> 内部控制评价范围：评价范围应当从纳入评价范围的主要单位、业务和事项以及高风险领域 3 个方面进行披露，并对评价范围是否存在重大遗漏形成明确结论。如果评价范围存在重大遗漏或法定豁免，则应当披露评价范围重大遗漏的具体情况及其对评价结论产生的影响以及法定豁免的相关情况。
>
> 内部控制评价工作依据及缺陷认定标准：工作依据及缺陷认定标准应当披露公司开展内部控制评价工作的具体依据以及进行缺陷认定的具体标准及其变化情况。公司应当区分财务报告内部控制和非财务报告内部控制，分别披露重大缺陷、重要缺陷和一般缺陷的认定标准。
>
> 内部控制缺陷认定及整改情况：应当区分财务报告内部控制和非财务报告内部控制，分别披露报告期内部控制重大缺陷和重要缺陷的认定结果及缺陷的性质、影响、整改情况、整改计划等内容。
>
> （七）其他内部控制相关重大事项说明：说明段中披露可能对投资者理解内部控制评价报告、评价内部控制情况或进行投资决策产生重大影响的其他内部控制信息。

《公开发行证券的公司信息披露编报规则第 21 号——年度内部控制评价报告的一般规定》在规范内部控制自我评价报告要素的基础上，以附件形式发布了《年度内部控制评价报告披露参考格式》。

（二）内部控制审计报告

实施企业内部控制的注册会计师审计，是促进企业尤其是上市公司扎实贯彻《企业内部控制基本规范》和《企业内部控制配套指引》的重要制度安排。注册会计师在执行内部控制审计时，除遵守审计指引外，还应当遵守中国注册会计师相关执业准则。

1. 内部控制审计的概念

内部控制审计是指会计师事务所接受委托，对特定基准日内部控制设计与运行的有效性进行审计。这里有两点需要解释。

（1）企业内部控制审计基于的特定基准日。注册会计师基于基准日（如年末 12 月 31 日）内部控制的有效性发表意见，而不是对财务报表涵盖的整个期间（如 1 年）的内部控制的有效性发表意见。但这并不意味着注册会计师只关注企业基准日当天的内部控制，而是要考察企业一个时期内（足够长的一段时间）内部控制的设计和运行情况。例如，注册会计师可能在 5 月对企业的内部控制进行测试，发现问题后提请企业进行整改，如 6 月整改，企业的内部控制在整改后要运行一段时间（如至少 1 个月），8 月注册会计师再对整改后的内部控制进行测试。因此，虽然是对企业 12 月 31 日（基准日）内部控制的设计和运行发表意见，但这里的基准日不是一个简单的时点概念，而是体现内部控制这个过程向前的延续性。注册会计师所采用的内部控制审计的程序和方法，也体现了这种延续性。

（2）财务报告内部控制与非财务报告内部控制。审计指引第四条第二款规定，注册会计师应当对财务报告内部控制的有效性发表审计意见，并对内部控制审计过程中注意到的非财务报告内部控制的重大缺陷，在内部控制审计报告中增加"非财务报告内部控制重大缺陷描述段"予以披露。

财务报告内部控制是指企业为了合理保证财务报告及相关信息真实完整而设计和运行的内部控制，以及用于保护资产安全的内部控制中与财务报告可靠性目标相关的控制。其主要包括以下方面的政策和程序：

① 保存充分、适当的记录，准确、公允地反映企业的交易和事项；

② 合理保证按照企业会计准则的规定编制财务报表；

③ 合理保证收入和支出的发生以及资产的取得、使用或处置经过适当授权；

④ 合理保证及时防止或发现并纠正未经授权的、对财务报表有重大影响的交易和事项。

非财务报告内部控制，是指除财务报告内部控制之外的其他控制，通常是指为了合理保证经营的效率效果、遵守法律法规、实现发展战略而设计和运行的控制，以及用于保护资产安全的内部控制中与财务报告可靠性目标无关的控制。

2. 内部控制审计报告的形成

内部审计报告的形成通过计划审计工作——实施审计工作——评价控制缺陷——完成审计工作——出具审计意见报告的一系列程序完成内部控制的审计工作。

（1）计划审计工作

在计划审计工作时，注册会计师应当评价下列事项对内部控制、财务报表以及审计工作的影响：

① 与企业相关的风险；

② 相关法律法规和行业概况；

③ 企业组织结构、经营特点和资本结构等相关重要事项；

④ 企业内部控制最近发生变化的程度；

⑤ 与企业沟通过的内部控制缺陷；

⑥ 重要性、风险等与确定内部控制重大缺陷相关的因素；

⑦ 对内部控制有效性的初步判断；

⑧ 可获取的、与内部控制有效性相关的证据的类型和范围。

（2）实施审计工作

实施审计工作按照自上而下的方法进行。自上而下的方法是注册会计师识别风险、选择拟测试控制的基本思路。注册会计师在实施审计工作时，可以将企业层面控制和业务层面控制的测试结合进行。

企业层面控制的测试，要把握重要性原则，结合企业内部实际，按照企业内部控制各项应用指引的要求和企业层面控制的测试情况，重点对企业生产经营活动中的重要业务与事项的控制进行测试。至少应当关注：

① 与内部环境相关的控制；

② 针对董事会、经理层凌驾于控制之上的风险而设计的控制；

③ 企业的风险评估过程；

④ 对内部信息传递和财务报告流程的控制；

⑤ 对控制有效性的内部监督和自我评价。

（3）评价控制缺陷

内部控制缺陷按其成因分为设计缺陷和运行缺陷，按其影响程度分为重大缺陷、重要缺陷和一般缺陷。

注册会计师应当评价其识别的各项内部控制缺陷的严重程度，以确定这些缺陷单独或组合起来是否构成重大缺陷。在确定一项内部控制缺陷或多项内部控制缺陷的组合是否构成重大缺陷时，注册会计师应当评价补偿性控制（替代性控制）的影响。企业执行的补偿性控制应当具有同样的效果。

表明内部控制可能存在重大缺陷的迹象，主要包括：

① 注册会计师发现董事、监事和高级管理人员舞弊；

② 企业更正已经公布的财务报表；

③ 注册会计师发现当期财务报表存在重大错报，而内部控制在运行过程中未能发现该错报；

④ 企业审计委员会和内部审计机构对内部控制的监督无效。

（4）完成审计工作

注册会计师完成审计工作后，应当取得经企业签署的书面声明。书面声明应当包括下列内容：

① 企业董事会认可其对建立健全和有效实施内部控制负责；

② 企业已对内部控制的有效性做出自我评价，并说明评价时采用的标准以及得出的结论；

③ 企业没有利用注册会计师执行的审计程序及其结果作为自我评价的基础；

④ 企业已向注册会计师披露识别出的所有内部控制缺陷，并单独披露其中的重大缺陷和重要缺陷；

⑤ 企业对于注册会计师在以前年度审计中识别的重大缺陷和重要缺陷，是否已经采取措施予以解决；

⑥ 企业在内部控制自我评价基准日后，内部控制是否发生重大变化，或者存在对内部

控制具有重要影响的其他因素。

企业如果拒绝提供或以其他不当理由回避书面声明，注册会计师应当将其视为审计范围受到限制，解除业务约定或出具无法表示意见的内部控制审计报告。

注册会计师应当与企业沟通审计过程中识别的所有控制缺陷。对于其中的重大缺陷和重要缺陷，应当以书面形式与董事会和经理层沟通。注册会计师认为审计委员会和内部审计机构对内部控制的监督是无效的，应当就此以书面形式直接与董事会和经理层沟通。书面沟通应当在注册会计师出具内部控制审计报告之前进行。注册会计师在获取证据的基础上对内部控制的有效性形成评价意见。

（5）出具审计意见报告

从信息披露的角度讲，外部信息使用者通过内部控制审计报告解读内部控制自我评价报告的有效性。注册会计师出具的审计意见报告具有以下几种类型。

① 标准内部控制审计报告。当注册会计师出具的无保留意见的内部控制审计报告不附加说明段、强调事项段或任何修饰性用语时，该报告称为标准内部控制审计报告。

标准内部控制审计报告包括下列要素。

（一）标题。内部控制审计报告的标题统一规范为"内部控制审计报告"。

（二）收件人。内部控制审计报告的收件人是指注册会计师按照业务约定书的要求报送内部控制审计报告的对象，一般是指审计业务的委托人。

（三）引言段。内部控制审计报告的引言段说明企业的名称和内部控制已经过审计。

（四）企业对内部控制的责任段。企业对内部控制的责任段说明按照《企业内部控制基本规范》《企业内部控制应用指引》《企业内部控制评价指引》的规定，建立健全和有效实施内部控制，并评价其有效性是企业董事会的责任。

（五）注册会计师的责任段。注册会计师的责任段说明在实施审计工作的基础上，对财务报告内部控制的有效性发表审计意见，并对注意到的非财务报告内部控制的重大缺陷进行披露是注册会计师的责任。

（六）内部控制固有局限性的说明段。内部控制无论如何有效，都只能为企业实现控制目标提供合理保证。内部控制实现目标的可能性受其固有限制的影响，注册会计师需要在内部控制固有局限性的说明段说明内部控制具有固有局限性，存在不能防止和发现错报的可能性。此外，由于情况的变化可能导致内部控制变得不恰当，或对控制政策和程序遵循的程度降低，根据内部控制审计结果推测未来内部控制的有效性具有一定风险。

（七）财务报告内部控制审计意见段。符合下列所有条件的，注册会计师应当对财务报告内部控制出具无保留意见的内部控制审计报告：

1. 企业按照《企业内部控制基本规范》《企业内部控制应用指引》《企业内部控制评价指引》以及企业自身内部控制制度的要求，在所有重大方面保持了有效的内部控制；

2. 注册会计师已经按照《企业内部控制审计指引》的要求计划和实施审计工作，在审计过程中未受到限制。

（八）非财务报告内部控制重大缺陷描述段。对于审计过程中注意到的非财务报告内

部控制缺陷，如果发现某项或某些控制对企业发展战略、法规遵循、经营的效率效果等控制目标的实现有重大不利影响，确定该项非财务报告内部控制缺陷为重大缺陷的，应当以书面形式与企业董事会和经理层沟通，提醒企业加以改进；同时在内部控制审计报告中增加非财务报告内部控制重大缺陷描述段，对重大缺陷的性质及其对实现相关控制目标的影响程度进行披露，提示内部控制审计报告使用者注意相关风险，但无须对其发表审计意见。

（九）注册会计师的签名和盖章。

（十）会计师事务所的名称、地址及盖章。

（十一）报告日期。如果内部控制审计和财务报表审计整合进行，注册会计师对内部控制审计报告和财务报表审计报告需要签署相同的日期。

② 非标准内部控制审计报告。非标准内部控制审计报告含有强调事项段。注册会计师认为财务报告内部控制虽不存在重大缺陷，但仍有一项或者多项重大事项需要提请内部控制审计报告使用人注意的，需要在内部控制审计报告中增加强调事项内容予以说明。注册会计师需要在强调事项内容中指明，该内容仅用于提醒内部控制审计报告使用者关注，并不影响对财务报告内部控制发表的审计意见。非标准内部控制审计报告主要涉及以下一些类别。

一是否定意见的内部控制审计报告。注册会计师认为财务报告内部控制存在一项或多项重大缺陷的，除非审计范围受到限制，需要对财务报告内部控制发表否定意见。注册会计师出具否定意见的内部控制审计报告，还需要包括重大缺陷的定义、重大缺陷的性质及其对财务报告内部控制的影响程度。

二是无法表示意见的内部控制审计报告。注册会计师只有实施了必要的审计程序，才能对内部控制的有效性发表意见。注册会计师审计范围受到限制的，需要解除业务约定或出具无法表示意见的内部控制审计报告，并就审计范围受到限制的情况，以书面形式与董事会进行沟通。注册会计师在出具无法表示意见的内部控制审计报告时，需要在内部控制审计报告中指明审计范围受到限制，无法对内部控制的有效性发表意见，并单设段落说明无法表示意见的实质性理由。注册会计师不应在内部控制审计报告中指明所执行的程序，也不应描述内部控制审计的特征，以避免对无法表示意见的误解。注册会计师在已执行的有限程序中发现财务报告内部控制存在重大缺陷的，需要在内部控制审计报告中对重大缺陷做出详细说明。

三是期后事项与非标准内部控制审计报告。在企业内部控制自我评价基准日并不存在、但在该基准日之后至审计报告日之前（称期后期间）内部控制可能发生变化，或出现其他可能对内部控制产生重要影响的因素。注册会计师需要询问是否存在这类变化或影响因素，并获取企业关于这些情况的书面声明。

注册会计师知悉对企业内部控制自我评价基准日内部控制有效性有重大负面影响的期后事项的，需要对财务报告内部控制发表否定意见。注册会计师不能确定期后事项对内部控制有效性的影响程度的，需要出具无法表示意见的内部控制审计报告。

在出具内部控制审计报告之后，如果知悉在审计报告日已存在的、可能对审计意见产生影响的情况，注册会计师需要按照《中国注册会计师审计准则第 1332 号——期后事项》的规定办理。

第三节　内部控制信息披露现状及问题改进

一、内部控制信息披露现状

（一）上市公司披露内部控制信息缺乏积极性

《内部控制基本规范》及其《企业内部控制配套指引》的施行对于内部控制信息的披露具有积极的推动作用。据迪博公司发布的 2012—2015 年的《中国上市公司内部控制白皮书》显示，上市公司的内部控制信息披露，尤其是内部控制缺陷的披露的比例稳步提升。虽然上市公司落实了内部控制信息披露的要求，但内部控制自我评价报告和内部控制审计报告披露格式不规范问题普遍存在，披露内容基本照抄配套文件的内容和格式；对于自愿性信息披露采取尽量少披露甚至不披露的政策。这些反映出我国企业对于内部控制信息披露缺乏积极性和主动性。

（二）内部控制信息披露缺乏实质性、可比性

虽然我国的内部控制信息披露制度体系已初步形成，但是仍然面临内部控制信息披露制度以部门规章为主，没有上升到法律层面，权威性和约束性较差的状况。在强制性披露的要求下，具备内部控制信息披露条件且愿意进行内部控制信息披露的公司数量不断增加。但从总体上看，内部控制信息缺乏实质内容的现象普遍存在，内部控制信息的披露质量不高、披露内容流于形式、可用性差。许多企业只是在年报中对公司重大内部控制缺陷披露中写到"部分内部控制制度细则需要细化""未能建立有效的内部控制制度"等。《企业内部控制基本规范》虽然针对企业内部控制信息披露出台了一些规范和指引，但在披露形式上还是给予企业很高的灵活度和自主权，其中内部控制自我评价的方式等内容可由企业根据自身情况自行确定，这使得不同行业的企业乃至同行业的企业在内部控制信息披露方面缺乏可比性，也不利于投资者和监管层使用已经披露的内部控制信息进行相关的决策或判断。

（三）内部控制缺陷反映出我国内部控制的执行力偏弱

内部控制是由企业董事会、监事会、经理层和全体员工实施的、旨在实现控制目标的过程。因此，企业董事会、监事会、经理层、全体员工均是内部控制的参与者。调查显示，我国内部控制主要存在执行力较差的问题。据迪博的内部控制信息披露调查报告显示，2015年度上市公司披露的内部控制缺陷中，资产管理类缺陷和资金活动类缺陷表现最为突出。同时，结合 2015 年度上市公司具体内容，披露了 90 多项内部控制重大缺陷，以及导致内部控制审计为否定意见的 55 项内部控制重大缺陷情况。分类统计显示，资金活动类重大缺陷均最为突出，其在内部控制评价重大缺陷与内部控制审计重大缺陷中明显高于其他类重大缺陷，属于上市公司重大缺陷发生的重灾区。

二、内部控制信息披露现状的原因分析

（一）内部控制披露成本效益问题

导致企业内部控制信息披露积极性缺乏的原因有以下几点。

（1）根据信号传递理论，会计信息具有经济后果。如果内部控制制度健全且运行有效，

大多数上市公司应该愿意披露其内部控制信息，这也有利于吸引投资者。反之，如果内部控制制度不健全或运行不佳，上市公司会选择不披露或者有意隐瞒，防止因披露坏消息引发股价下跌，对企业造成损失。

（2）内部控制信息披露的成本问题。首先，内部控制信息披露的成本涉及构建内部控制系统发生的一切支出，包括记录、评估、报告的成本；其次，是由于审计内部控制报告应该执行专门的程序、遵循特定规范并发表专门的审核意见而发生的额外审计成本；最后，是法律事务以及诉讼的成本，这在强制提供内部控制信息的情形下尤为突出。因此，披露的内部控制信息更多是出于敷衍政府和监管机构的需要，企业自身积极性并不强。

（二）内部控制信息披露缺乏详细一致的披露标准

虽然证监会、深交所和上交所分别颁布了《上市公司内部控制指引》，但由于上交所上市的股票多为大盘股，深交所上市的股票多为中小上市公司，导致他们对本交易所上市公司内部控制信息的披露要求和标准有所不同，致使上市公司在披露时无所适从。如证监会在《公开发行证券的公司信息披露内容与格式准则第 2 号——年度报告的内容和格式》中规定，上市公司监事会应该在财务报告中对上市公司决策程序的系统性和内部控制制度的完整性做出评价。《上海证券交易所上市公司内部控制指引》规定，上市公司财务年报应当披露其内部控制的执行情况，若上市公司内部控制存在高风险，应当用临时报告尽快披露。《深圳证券交易所上市公司内部控制指引》规定，上市公司董事会对其内部控制情况发表意见，形成内部控制自我评价报告，由监事会和独立董事对此进行评价，并在财务年报里一一披露。由于证监会、深交所和上交所对上市公司披露标准和要求的不统一，在不同交易所挂牌的上市公司披露内部控制信息各异，致使上市公司披露内部控制制度时缺乏统一的标准。虽然财政部等五部委推出的《上市公司内部控制配套指引》中规定了上市公司应当披露的内部控制项目，但没有详细说明披露范围、内容，同时披露的形式和格式缺乏统一的标准，造成上市公司披露时无所适从、应付了事，在披露重要信息时含糊其词。

（三）内部控制缺乏有力的环境支持和有效监督

内部控制制度的执行是建立在企业内部上下层对内部控制制度认可、并明确知道自己的工作职责的基础之上的。而内部控制环境是建立内部控制制度的基础，其内容包括公司治理结构、企业文化、公司对管理者的激励制度等。健全的环境可以减少内部控制建设中的障碍，有利于公司的有效运转，但是我国上市公司目前的内部环境普遍比较脆弱。在企业文化方面，良好的企业文化能够增强员工的认同感、减少管理方面的阻力、提高公司的知名度，但是很多上市公司并没有认识到文化作为公司软实力的重要性。在公司的激励制度方面，完善的考评激励制度可以有效地激励和约束公司的高级管理者，从而使之为公司忠心效力，但是目前很多上市公司在这方面的制度没有跟上时代发展的脚步，不能满足管理者的需求。内部审计是内部控制体系的一个重要组成部分，内部审计通过对企业内部控制制度的建立健全和执行的有效性进行评价，促使企业内部控制体系不断进行自我修复和改进，在内部控制自我完善的过程中发挥着重要的作用。因此，为了对内部控制进行更好的监督，企业应该健全内部审计监督机制。现实中，很多企业虽然设置了内部审计机构，但形同虚设；内审人员配备不足，其业务素质在一定程度上满足不了公司业务发展和管理控制的要求。

三、内部控制信息披露问题的改进

（一）建立监督与激励并举的制度，激励上市公司自愿披露

强化企业对披露内部控制信息重要性的意识，不断改进并完善公司治理结构。目前中国上市公司并没有充分意识到建立内部控制制度对其在高风险的环境下持续发展的重要性。强制性信息披露有利于社会公众监督上市公司的内部控制制度建设及执行情况，增强上市公司对内部控制及其信息披露的重视程度，促使上市公司内部控制的完善和改进，保护投资者利益。但是，由于不同上市公司的行业特征、财务状况、经营管理及公司文化等因素的差异，强制性披露难以做到面面俱到，甚至会引发公司为规避成本和保护商业机密的目的而粉饰、掩饰公司真实信息的行为，影响内部控制信息的有效性。因而，引导上市公司强化自愿披露内部控制信息的意识，使其意识到披露内部控制信息有利于促进企业完善内部控制机制、加强经营管理、提高经营效率。

对自愿披露其内部控制信息且披露信息真实详细可靠的上市公司，政府和监管部门应进行实质性奖励，如在信用评级、贷款、税收等方面给予政策支持或优惠，以鼓励上市公司自愿披露其内部控制信息，提高其内部控制信息披露的质量；在证监会和证券交易所网站上对其予以表扬，协助其树立优质的上市公司形象，以增加财务报表、内部控制评价报告的公信力。对于自愿披露信息动力不足的上市公司，政府和监管机构应对其实施严格监督，对"简单披露"或"虚假披露"的上市公司给予警告、批评甚至退市等不同程度的惩罚。这样会增强上市公司对内部控制信息披露的认识，激发其自愿披露内部控制信息的积极性。

（二）建立详细的内部控制信息披露的评价标准体系

我国《上市公司内部控制评价指引》虽然对上市公司内部控制评价内容、评价程序、缺陷识别等方面制定了比较具体的标准，但这些标准趋于原则导向，实践性不足。因此，政府及监管部门应明确具体的内部控制评价标准，主要包括：一是内部控制 5 要素的评价标准，包括内部控制环境评价标准、风险评估评价标准、内部控制活动评价标准、信息与沟通评价标准、监督评价标准，就内部控制环境而言其评价标准可从员工的职业道德层次、治理层运行的效率效果、董事会的诚信水平等方面评价；二是内部控制活动评价标准，包括上市公司投资评价标准、融资评价标准、成本费用评价标准等。此外，鼓励上市公司应用模糊综合评价法、AHP 法等评价技术方法对上市公司内部控制情况做出评价。

（三）加强内部环境建设以及内部监督

内部控制环境是内部控制的基础。人是企业最重要的资源，也是内部控制环境中的重要因素之一，应得到充分的重视。企业应该建立健全人力资源激励和约束机制，稳定管理团队和员工队伍，增强企业的向心力和凝聚力，保证公司日常生产经营活动顺利开展。我国应该参照西方国家审计委员会制度，在企业内部建立一套以风险为导向的内部审计制度。目前，我国设置内部审计机构的企业并不多，大部分存在于大中型国有企业和非国有上市公司，但是按照国家的要求设置的，机构的独立性和监督力相对较弱。我们要建立真正、独立的内部审计机构，确保内部审计工作不受任何部门和个人的干预，使审计人员能积极参与到企业生产经营的各个方面和各个环节中，特别是在风险识别、风险评估、风险应对等关键环节中，

充分运用自身专业优势，提高企业风险管理水平和能力，为企业管理者提供更为客观的风险管理措施和建议，及时消除企业生产经营中的风险点，将风险损失控制在最低限度。

本章要点

本章主要介绍了企业内部控制信息披露相关内容，包括从不同视角对内部控制信息的供给与需求分析、资本市场内部控制信息披露制度的建设以及内部控制信息披露的现状3个部分。

内部控制起源于所有权与经营权分离后的委托代理关系中股东对于经理经营权的控制，是股东实现权力制衡的基本措施。内部控制信息的披露对于企业的内外部信息使用者具有重要的意义，内部控制的信息在企业内部主要表现为公司章程、内部控制制度、程序文件以及风险管理部门依据经营过程中的风险控制情况进行的风险评估报告。董事会、经理层和执行层是企业内部控制信息使用者。

我国上市公司内部控制信息对外披露的载体主要为《内部控制自我评价报告》和《内部控制审计报告》。《内部控制自我评价报告》由审计委员会等相关机构负责编写，经董事会审议，是企业向外界传递内部控制信息是否有效的重要措施。《内部控制审计报告》经过独立的第三方审计师审计，形成内部控制审计报告。内部控制信息的外部使用者主要包括投资者、债权人、外部审计师、政府、信息中介等。

我国由财政部负责内部控制相关立法的运行监督、证券监管部门（中国证监会）依照法律法规的规定对全国证券市场进行监管。内部控制信息披露制度经历了从自愿披露到强制披露、从试点到全面展开的发展历程。目前为止已形成了除特殊企业（重组、新上市等公司）延迟披露外，其他主板上市公司强制披露《内部控制自我评价报告》和《内部控制审计报告》的制度。

在内部控制信息披露制度下，本章最后探究上市公司执行情况对于检验政策的执行效果具有重要意义。从披露现状看，主要存在内部控制信息披露不积极、内容缺乏实质性和可比性以及内部控制制度执行较差的问题。这些问题产生的原因主要表现在内部控制信息披露的成本开支、政策的一致性、环境支持以及监管问题上。本章最后从内部控制信息披露的激励制度、信息披露制度建设、加强企业环境支持及监管角度提出了解决措施。

案例资料

一、××生科基本情况

××生科（湖南）农业开发股份有限公司（以下简称"××生科"）始建于2003年，主要从事稻米精深加工系列产品的研发、生产和销售，即以稻谷为主要原料，通过物理、化学和生物技术生产大米淀粉糖、大米蛋白粉等系列产品。该公司曾获"诚信守法乡镇企业""绿色先锋""小米粒享有大价值"等诸多荣誉称号。2011年9月，该公司在深交所创业板挂牌上市；2012年9月，公司的财务造假丑闻被曝光，2008年至2011年累积虚增收入约7.4亿元，虚增营业利润约1.8亿元，虚增净利润约1.6亿元，已遭深交所两次谴责。2013年4月25日，由××会计师事务所出具的内部控制评价报告指出：××生科未能按照《企业内部控制基本规范》和相关规定保持有效的财务报告内部控制。

二、××生科内部控制信息的披露范围（见表 5-2）

表 5-2　××生科 2011—2013 年内部控制报告范围统计情况

年度	披露报告
2011 年	《与财务报表相关内部控制有效性的自我评价报告》《内部控制鉴证报告》
2012 年	《与财务报表相关内部控制有效性的自我评价报告》
2013 年	《关于内部控制有效性的自我评价报告》

　　××生科披露了 2011—2013 年的内部控制自我评价报告，其范围统计情况如表 5-2 所示。该公司未单独披露过独立董事和监事会对企业内部控制的评价意见，只是在 2011 年度报告中独立董事和监事会对企业内部控制自我评价报告提出了评价意见。报告中认为公司内部控制的自我评价报告真实、客观地反映了公司内部控制制度的建设和运行情况，没有单独出具报告，监事会没能履行好监督职责，难以保证公司披露信息的真实完整。3 年来，××生科只在 2011 年聘请了注册会计师对其内部控制自我评价报告出具了鉴证报告，内部控制信息的真实性令人生疑。由此看出，××生科对公司内部控制信息没有进行正确的披露，对内部控制的重视不够，没有从思想层面上树立全公司上上下下各层机构及全体员工对内部控制制度的正确理解和积极态度。

三、内部控制五要素的披露情况

1. 控制环境（见表 5-3）

　　根据《企业内部控制基本规范》的规定，企业组织开展内部环境评价，应以企业组织架构、发展战略、人力资源、企业文化、社会责任为依据。其中组织架构是核心部分，只有得到高层领导的重视及有效的管理，企业的内部控制才得以顺利的实施。除此之外，企业的内部控制是由人来实施的，因此企业文化应当成为内部控制的灵魂。合理的机构设置、优秀的人力资源、积极的企业文化势必为企业内部控制提供保障。总之，企业控制环境的披露必不可少。

表 5-3　××生科控制环境信息披露情况

内部环境信息披露内容	2011 年	2012 年	2013 年
授权及职责分配是否正确	是	是	是
独立董事的比例	33.3%	33.3%	33.3%
审计委员会设立情况	有	有	有
人力资源政策的表述	无	无	无
企业文化及价值观的表述	无	无	无

　　从表 5-3 中显示的数据来看，××生科对内部控制环境信息的披露不太充分，没有对人力资源政策及企业文化与价值观的表述。根据《企业内部控制基本规范》的规定，企业应当制定和实施有利于企业长期良好发展的人力资源政策，包括员工的任用培训、薪酬奖惩、关键员工的强制性休假制度。此外，企业还应该加强文化建设，培育员工积极的价值观和社会责任感，强化员工的风险意识。××生科在内部控制自我评价报告中虽然对机构授权及职责分配有明确的分工，也专门设立了审

计委员会，但是企业的整个公司的控制权、执行权和监督权相当于都被董事长独揽，其他管理部门丧失了在日常经营管理过程中应有的权力，破坏了企业内部控制的正常运行，大大降低了内部控制的效率，进而使内部控制信息遭受质疑，由此可以看出××生科内部控制信息披露存在形式重于实质的现象。

2. 风险评估（见表 5-4）

表5-4 ××生科内部控制风险评估信息披露分析表

风险评估信息披露项目	2011 年	2012 年	2013 年
风险评估报告的制定过程	无	无	无
对评估出的风险是否提出相应对策	无	无	无
重大项目上是否有针对风险评估的会议	无	无	无

根据××生科的行业性质，其风险点主要表现在原材料价格波动风险、人力资源管理风险、产能扩大消化风险以及市场竞争风险方面，但是××生科只在自评报告中提到"公司根据企业自身特点及董事会制定的战略目标制定了公司的风险控制目标，建立了系统的、有效的风险评估体系，以识别和应对控制目标相关的内外部风险，确定相应的风险承受度……"。该表述内容过于宽泛、笼统，没有具体的、具有针对性的风险管理措施，这种不充分的风险评估信息披露将导致投资者对企业风险认知不足，进而导致错误的投资决策。

3. 控制活动（见表 5-5）

表 5-5 ××生科内部控制活动情况统计

时间	公司披露的控制活动方面存在的缺陷
2011 年	合同协议履行结果的验收工作仍待加强 销售业务基础管理工作仍待完善
2012 年	在实际工作中合同协议会审制度只得到部分执行，没有涵盖公司所有的合同 合同协议履行结果的验收工作仍待加强 受董事长委托签订的合同没有董事长出具的书面委托书的情况与相关内部控制制度不符 销售业务基础管理工作仍待完善 公司的五金仓库隶属于物资部直接管理的现状与相关内部控制制度要求不符 部分五金材料采购入库业务的到货验收单与入库单的签字均由一个人签字完成与相关仓储制度不符
2013 年	合同协议会审制度已基本执行，但需要涵盖公司所有经济合同和技术合同 合同协议履行结果的验收工作仍待加强 销售售后服务工作的内部控制管理仍待完善 采购的询价、大宗采购的招投标、采购合同的评审及采购台账的建立等采购内部控制管理工作还有许多需完善的地方 公司的五金仓库隶属于物资部直接管理的现状与相关内部控制制度要求不符

4. 信息与沟通

××生科没有对外披露信息与沟通方面的情况；另外，2012 年上半年，××生科循环经济型稻米精深加工生产线项目停产，但公司未在 2012 年财务报告中披露这一事实，另外公司对该重大事项也未及时履行临时报告义务，未在半年度报告中披露。

5. 监督

（1）龚××与其妻子杨××并列公司第一大股东，为公司实际控制人，两人合计持有公司 59.98%的股份；"一股独大"的股权结构造成了董事会形同虚设。

（2）××生科内部审计人员配备不足，内部控制体系建设尚不完善，公司正式员工 390 余人，但审计人员只有 3 人，所占比例过低。

（3）财务总监覃××大专毕业、职业素养不高，但和董事长龚××关系很好，受控于董事长，促使了财务造假行为的发生。

案例讨论

1. 结合上述资料，谈谈××生科财务造假的教训，并分析股权结构对内部控制的影响。

2. 请分析××生科的控制活动存在哪些缺陷。

3. 根据以上资料，试分析企业外部监督对完善内部控制的作用。

复习思考题

1. 试对内部控制信息的供需状况进行分析。

2. 怎样构建企业的内部控制信息披露制度？

3. 如何优化内部控制信息披露的手段或方式？

本章参考文献

[1] 李维安. 公司治理与评价指数研究[M]. 北京：高等教育出版社，2005.

[2] 杨有红. 内部控制缺陷的识别、认定与报告[J]. 会计研究，2011（3）.

[3] 杨雄胜，李翔，邱冠华. 中国内部控制的社会认同度研究[J]. 会计研究，2007（8）.

[4] 周冬华. 证券分析师关心公司治理吗？——基于中国资本市场的经验证据[J]. 山西财经大学学报，2013（2）.

[5] 方军雄. 我国上市公司信息披露透明度与证券分析师预测[J]. 金融研究，2007（6）.

[6] Byard D，Li Y，Weintrop J. Corporate governance and the quality of financial analysts' information [J].Journal of Accounting &Public Policy，2006，25（5）.

[7] 冯巧根. 论管理会计与公司治理的内在化[J]. 山西财经大学学报，2007（3）.

[8] 方红星，金玉娜. 高质量内部控制能抑制盈余管理吗——基于自愿性内部控制鉴证报告的经验研究[J]. 会计研究，2011（8）.

第六章 风险管理的要素结构

本章结构图

```
                    ┌─ 风险管理要素 ──┬─ COSO 的风险管理构成要素
                    │                 └─ COSO 风险管理要素与内部控制要素的对比
                    │
                    │                 ┌─ 风险识别
                    │                 ├─ 风险分析
                    ├─ 风险识别与分析 ─┤
                    │                 ├─ 定性的风险识别与分析方法
                    │                 └─ 定量的风险识别与分析方法
  风险                                ┌─ 风险衡量的概述
  管理                                │
  的      ───┬─ 风险的衡量与评价 ─────┼─ 风险衡量的对象和方法——损失概率估计和损失程度估计分析
  要素                                │
  结构                                └─ 风险评价
                    │                 ┌─ 风险管理策略概述
                    │                 ├─ 风险管理策略的工具
                    ├─ 风险管理策略与实施┤
                    │                 ├─ 风险管理策略的实施步骤
                    │                 └─ 风险管理实施方案
                    │
                    └─ 风险管理报告与改进
```

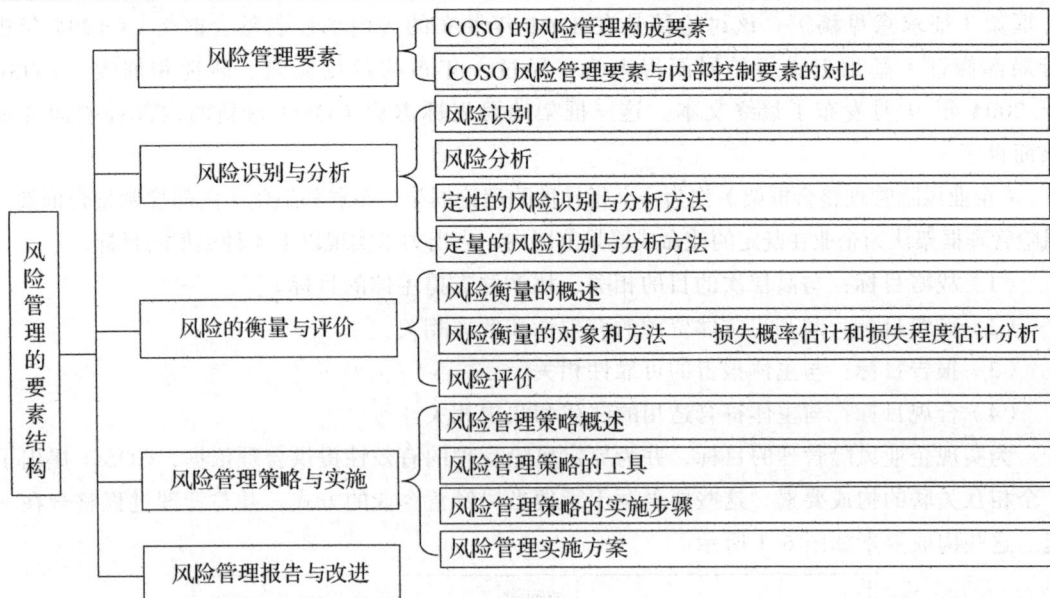

本章学习目标

➤ 掌握风险管理整合框架的 8 大要素，理解风险管理要素的内容、原则和联系。

➤ 理解风险事项识别和分析的内涵，熟悉定性、定量识别与分析方法。

➤ 理解风险衡量的理论基础，熟悉风险衡量的对象和方法，了解风险评价的内容。

➤ 掌握风险管理策略的工具，了解风险管理的实施方案。

➤ 理解风险管理报告的构成体系和基本要素，了解风险管理的局限和改进方向。

对于企业来说，风险管理是企业维持经营的核心内容。如何认识风险、驾驭风险，实现可持续发展是企业面临的巨大挑战。对任何一个企业来说，企业风险管理都是使企业在实现未来目标的过程中将市场不确定性和变化所产生的影响控制在可接受范围内的系统方法和过程。COSO 提出，企业应力图实现战略、经营、报告、合规 4 个类型的风险管理目标，也就意味着企业的风险管理活动必须围绕这个宗旨来展开。在企业风险管理的过程中，充当具体工具的风险管理要素，为企业实现风险管理的目标提供了合理的保证。

第一节 风险管理要素

风险管理要素是指美国 COSO 在第一次出现 COSO 时标注委托普华永道开发的《企业

风险管理整合框架》中，关于企业风险管理框架 8 个方面的具体内容。它阐述了企业风险管理的环境、目标、流程、措施和反馈等多个方面的内容，为企业风险管理构建了一个全面的体系，也为企业风险管理活动的开展提供了思路和方法。

一、COSO 的风险管理构成要素

（一）风险管理要素的提出

2003 年 7 月，美国 COSO 根据《SOX 法案》的相关要求，发布了《企业风险管理整合框架（征求意见稿）》。该讨论稿是在 1992 年颁布的《内部控制整合框架》（1994 年进行局部修订）基础上进行扩展而得来的。经过一年多的意见反馈、研究和修改，COSO 于 2004 年 9 月发布了最终文本。这一框架的诞生标志着 COSO 最新的内部控制研究成果面世了。

《企业风险管理整合框架》作为一个指导性的理论框架，拓展和细化了内部控制整合框架。风险管理框架认为企业在既定的使命或愿景范围内，应当力求实现以下 4 种类型的目标。

（1）战略目标：与高层次的目的相关，协调并支撑主体的目标。

（2）经营目标：与利用主体资源的有效性和效率相关。

（3）报告目标：与主体报告的可靠性相关。

（4）合规目标：与主体符合适用的法律和法规相关。

为实现企业风险管理的目标，并为界定风险管理的有效性提供合理依据，COSO 提出了 8 个相互关联的构成要素。这些要素源于管理当局经营企业的方式，并与管理过程整合在一起。这些构成要素如图 6-1 所示。

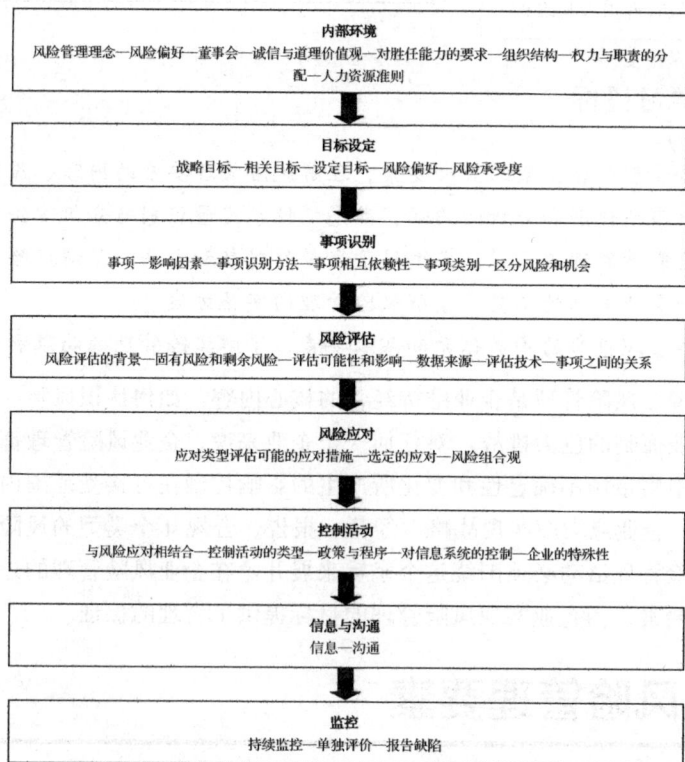

内部环境
风险管理理念—风险偏好—董事会—诚信与道德价值观—对胜任能力的要求—组织结构—权力与职责的分配—人力资源准则

目标设定
战略目标—相关目标—设定目标—风险偏好—风险承受度

事项识别
事项—影响因素—事项识别方法—事项相互依赖性—事项类别—区分风险和机会

风险评估
风险评估的背景—固有风险和剩余风险—评估可能性和影响—数据来源—评估技术—事项之间的关系

风险应对
应对类型—评估可能的应对措施—选定的应对—风险组合观

控制活动
与风险应对相结合—控制活动的类型—政策与程序—对信息系统的控制—企业的特殊性

信息与沟通
信息—沟通

监控
持续监控—单独评价—报告缺陷

图 6-1　COSO《企业风险管理整合框架》的构成要素

企业风险管理并不是一个严格的顺次过程，它是一个多方向的、反复的过程，一个构成要素并不是仅仅影响接下来的那个构成要素，而是几乎每一个构成要素都能够影响其他构成要素。

在企业风险管理活动中，如果目标是指一个企业力图要实现什么，那么，风险管理的构成要素则意味着需要什么来实现它们，目标与构成要素之间有着直接的关系。

这种关系可以通过图 6-2 所示的三维矩阵以立方体的形式表示出来。

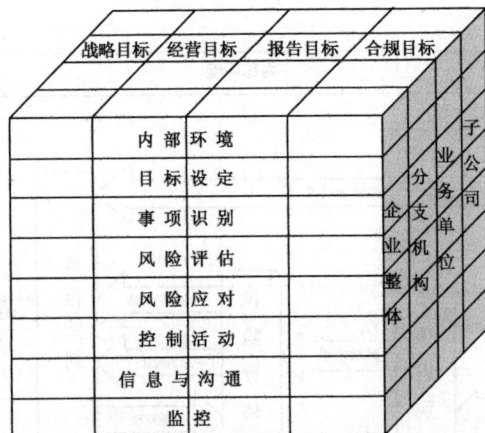

图 6-2　COSO《企业风险管理整合框架》的三维矩阵

战略、经营、报告和合规 4 类目标用垂直方向的列表示，8 个构成要素用水平方向的行表示，而一个企业内的各个单元则用第三个维度来表示。这种表示方法可以使人们从其中任何一个角度去识别企业风险。

风险管理的构成要素也是判定企业风险管理有效性的标准。认定一个主体的企业风险管理是否有效，是在对 8 个构成要素是否存在和有效运行进行评估的基础之上所做的判断。构成要素如果存在并且正常运行，那么就可能没有重大缺陷，而风险则可能已经被控制在主体的风险容量范围之内。

（二）风险管理要素的结构流程图

企业风险管理是一个动态的过程，8 个要素紧密联系，共同作用。举例来说，风险评估促动风险应对，它可能会影响控制活动，并凸显出考虑信息与沟通的需要或主体的监控活动的必要性。图 6-3 所示的流程[①]为企业风险管理要素之间的结构关系。

图 6-3 清晰展示了 8 个构成要素之间的作用机理，同时也便于理解它们之间的结构关系。首先，内部环境要素是风险管理的基石，它包含了企业管理者对风险管理的基本理念和风险态度。其次，风险管理的制度规范和意识形态在风险管理的过程中会转化为风险管理目标，企业会在目标设定的基础上，开展后续风险管理活动。风险管理人员可以将风险事项识别、风险评估、风险应对、控制活动几个要素看作一系列"组合拳"：事项识别相当于出拳前的定位——哪些部位可以有效击打；风险评估、风险应对、控制活动则可以视为连续出拳——风险评估判断出拳的力度；风险应对则是出拳后采取的反应策略；各项控制活动则是

---

① 胡为民. 内部控制与企业风险管理——实务操作指南（第 2 版）[M]. 北京：电子工业出版社，2013.

风险应对过程中的自我保护措施。评估的准确与否直接影响风险应对是否合理、有效，而控制活动从制度上为企业设置了一道道防火墙，预防了风险的产生，本质上也属于风险应对策略中的一种手段，最终目的都是将风险控制在企业能够承受的范围之内。企业风险管理行为只有做到精确的预判、敏捷的反应、合理的力道再加上适当的自我保护，才能每击必中，击之有效，同时避免自身受到损害。最后，有效的信息沟通和监控机制是保证风险管理有效性的最后一道屏障，企业应当从沟通和监控的反馈中，总结风险管理的经验，汲取教训，弥补不足。

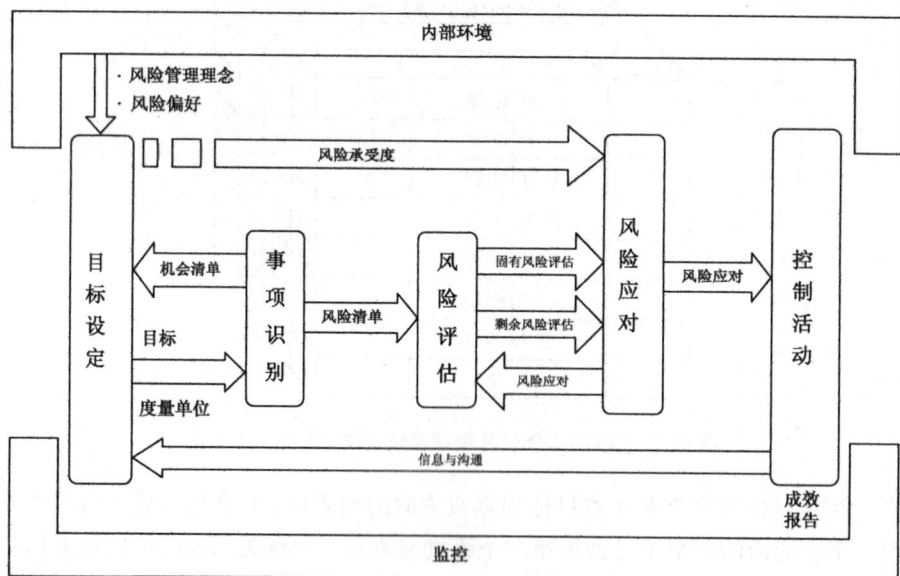

图 6-3　企业风险管理要素结构流程

二、COSO 风险管理要素与内部控制要素的对比

通过对比，我们可以发现《企业风险管理整合框架》在《内部控制整合框架》5 要素的基础上新增了 3 个风险管理要素：目标设定、事项识别、风险应对，同时将控制环境要素改为内部环境要素。

表 6-1 所示为 COSO 风险管理要素与内部控制要素的比较。

表 6-1　COSO 风险管理要素与内部控制要素的比较

COSO《企业风险管理整合框架》	COSO《内部控制整合框架》
内部环境（更广义）	控制环境
目标设定（新增）	
事项识别（新增）	
风险评估	风险评估
风险应对（新增）	
控制活动	控制活动
信息与沟通	信息与沟通
监控	监督

相对于内部控制，它们将企业管理的重心更多地移向风险管理。同时，内部环境强调了董事会的风险管理理念。在目标设定上，风险管理整合框架针对不同的目标分析其相应的风险，因此，目标设定自然成为风险管理流程的首要步骤。在进行事项识别（风险确认）时，风险管理整合框架讨论了潜在事项的概念，将事项定义为影响战略执行或目标实现的、从内部或外部发生的事故或事件。有正面影响的潜在事项代表机会，而那些有负面影响的代表风险。对风险进行评估时，风险管理整合框架建议透过一个更敏锐的视角来观察风险评估，评估者要从固有的和剩余的风险角度出发，采用和该风险相关的目标所构建的计量单位相同的单位来表述风险。关注相互关联的风险，它反映一个单独事项可能会产生多重风险。在风险应对中，风险管理整合框架确定了几类风险应对措施：规避、降低、分担和承受等。在个别和分组考虑风险的各反应方案后，企业管理层应从总体的角度考虑企业选择的所有风险应对方案组合后对企业的总体影响。在控制活动要素中，风险管理整合框架明确指出，在某些情况下，控制活动本身也起到风险应对的作用。在信息与沟通要素中，风险管理整合框架扩大了企业信息和沟通的构成内容，认为企业的信息应包括来自过去、现在和未来潜在事项的数据。企业的信息系统的基本职能应以时间序列的形式收集、捕捉数据，其收集数据的详细程度则应视企业风险识别、评估和应对的需要而定，并保证将风险维持在风险偏好的范围内。

第二节 风险识别与分析

风险识别是风险管理流程中最重要的环节之一，风险识别可以帮助风险管理者对企业面临的风险环境进行全面梳理，对企业存在的各种潜在事项进行判断，发现可能导致企业潜在损失或给企业带来潜在机会的风险因素。风险分析在风险识别的基础上，从风险发生的概率和影响程度两方面进行定性或者定量的分析，以便企业进行风险排序，合理配置风险管理资源。本节将从风险识别与分析的含义、特征、范围等内容出发，着重介绍风险管理过程中风险识别与分析两项工作的方法。

一、风险识别

（一）风险识别的概念

风险识别是指风险管理人员运用有关的知识和方法，系统、全面和连续地发现风险管理单位面临的财产、责任和人身损失风险。风险识别实际上就是收集有关风险因素、风险事故和损失暴露等方面的信息，通过各种识别工具和方法来发现导致潜在损失的风险因素，即感知风险。然后通过建立详细风险清单进行风险分析。感知风险和分析风险两者相辅相成，前者是基础，后者是关键。建立的风险清单必须全面客观，特别是不能遗漏主要风险，可使风险管理者对自身面临的风险有更好的了解，为下一步风险管理工作做好准备。

（二）风险识别的特征

对于风险识别的内涵，可以从以下几个方面特征进行理解。

（1）系统性。风险识别是一项复杂的系统工程，即使是一个规模较小的风险管理单位，也要全面识别实物资产风险、金融资产风险、人力资本风险，而且还需要识别责任损失风险。同时，风险识别不仅仅是风险管理部门的工作，还需要生产部门、财务部门、信息处理部门、人事部门等方面的密切配合。

（2）持续性。一般来说，风险管理单位的活动及其所处的环境随时都处在不断地变化中。企业环境发生变化会使风险管理部门原来关注的重要的风险因素变得不重要了，新的风险因素成为风险管理部门关注的重点。政府法律、法规的变化，也会导致企业出现新的风险。总之，风险管理单位要稳定地发展，必须连续地、不间断地识别各种风险，分析其可能造成的后果，分析其对本单位生产经营的影响。

（3）制度性。风险管理作为一项科学的管理活动，风险识别是否全面、准确，直接影响着风险管理工作的质量，进而影响到风险管理的成果。识别风险的目的是，为衡量风险和处理风险提供依据和方向。因此，风险管理中任何一项活动本身都要有组织、有制度。

（三）风险识别的准备工作

防范和规避风险威胁产生，首要任务是识别风险，要识别风险首先要收集风险信息。企业应广泛深入持久地收集影响企业经营目标实现的各种有利因素与不利因素，包括内部与外部，过去的、现时的及未来预测的，并将收集的职责分工落实到有关职能部门及业务单位。

一般说来，企业需要收集以下几个方面的信息。

（1）在战略方面应收集的风险信息。例如，国内外宏观经济政策，科技进步、技术创新的有关情况，市场对本企业产品或服务的需求情况，企业主要客户、供应商及竞争对手的有关情况等信息。

（2）在财务方面应收集的风险信息。例如，企业的资产、负债、现金流，企业的资产周转率、盈利能力等情况，与本企业相关的行业会计政策、会计估计、与国际会计制度的差异与调节等信息。

（3）在市场方面应收集的风险信息。例如，产品或服务的价格及供应变化，能源、原材料等物资供应的充足性、稳定性和价格变化，主要客户、主要供应商的信用情况，税收政策和利率、汇率、股票价格指数的变化情况，潜在竞争者、竞争者及其主要产品、替代品情况等信息。

（4）在运营方面应收集的风险信息。例如，产品结构、新产品研发情况，新市场开发、市场营销策略，企业组织效能、管理现状、企业文化，高层、中层管理人员和重要业务流程专业人员的知识结构、专业经验等，期货等衍生产品业务中曾发生或易发生失误的流程和环节，质量、安全、环保、信息安全等管理中发生或易发生失误的业务流程环节等，因企业内、外部人员的道德风险致使企业遭受损失或业务控制系统失灵，给企业造成损失的自然灾害以及除上述有关情形之外的其他威胁风险，对现有业务流程和信息系统操作运行情况的监管、运行评价及持续改进能力，企业风险管理的现状和能力等信息。

（5）在法律方面应收集风险信息。例如，国内外与本企业相关的政治、法律环境，影响到企业的新法律法规和政策，员工道德操守的遵从性，本企业签订的重大协议和有关的贸易合同，本企业发生重大纠纷案件的情况，企业和竞争对手的知识产权情况等信息。

二、风险分析

（一）风险分析的含义

风险分析是对识别出的风险及其特征进行明确的定义描述，分析和描述风险发生可能性的高低、风险发生的条件。

在风险管理实践中，风险分析的定义有狭义和广义两种。狭义的风险分析是指在风险识别的基础上对风险事故的原因和后果进行探究；广义的风险分析则是指利用各种量化的工具对风险进行识别和测量，包括了本章中所讲的风险识别、风险衡量和风险评价的部分内容。如果没有特殊说明，本节中论及风险分析时，都采用狭义的定义。

（二）风险分析的内容

一般情况下，企业所有的资产都有发生损失的可能性。这些资产可能是有形的财产，也可能是无形的财产，或者是人力资源。风险管理的目标就是保护这些财产，使企业能够更有效地将这些资源应用到生产当中去。简单地讲，企业各类实质性资产面临的损失可分为财产损失、责任损失和人力资源损失等几大类。具体的风险分析可以从原因与损失金额入手。

（1）分析损失原因。企业的损失风险分析，除了要了解企业所有的财产中哪些会发生损失，会发生什么类型的损失外，还有一项很重要的工作，就是分析导致损失的原因。如当前国内企业实质性资产面临的各类财产损失中，最常见的原因包括火灾、地震、台风与洪水、爆炸和盗窃等，其中火灾造成的损失是最主要的。在详细分析火灾原因导致企业财产损失时，又不能忽略对各类风险因素的分析，如既要认识到各类物质性的火灾隐患，还要认识到大部分火灾事故的发生是人为因素造成的，如人为纵火与疏忽等。国内外的风险管理实践都证明，除自燃外，物质性风险因素与火灾发生关联并不大。

（2）分析损失金额。除了损失的原因和形态以外，损失金额的评估也是企业风险分析中的一项重要工作。评估企业财产直接损失金额时可选择的估价标准包括原始成本、账面价值、重置成本、复制成本、功能重置成本、市价、实际现金价值、经济或使用价值等。企业间接损失金额的评估则既要考虑营业中断、利润损失和应收账款及租金收入减少导致的总收入的减少，也要考虑风险事故发生后额外增加的一系列费用。

三、定性的风险识别与分析方法

要进行风险的识别与分析，应将定性与定量方法相结合。定性方法可采用头脑风暴法、德尔菲法、现场调查法、列表检查法、流程图分析法、风险评估系图法等。

下面列举介绍几种常用的定性方法。

1. 头脑风暴法

所谓头脑风暴（Brain-storming）法是指集中有关专家召开专题会议。主持者以明确的方式向所有参与者阐明与风险有关的问题，说明会议的规则，尽力营造融洽轻松的会议气氛。主持者一般不发表意见，由专家们"自由"提出尽可能多的方案。之后由风险管理小组对集体讨论后识别的所有风险进行复核，并且认定核心风险。

（1）适用范围

头脑风暴法适用于充分发挥专家意见，在风险识别阶段进行定性分析。

（2）主要优点与局限性

① 主要优点：激发了想象力，有助于发现新的风险和提出全新的解决方案；让主要的利益相关者参与其中，有助于进行全面沟通；速度较快并易于开展。

② 局限性：参与者可能缺乏必要的技术及知识，无法提出有效的意见；由于头脑风暴法相对松散，较难保证过程的全面性；可能会出现特殊的小组情况，导致某些有重要观点的人保持沉默而其他成员成为讨论的主角；实施成本较高，要求参与者有较好的素质，这些因素是否满足会影响头脑风暴法实施的效果。

2．德尔菲法

德尔菲法，又称专家意见法，是 1964 年由兰德公司的多基（Dalkey）和赫尔默（Helmer）正式提出和使用的，是一种采用众人的智慧进行风险预测的方法。它采用背对背的通信方式征询专家小组成员的预测意见，经过几次反复征询和反馈，专家小组成员的意见逐步趋于集中，最后获得具有很高准确率的集体判断结果。德尔菲法采用匿名发表意见的方式，即专家之间不得互相讨论，不发生横向联系，只能与调查人员发生联系。它是一种应对复杂任务难题的管理技术。

（1）适用范围

德尔菲法适用于在专家一致性意见基础上，在风险识别阶段进行定性分析。

（2）主要优点与局限性

① 主要优点：由于观点是匿名的，因此更有可能表达出那些不受欢迎的看法；所有观点有相同的权重，避免重要人物占主导地位的问题；专家不必一起聚集在某个地方，比较方便实施；这种方法具有广泛的代表性。

② 局限性：过程比较复杂，花费时间较长。

3．现场调查法

现场调查法相当于对风险进行全面的调查，其主要步骤为：一、调查前的准备，包括确定调查的时间（开始的时间、持续时间的长短）和调查的对象等；二、认真填写表格，将调查的结果和发现的情况进行反馈。在实际工作中，为了不忽略重要事项，调查者可事先设计出需要逐项填写的表格。此类调查表通常包括需调查对象的名称、职能、年限、目前状况、故障情况和应采取的行动等项目。

（1）适用范围

现场调查法通过亲临现场直接观察和访问的方式，对风险进行初步的定性分析。

（2）主要优点和局限性

① 主要优点：可获得第一手资料，有助于与基层人员和二线员工建立良好关系。

② 局限性：时间久，成本高，有时因疲于应付调查还会引起员工的反感。

4．列表检查法

列表检查法又称安全检查表法，相当于用事先设计好的调查表对主要风险进行对照检查。所用的表格可以是制式表格，也可以是专用表格；既可以要求基层人员填写，也可以亲自填写。制式表格多由保险咨询或风险管理方面的机构和专家提供，包含了人们已经识别出的最基本的各类损失风险。专用表格仅适合某一特定企业，多为企业自己的风险管理人员根据各企业自身资产状况和特点建立的风险一览表，由于更加注重本企业具有的特殊风险，所以针对性更强。

（1）适用范围

列表检查法通过编制各种风险损失清单，在风险识别阶段对风险源进行定性分析。

（2）主要优点和局限性

① 主要优点：成本核算、识别过程简单迅速，还可以同时跟踪、监测整个风险管理过程，检查表可以不断修订以适应情况的变化。

② 局限性：检查表的制定比较费时，通过发放表格让一线人员填写的方式收集信息时，回复率可能较低，同时质量难以有效控制。

5．流程图分析法

流程图分析法是对流程的每一阶段、每一环节逐一进行调查分析，从中发现潜在风险，找出导致风险发生的因素，分析风险产生后可能造成的损失以及对整个组织可能造成的不利影响。流程图是指使用一些标准符号代表某些类型的动作，直观地描述一个工作过程的具体步骤。

流程图法将一项特定的生产或经营活动按步骤或阶段顺序以若干个模块的形式组成一个流程图系列，在每个模块中都标示出各种潜在的风险因素或风险事件，从而给决策者一个清晰的总体印象。

（1）适用范围

流程图分析法通过业务流程图方法，对企业生产或经营中的风险及其成因进行定性分析。

（2）主要优点与局限性

① 主要优点：清晰明了，易于操作，且组织规模越大，流程越复杂，流程图分析法就越能体现出优越性；通过业务流程分析，可以更好地发现风险点，从而为防范风险提供支持。

② 局限性：该方法的使用效果依赖于专业人员的水平。

6．风险评估系图法

用以评估风险影响的常见的定性方法是制作风险评估系图。风险评估系图识别某一风险是否会对企业产生重大影响，并将此结论与风险发生的可能性联系起来，为确定企业风险的优先次序提供框架。横坐标反映风险发生的可能性，纵坐标反映风险发生后产生的影响程度。

（1）适用范围

风险评估系图法用于对风险进行初步的定性分析。

（2）实施步骤

① 根据企业实际绘制风险评估系图。

② 与影响较小且发生的可能性较低的风险相比，具有重大影响且发生的可能性较高的风险更加亟待关注。

③ 分析每种风险的重大程度及影响。

（3）主要优点和局限性

① 主要优点：风险评估系图法作为一种简单的定性分析方法，直观明了。

② 局限性：如需进一步探求风险原因则显得过于简单，缺乏有效的经验证明和数据支持。

四、定量的风险识别与分析方法

除了上述定性识别风险的方法外，还有一系列定量的识别与分析方法。定量方法可采用敏感性分析法、事件树分析法、决策树法等。进行风险定量评估时，应统一制定各风险的度量单位和风险度量模型，并通过测试等方法，确保评估系统的假设前提、参数、数据来源和定量评估程序的合理性和准确性。要根据环境的变化，定期对假设前提和参数进行复核和修改，并将定量评估系统的估算结果与实际效果进行对比，据此对有关参数进行调整和改进。定量法可以单独使用，也可以和定性法组合使用，作为定性方法的补充描述。

1．敏感性分析法

敏感性分析法是针对潜在的风险性，在研究项目的各种不确定因素变化至一定幅度时，计算其主要经济指标变化率及敏感程度的一种方法。敏感性分析是在确定性分析的基础上，进一步分析不确定性因素对项目最终效果指标的影响及影响程度。若某参数的小幅度变化能导致效果指标的较大变化，则称此参数为敏感性因素，反之则称其为非敏感性因素。该分析从改变可能影响分析结果的不同因素的数值入手，估计结果对这些变量变动的敏感程度。敏感性分析最常用的显示方式是龙卷风图。

敏感性因素一般可选择主要参数（如销售收入、经营成本、生产能力、初始投资、寿命期、建设期、达产期等）进行分析。

（1）适用范围

敏感性分析法适用于对项目不确定性的结果产生的影响进行的定量分析。

（2）主要优点和局限性

① 主要优点：为决策提供有价值的参考信息；可以清晰地为风险分析提供方向；可以帮助企业制定紧急预案。

② 局限性：分析所需的数据经常缺乏，无法提供可靠的参数变化；分析时借助公式计算，没有考虑各种不确定因素在未来发生变动的概率，无法给出各参数的变化情况，因此其分析结果可能与实际相反。

2．事件树分析法

事件树分析（Event Tree Analysis，ETA）起源于决策树分析（Decision Tree Analysis，DTA），是一种时序逻辑的分析方法。事件在发生的顺序上，存在着因果的逻辑关系。它以初始事件为起点，按照事件的发展顺序，分阶段逐步分析，每一事件可能的后续事件只能取完全对立的两种状态（成功或失败、正常或故障、安全或危险等）之一的原则，逐步向结果方面发展，直到到达系统故障为止。它既可以定性地了解整个事件的动态变化过程，又可以定量计算出各阶段的概率，最终了解事件发展过程中各种状态的发生概率。

（1）适用范围

事件树分析法适用于故障发生以后，在各种减轻事件严重性的影响下，对多种可能后果的定性和定量分析。

（2）主要优点和局限性

① 主要优点：ETA 以清晰的图形显示了经过分析的初始事项之后的潜在情景，以及缓解系统或功能成败产生的影响；它能说明时机、依赖性，以及故障树模型中很烦琐的多米诺效应；它生动地体现事件的顺序，而使用故障树是不可能表现的。

② 局限性：为了将 ETA 作为综合评估的组成部分，一切潜在的初始事项都要进行识别，这可能需要使用其他分析方法，但总是有可能错过一些重要的初始事项；事件树只分析了某个系统的成功及故障状况，很难将延迟成功或恢复事项纳入其中；任何路径都取决于路径上以前分支点处发生的事项。因此，要分析各可能路径上众多从属因素。如果不认真处理这些从属因素，就会导致风险评估过于乐观。

3．决策树法

决策树（Decision Tree，DT）利用概率论的原理，并且利用一种树形图作为分析工具。其基本原理是用决策点代表决策问题，用方案分枝代表可供选择的方案，用概率分枝代表方案可能出现的各种结果，经过对各种方案在各种结果条件下损益值的计算比较，为决策者提供决策依据。

（1）适用范围

决策树法适用于对不确定性投资方案期望收益的定量分析。

（2）主要优点和局限性

① 主要优点：对于决策问题的细节提供了一种清楚的图解说明；能够计算到达一种情形的最优路径。

② 局限性：多级决策树可能过于复杂，不容易与其他人交流；为了能够用树形图表示，可能有过于简化环境的倾向；使用范围有限，不适于一些不能用数量表示的决策；对各种方案出现概率的确定有时主观性较大，可能导致决策失误。

除此之外，定量方法还有失效模式影响和危害度分析法（Failure Mode Effects and Criticality Analysis）、马尔可夫转移矩阵法、统计推论法等。但由于这几种方法较为复杂，所以在企业中运用较少。

要注意的是，任何方法都不可能完全揭示出经济单位面临的所有风险，更不可能完全揭示导致风险事故的所有因素。同时，由于经费限制和不断地增加工作，常会引起收益下降。因此，风险管理人员必须根据经济单位的性质以及每种方法的用途将多种方法结合使用，根据实际条件选择效果最优的方法或方法组合。另外，风险识别是一个连续不断的过程，仅凭一两次调查分析不能彻底解决问题，许多复杂的和潜在的风险要经过多次反复识别才能获得较为准确的定位。

第三节　风险的衡量与评价

风险识别回答了研究对象面临何种风险和存在哪些风险因素的问题，但要做好风险管理工作，还要进一步回答风险发生的概率和造成损失的程度，这正是风险衡量和评价要回答的问题。也就是说，风险识别和分析为风险衡量和评价提供了依据和方向，风险管理人员在识别和分析的基础上对风险做进一步的描述和分析。

一、风险衡量的概述

（一）风险衡量的概念和理论基础

1．风险衡量的概念及目的

风险衡量，是在风险识别的基础上，运用数理统计和概率论的方法，对风险进行定量的分析和描述，是对风险的进一步认识，也是制定风险管理策略和实施的基础。

对于风险衡量的概念可以从以下几个方面进行理解。

（1）风险衡量的基础是客观、充分、有效的数据资料。为了使风险衡量的结果更为客观，风险管理人员需要掌握完整、系统、连续的相关资料，以增强风险衡量结果的准确性。

（2）风险衡量是对损失发生的概率和损失严重程度进行量化分析的过程。风险衡量的结果可以为风险评价提供客观依据，也可以为风险管理者制定风险管理策略提供依据。

（3）风险衡量是风险管理的重要过程及手段。风险衡量是风险管理的一个重要环节，但不是风险管理的最终目的，只是为风险管理者管理风险提供依据而已。风险衡量的目的是对风险进行排序，并选择最优的风险管理策略。

2．风险衡量的理论基础

虽然风险具有不确定性的特征，但只要观测的样本量足够大，其结果就有某种程度的统计上的规律性。因此，数理统计和概率论是风险衡量的数理基础。

（1）概率。概率是描述事件发生可能性大小的数值。在风险管理中是指损失发生的可能性或预期偏离的可能性大小。概率有主观概率和客观概率之分，主观概率建立在主观估计的基础上，客观概率则不以决策者的意志为转移，建立在足够的客观信息基础上。

（2）概率分布。概率分布是显示各种结果发生概率的函数，将所有可能的结果及其概率用表或图的形式表示出来就是概率分布表或概率分布图。通过对大量损失资料的分析和推断可以建立起损失发生次数和损失金额的概率分布，统称为损失分布。损失分布可以详细描述各种损失事故发生可能性的大小和损失发生后各种损失金额的分布。

（3）概率计算基础。在计算两个或多个风险事件在给定时间内同时发生的概率时需要用到联合概率。如果是独立事件，可直接利用各个事件概率的乘积。如果为不独立事件，可利用各个事件概率乘以条件概率。在风险衡量时经常需要两个或多个事件中一个发生的概率。对不相容事件来讲，两个或多个风险事件中任意一个发生的概率均可直接将概率相加，因为所有互不相容事件的概率之和为1。对相容事件来讲，至少一个风险事件发生的概率是各个概率之和减去它们的联合概率。

（二）风险衡量的作用

1．降低不确定性的层次和水平

风险的不确定性一般无法直接预测和准确计算，风险衡量的主要作用是降低不确定性层次和水平的过程。例如，一位风险回避者可能不愿意投机炒股，但如果一位在券商做操盘手的亲戚告诉他，他们将在近短期内拉升某一只股票的话，这位风险回避者可能会购买这只股票，并在这次炒作中获利。这位风险回避者之所以能够获利，是因为他获得了准确的股票信息，衡量了获利的可能性，降低了不确定性的层次和水平。

一般情况下，人们可以以将风险的层次和水平大致分为以下几个等级。风险管理的目的是降低不确定性的程度和水平（见表6-2），争取达到较低水平的不确定性。

表 6-2　风险确定性与不确定性的等级分类

不确定性水平	特征	例子
无（确定）	结果可以精确预测	自然定律
水平 1（客观不确定）	结果确定和概率可知	扔骰子
水平 2（主观不确定）	结果确定，但概率完全不知	机器出现故障
水平 3	结果不完全确定，概率不可知	太空探测

2．不同风险管理者对不确定性水平的认识不同

风险管理者不同，其认识不确定性的水平也是不同的。例如，人从 35 岁生存到 36 岁的概率对于个人来说是不可预知的。但对于风险管理部门、保险公司等机构，却能够运用生命表数据计算出人从 35 岁生存至 36 岁的概率，这样，其不确定水平就由主观不确定下降到客观不确定。这种对不确定性水平认识的差异是由于风险管理者的能力不同而产生的。

3．合同的限制可以使不确定性的水平降低

现实生活中，各类型的责任风险使损失的不确定性处于水平 3 上，但是，保险公司通过对承担责任的范围进行限制，可以使损失的不确定性降到主观不确定或者客观不确定上。例如，保险公司承保机动车第三者责任险，保险公司仅对由于机动车给第三者造成的损害予以赔偿。

二、风险衡量的对象和方法——损失概率估计和损失程度估计分析

进行风险衡量必须利用过去的损失资料，对风险事故的发生概率和损失严重程度做出分析。在进行损失概率和损失程度估计之前，首先需要完成一些前期的准备工作。

1．风险衡量的准备工作

损失资料（Loss Data）是风险衡量的基础，通过对损失资料的分析，可以找出风险的特征和发展规律。在此基础上才能建立起损失分布的形状并对分布的参数进行估计。

（1）损失资料的收集

收集损失资料时，需要的内容不仅包括用于计算损失频率和损失金额的大小的信息，还应包括可能增加或减少损失频率或损失金额的有关风险因素的相关信息。

对于损失资料，一般有如下要求：首先，数据必须是完整的，即要检查有无遗漏；其次，数据必须是一致的，要注意来源是否不同，要消除通货膨胀的影响，即要进行相应的修正；再次，数据应该是有关主题的，即要去除无关的数据；最后，数据是有组织的，即要对原始数据进行科学的整理。

（2）损失资料的整理

对原始损失资料的整理，最简单的方法是先按大小顺序排列整齐，再编制频数分布表并利用统计图反映其基本特征，以获得关于损失的一些直观印象。需要注意的是，频数分布表可以直观描述损失发生的规律，反映总体特征，但资料会失去部分真实性。

用统计图描述损失特征值随时间和风险因素的变化情况，可以直观、形象地反映损失发生的规律，常用的统计图包括直方图、圆图和折线图。其中直方图的纵轴为频数、频率或损

失金额，横轴为风险因素；圆图常用来表示各组成部分的相对比重；折线图则常被用来表达连续的概率分布曲线。

（3）损失资料的分析

除了损失资料的收集与整理，初步整理的资料如何有效保存和正确分折，也是风险衡量中一项重要的工作任务。实际上，风险衡量就是对损失资料进行深入分析的首要目的。

2．风险衡量的对象

风险衡量主要包括损失概率的估计和损失程度的估计。

（1）损失概率的估计

损失概率（Loss Frequency）是风险单位数、损失形态和损失原因的不同组合导致的损失事故发生的可能性大小。在损失概率估计的基础上，可根据发生频率的大小将损失分为表6-3所示的5个层次的类型。

表6-3 损失频率的5个层次

损失描述	损失概率	风险类型举例
几乎不可能	几乎是零（Almost nil）	飞机坠落到计算机中心
少见	很小（Slight）	地震等恶劣自然灾害导致计算机系统瘫痪
可能的	中等（Moderate）	黑客侵入我们计算机系统
很可能	高（High）	内部员工利用公司资源从网上接近不正当信息
几乎肯定的	一定的（Definite）	内部员工把公司资源用于个人信息传递

（2）损失程度估计的影响因素

风险损失程度是指风险事故可能造成的损失值。在衡量风险损失程度时，我们除了需要考虑风险单位的内部结构、用途、消防设施等以外，还需要考虑下面几个方面的因素。

① 损失形态。不仅要考虑风险事故导致的直接损失，还要考虑同一风险事故引起的相关间接损失。间接损失往往比直接损失更严重。

② 损失时间。风险事故发生的时间越长，损失频率越高，损失的程度就越大。估计损失程度不仅要考虑损失的金额，而且还要考虑损失的时间价值。

③ 损失金额。损失金额直接显示损失程度的大小，损失金额越大，损失程度就越大。在一些特殊的情况下，损失金额的大小使损失频率、损失时间的估计变得微不足道。

从以上影响损失程度的因素可以看出，风险的大小取决于损失的程度，而不是损失发生的概率。此外，还需要判断风险损失是否会影响风险管理企业的正常经营管理活动。

（3）损失程度估计的指标——损失幅度

损失的严重程度可以通过损失幅度指标来估计，损失幅度指标通常可根据研究对象的情况和历史损失资料做出合理估计。对一个风险单位在一次事故中的损失幅度的估计，通常需要关注的指标包括以下几个。

① 正常期望损失（Normal Loss Expectancy，NLE）。用来描述在最佳风险防护系统

下，一次风险事故发生所导致的最大损失。正常期望损失衡量的是企业在一定时期内遭受单个风险所产生的平均损失。如建筑物消防系统、设施都能正常工作时的火灾损失。

② 可能最大损失（Probable Maximum Loss，PML）。可能最大损失是指单一风险单位在部分风险防护状态失效时的损失。对特定的风险对象来讲，如果只考虑直接的财产损失，可能最大损失就是建筑物部分消防设备失灵时的火灾损失。

③ 最大可预期损失（Maximum Foreseeable Loss，MFL）。最大可预期损失又称最大估计损失，是建立在一定概率基础上的损失期望值，期望值会因风险管理人员对概率大小的估计不同而产生差异，如一个建筑物标的价值为 1 000 万元，可能全部损毁的概率是 1%，那么它的预期损失就是 10 万元。

④ 最大可能潜在损失（Maximum Possible Loss，MPL）。最大可能潜在损失就是在自有和外界风险防护状态均无法工作的情况下可能导致的，包含了直接和间接损失在内的所有可能的损失。如建筑物自身及公共消防设施均无法工作时，造成的直接财产损失及其他无法确定和预期的火灾损失。

一般说来，以上 4 种指标损失发生的概率依次递减，损失金额依次递增。

在损失金额估计的基础上，企业风险管理中经常会根据损失金额的估计值占公司营业收入的百分比将损失分为表 6-4 所示的几类程度。

表 6-4　损失金额占营业收入百分比

损失的严重程度	损失金额估计值占公司营业收入的比例
最严重（Extreme）	损失金额超过公司营业收入的 10%
很严重（Very High）	损失金额为公司营业收入的 7%～10%
中等（Medium）	损失金额为公司营业收入的 5%～7%
不严重（Low）	损失金额为公司营业收入的 3%～5%
可不在乎（Negligible）	损失金额小于公司营业收入的 3%

此外，因为损失估计常建立在以往历史损失资料的基础上，所以，风险对象的特征往往已经发生了变化。除了为方便分析外，在实践中对风险发生概率和损失程度分别估计也是为了避免由于各自风险因素的不同变化所导致的估计不准确。

3．风险衡量的方法

风险衡量主要是根据已有的数据，或通过对未来数据的预测，利用数学模型或概率统计的方法，科学地估算损失的概率和损失的程度。风险衡量主要有以下几种方法。

（1）中心趋势测量法

能够确定风险概率分布中心的重要方法统称为中心趋势测量法，这些指标通常用来计算风险未来的期望损失金额。

① 算术平均法。算术平均数是指用平均数表示的平均损失值，分为总体的一般平均指标和序时平均指标。一般平均指标是指同质总体内某个数量标志（在一定时间内）的平均值；序时平均指标是指某一个统计指标在不同时间的数量平均值。

② 加权平均法。加权平均数是用每一项目或事件的概率加权平均计算出来的。考虑了

每一种变量发生的概率，从而能更准确地计算出期望损失。

③ 中位数法。衡量损失、预测损失的另一种方法是计算中位数。中位数也称中值，位于数据的中心位置。在中位数以外，有一半大于它，而另一半小于它。中值的优点是，不会受到极端数字的影响。

（2）风险度量法

风险的大小取决于不确定性的大小，取决于实际损失偏离预期损失的程度，而不确定性的大小可以通过对实际发生损失距离期望损失的偏差来确定，即风险度。风险度是衡量风险大小的一个数值，风险度越大，就意味着对未来情况越没有把握，损失就越大；反之，损失就越小。下面两项指标可以用来衡量风险度。

① 方差和标准差。方差是各个数据与其算术平均数的离差平方和的平均数，通常以 σ^2 表示。实际工作中，方差的计量单位不便于从经济意义上进行解释，所以实际统计工作中多用方差的算术平方根——标准差来测度统计数据的差异程度。标准差又称均方差，一般用 σ 表示，是衡量测量值与平均值离散程度的尺度。标准差越大，数据就越分散，损失波动的幅度就越大，较大损失出现的可能性就越大，也即风险越大。方差和标准差的计算也分为简单平均法和加权平均法。另外，对于总体数据和样本数据，公式略有不同。

② 变异系数。变异系数又称标准差率，是衡量各观测值变异程度的统计量。当进行两个或多个资料变异程度的比较时，如果度量单位与平均数相同，可以直接利用标准差来比较。如果单位和（或）平均数不同，比较其变异程度就不能采用标准差，而需采用标准差与平均数的比值（相对值）来比较。风险的稳定性可以通过变异系数反映出来。变异系数越大，风险的稳定性就越弱，损失的风险也就越大；相反，风险的稳定性越强，损失的风险就越小。

风险衡量中，风险的稳定性对衡量风险具有重要意义。某一风险事故偏离预期损失的方差越大，风险管理人员就越担心，损失程度也就越大。对风险度的大小，没有统一的数据规定，可以根据需要在一定幅度内灵活地确定。一般情况下，风险度越小，则偏差就越小，据此制定的风险管理策略就越可靠，重大风险事故发生的可能性就越小。

（3）概率分布法

风险衡量的一个重要方面是根据风险事故的概率分布，来预测未来损失发生的概率和程度。风险的概率分布是风险事故的总体列举，这些事故是由某一随机过程导致的，它是指表示每种可能结果发生的概率，是用来描述损失原因所致各种损失发生可能性大小的分布情况。通常可运用一些常用的理论分布来建立实际损失的概率分布，此时根据分布的期望值和标准差即可确定落入两个特定值之间的概率大小。风险衡量中常用的几种概率分布包括：二项分布、泊松分布、正态分布、对数正态分布和 Pareto 分布等（见表 6-5）。

三、风险评价

如果说风险衡量是对风险状况的客观反映，那么，风险评价则是依据风险衡量的结果对风险及其所造成的损失进行总体的认识和评价。风险评价中掺杂着风险管理人员的主观评价，因而风险评价有时会出现失误。

1．风险评价的概述

（1）风险评价的概念

风险评价（Risk Assessment）指按照规定的安全指标去衡量风险的程度以确定风险是否

需要处理以及处理的程度。即在风险识别的基础上，综合考虑损失频率、损失程度以及风险因素，分析该风险的影响并与安全指标进行比较以确定系统风险等级的过程。

安全指标是考虑到事故不可能完全避免，需通过对大量损失资料的分析并考虑经济、心理因素来确定的整个社会都可接受的安全界限或标准。例如，风险评估机构对金融企业的风险评级、保险公司对保险标的风险评级等，都属于风险评价。

（2）风险评价的目标

风险评价的目标是促使风险评价的预期损失接近实际发生的现实损失，以减少风险事故评价的偏差，特别是对重大、恶性事故发生的风险评价对于保护风险管理单位及其附近人口的生命、财产安全具有重大意义。因此，许多国家都立法规定，风险评价是一些企业进行生产的前提条件。如果企业没有安全生产管理部门出具的风险评价证明或者没有通过有关部门的安全生产管理评估，就无法投产运营。风险评价为企业的安全生产提供了可靠的保障，保障了企业生命和财产的安全，预防了重大风险事故的发生。风险衡量中常用的几种概率分布如表 6-5 所示。

表 6-5 风险衡量中常用的几种概率分布

分布名称	概率分布	期望和方差	使用范围
二项分布	$P_{(x=k)}=C_n^k p^k q^{n-k}$ $k=1, 2, \cdots, k,$ $nC_n^k=\dfrac{n!}{(n-k)!k!}$ 其中 $P_{(x=k)}$ 为某事件发生 k 次的概率，p 为一次实验中某事件发生的概率，$q=1-p$ 为不发生的概率	$E(x)=n \cdot p$ $\mathrm{Var}(x)=n \cdot p \cdot q$	适用于独立重复 n 次观察，每次观察只出现两种结果的情形（贝努利实验），是一种重要的离散型分布，常用于描述损失次数的分布
泊松分布	$P_{(x=k)}=\dfrac{\lambda^k}{k!}e^{-\lambda}$ $k=0, 1, \cdots, k$ 其中 λ 为单位时间或空间间隔内某事件的平均发生次数，e=2.718 28	$E(x)=\lambda$ $\mathrm{Var}(x)=\lambda$	是一种重要的离散分布，在观察次数 n 很大时，可用泊松分布做二项分布的近似，常用于描述大量同质风险单位在单位时间内损失次数的分布
正态分布	$f(x)$ $=\dfrac{1}{\sqrt{2\pi}\sigma}e-\dfrac{1}{2\sigma^2}(x-\mu)^2$ $-\infty<x<\infty \quad \sigma>0$	$E(x)=\mu$ $\mathrm{Var}(x)=\sigma^2$	是一种重要的连续分布，其应用非常广泛，许多损失金额较好地服从正态分布
对数正态分布	$f(x)$ $=\dfrac{1}{\sqrt{2\pi}\sigma x}e-\dfrac{1}{2\sigma^2}(\ln x-\mu)^2$ $x>0 \quad \sigma>0$	$E[x]=\exp\left(\mu+\dfrac{1}{2}\sigma^2\right)$ $\mathrm{Var}[x]=\exp(\sigma^2-1)\cdot\exp(2\mu+\sigma^2)$	是一种连续分布，由于其长尾的特征，特别适用于描述个别损失单位的损失幅度
Pareto 分布	$f(x)=\dfrac{\alpha\lambda^\alpha}{(\lambda+x)^{\alpha+1}}$ $x>0 \quad \alpha>0 \quad \sigma>0$	$E(x)=\dfrac{\lambda}{\alpha-1} \quad \alpha>1$ $\mathrm{Var}(x)=\dfrac{\alpha\lambda^2}{(\alpha-1)^2(\alpha-2)} \quad \alpha>2$	是一种具有厚尾特征的连续分布，常用于描述个别损失单位的损失幅度

2．风险评价的方法

国际上流行的风险评价方法有以下几种。

（1）风险度评价法

风险度评价是对风险事故造成损失的频率或者损害的严重程度进行的综合评估，可以分为风险事故发生频率评价和风险事故造成损害程度的评价两类。一般来说，风险度评价可以分为 1 至 10 级，级别越高，危险程度就越大。

（2）检查表评价法

根据安全检查表，将检查对象按照一定标准给出分数，对于重要的项目确定较高的分值，对于次要的项目确定较低的分值，再按照每一检查项目的实际情况评定一个分数，每一检查对象必须满足相应的条件，才能得到这一项目的满分。当不满足条件时，按一定的标准将得到低于满分的评定分，所有项目评定分的总和不超过 100 分。由此，就可以根据被调查风险单位的得分，评价风险因素的风险度和风险等级。

（3）优良可劣评价法

优良可劣评价法是从风险管理单位的特点出发，根据风险管理单位以往管理风险的经验和状况，对风险因素列出全面的检查项目，并将每一检查项目分成优、良、可、劣 4 个等级。在进行风险评价时，由风险管理人员和操作人员共同进行，以此确定被检查单位的风险状况。这种方法同时有损失控制的作用。

（4）单项评价法

单项评价法是指风险管理单位列举各项符合标准的项目，凡是具有一项或者一项以上的项目符合标准者，均评价为风险管理的重点。

单项评价法的优点是，管理比较简单，只要风险单位具备管理项目中的一项就是管理的重点，这种方法易于突出风险管理的重点，可以提高风险管理的效率。这种评价方法的缺点是，风险管理者对可能发生风险事故的列举是否全面，以及对风险因素重要性的看法会影响风险评价的成败。

除上述方法外，还可以采用道氏指数法、权衡风险法、成本效益分析法、可靠性风险评价，以及直方图、矩阵图评价法等方法来进行评价。实践中也有同时运用两种或两种以上的评价方法进行综合评价的情况，前面介绍的列表检查法和事件树法等风险识别方法也可用于风险评价。

第四节　风险管理策略与实施

风险衡量与评价的过程是对风险进行量化的过程，量化后的风险可以按照发生的概率和影响程度进行排序，以便在制定风险管理策略进行风险应对时优先配置重大风险的资源。

一、风险管理策略概述

根据 2006 年 6 月国务院国有资产监督管理委员会发布的《中央企业全面风险管理指引》，风险管理策略是指企业根据自身条件和外部环境，围绕企业发展战略，确定风险偏好、风险承受度、风险管理有效性标准，选择风险承担、风险规避、风险转移、风险转换、风险对冲、风险补偿、风险控制等适合的风险管理工具的总体策略，并确定风险管理所需人力和财力资源的配置原则。

对于上述风险管理工具的应用，一般说来，如战略、财务、运营、政治风险、法律等风险，可采取风险承担、风险规避、风险转换、风险控制等方法，对能够通过保险、期货、对冲等金融手段进行理财的风险，可以采用风险转移、风险对冲、风险补偿等方法。

企业在制定风险管理策略时，要根据风险的不同类型选择其适宜的风险管理策略。

二、风险管理策略的工具

目前，常用的风险管理策略的工具共有 7 种：风险承担、风险规避、风险转移、风险转换、风险对冲、风险补偿和风险控制。在实施中，企业要注意策略性工具使用的技术，选择合适的手段。

1．风险承担

风险承担也称风险保留、风险自留，是指企业对所面临的风险采取接受的态度，从而承担风险带来的后果。

企业面临的风险有很多，通常企业能够明确辨识的风险只占全部风险的少数。风险评估的工作结果对于企业是否采用风险承担影响很大。

（1）对未能辨识出的风险，企业只能采用风险承担。

（2）对于能辨识出的风险，企业也可能由于以下几种原因采用风险承担：①缺乏能力进行主动管理，对这部分风险只能承担；②没有其他备选方案；③从成本效益考虑，这一方案是最适宜的方案。

对于重大风险，即影响到企业目标实现的风险，企业一般不应采用风险承担。

2．风险规避

风险规避是指企业回避、停止或退出蕴含某一风险的商业活动或商业环境，避免成为风险的所有人。例如：

（1）退出某一市场以避免激烈竞争；

（2）拒绝与信用不好的交易对手进行交易；

（3）外包某项对工人健康安全风险较高的工作；

（4）停止生产可能有潜在客户安全隐患的产品；

（5）禁止各业务单位在金融市场进行投机；

（6）不准员工访问某些网站或下载某些内容。

3．风险转移

风险转移是指企业通过合同将风险转移到第三方，企业对转移后的风险不再拥有所有权。转移风险不会降低其可能的严重程度，风险只是从一方移除后转移到另一方，有以下 3 种方式。

（1）保险。保险合同规定保险公司为预定的损失支付补偿，作为交换，在合同开始时，投保人要向保险公司支付保险费。

（2）非保险型的风险转移。将风险可能导致的财务风险损失负担转移给非保险机构。例如，服务保证书等。

（3）风险证券化。通过证券化保险风险构造的保险连接型证券（ILS）。这种债券的利息支付和本金偿还取决于某个风险事件的发生或严重程度。

4．风险转换

风险转换指企业通过战略调整等手段将企业面临的风险转换成另一个风险。风险转换的手段包括战略调整和衍生产品等。风险转换一般不会直接降低企业总的风险，其简单形式就是在减少某一风险的同时，增加另一风险。例如，通过放松交易客户信用标准，增加了应收账款，但扩大了销售。

企业可以通过风险转换在两个或多个风险之间进行调整，以达到最佳效果。风险转换可以在低成本或者无成本的情况下达到目的。

5．风险对冲

风险对冲是指采取各种手段，引入多个风险因素或承担多个风险，使得这些风险能够互相对冲，也就是使这些风险的影响互相抵销。

常见的例子有资产组合使用、多种外币结算的使用和战略上的多种经营等。在金融资产管理中，对冲也包括使用衍生产品，如利用期货进行套期保值。在企业的风险中，有些风险具有自然对冲的性质，应当加以利用。例如，不同行业的经济周期风险对冲。风险对冲必须涉及风险组合，而不是只对单一风险；对于单一风险，只能进行风险规避、风险控制。

6．风险补偿

风险补偿是指企业对风险可能造成的损失采取适当的措施进行补偿。风险补偿表现在企业主动承担风险，并采取措施以补偿可能的损失。

风险补偿的形式有财务补偿、人力补偿、物资补偿等。财务补偿是损失融资，包括企业自身的风险准备金或应急资本等。例如，某公司历史上一直购买灾害保险，但经过数据分析，认为保险公司历年的赔付不足以平衡相应的保险费用支出，而不再续保；同时，为了应付可能发生的灾害性事件，公司与银行签订应急资本协议，规定在灾害发生时，由银行提供资本以保证公司的持续经营。

7．风险控制

风险控制是指控制风险事件发生的动因、环境、条件等，来达到减轻风险事件发生时的损失或降低风险事件发生的概率的目的。

通常影响某一风险的因素有很多。风险控制可以通过控制这些因素中的一个或多个来达到目的，但主要的是风险事件发生的概率和发生后的损失。控制风险事件发生概率的例子如室内使用不易燃地毯、山上禁止吸烟等，而控制风险事件发生后的损失的例子如修建水坝防洪、设立质量检查防止次品出厂等。

风险控制对象一般是可控风险，包括多数运营风险，如质量、安全和环境风险，以及法律风险中的合规性风险。

与传统风险应对策略相比，全面风险管理框架中的应对策略更为丰富。传统的风险应对策略只有风险规避、风险承担、风险控制和风险转移，其目的在于风险降低和风险预防。传统风险管理基于风险是负面影响的看法，将每个风险分开管理，手段相当程度上局限在内部控制和风险转移上，因此只注意到流程中的风险和灾害性风险，没有与整体战略结合，忽视了战略管理手段。

三、风险管理策略的实施步骤

风险管理策略通常包括以下 4 个组成部分。（1）风险偏好和风险承受度。明确公司要承担什么风险，承担多少。（2）全面风险管理的有效性标准。明确怎样衡量我们的风险管理工作成效。（3）风险管理的优先顺序和资源配置。进一步明确风险管理的优先顺序，合理配置人力、物资、外部资源等风险管理资源。（4）风险管理策略的制定与检查。根据不同风险的特点明确使用的风险管理工具，并定期检查风险管理策略的合理性。

1．确定风险偏好和风险承受度

确定风险偏好和风险承受度，要正确认识和把握风险与收益的平衡，防止和纠正忽视风险，片面追求收益而不讲条件、范围，认为风险越大、收益越高的观念和做法，同时也要防止单纯为规避风险而放弃发展机遇。确定企业整体风险偏好要考虑以下因素：（1）对每一个风险都可以确定风险偏好和风险承受度；（2）既要考虑同一个风险在各个业务单位或子公司之间的分配，又要考虑不同风险之间的关系；（3）一个企业的整体风险偏好和风险承受度是基于针对每一个风险的风险偏好和风险承受度；（4）同一风险在不同行业风险偏好不同。

一般来讲，风险偏好和风险承受度是针对公司的重大风险制定的，重大风险的风险偏好是企业的重大决策，应由董事会决定。

2．确定全面风险管理的有效性标准

风险管理的有效性标准是指企业衡量企业风险管理是否有效的标准。风险管理有效性标准的作用是帮助企业了解：企业现在的风险是否在风险承受范围之内，以及企业风险状况的变化是否是所要求的。

风险管理有效性标准的原则如下。

（1）风险管理的有效性标准要针对企业的重大风险，能反映企业重大风险管理的现状。

（2）风险管理有效性标准应当对照全面风险管理的总体目标，在所有 5 个方面保证企业的运营效果。

（3）风险管理有效性标准应当在企业的风险评估中应用，并根据风险的变化随时调整。

（4）风险管理有效性标准应当用于衡量全面风险管理体系的运行效果。

3．风险管理的优先顺序和资源配置

（1）确定风险管理的优先顺序

企业应根据风险与收益相平衡的原则以及各风险在风险坐标图上的位置，进一步确定风险管理的优先顺序，明确风险管理成本的资金预算和控制风险的组织体系、人力资源、应对措施等总体安排。

① 风险管理的优先顺序。风险管理的优先顺序体现了企业的风险偏好，决定企业优先管理哪些风险，决定企业各方面资源的优先配置。在对风险管理的优先顺序排序时，要遵循风险与收益相平衡的原则，在风险评估结果的基础上，全面考虑风险与收益。要特别重视对企业有影响的重大风险，要首先解决"颠覆性"风险问题，保证企业持续发展。

② 确定风险管理的优先顺序。根据风险与收益平衡原则，确定风险管理的优先顺序可以考虑以下几个因素：风险事件发生的可能性和影响；风险管理的难度；风险的价值或管理可能带来的收益；合规的需要；对企业技术准备、人力、资金的需求；利益相关者的要求。

（2）风险管理的资源配置

风险管理的资源包括人才、组织设置、政策、设备、信息、经验、知识、技术、信息系统、资金等。资源的使用一般是多方面的、综合性的。企业应当统筹兼顾，将资源用于需要优先管理的重大风险。企业根据风险的优先顺序来使用内部和外部的资源，许多资源可以从外部获得，如知识、技术等；有些资源则只能从内部积累，如经验。

4．风险管理策略的制定与检查

企业应根据评估的风险制定相应的风险管理策略，并定期总结和分析已制定的风险管理策略的有效性和合理性，结合实际不断修订和完善。其中，应重点检查依据风险偏好、风险承受度和风险控制预警线实施的结果是否有效，并提出定性或定量的有效性标准。

风险管理策略要随着企业经营状况的变化、经营战略的变化、外部环境风险的变化而调整。回顾企业经营战略时应该同时总结和分析风险管理策略，要重新评估风险以便确认风险管理策略的有效性，必要时调整有效性标准。

制定风险管理策略要注意整个全面风险管理体系的配合，如是否有有效的组织机构支撑、效益上是否划算、技术上能否掌握。因此，一个好的风险管理策略往往要到解决方案完善后才能完成。

四、风险管理实施方案

按照风险管理的基本流程，制定风险管理策略后的工作是制定风险管理实施方案，也就是执行前一阶段制定的风险管理策略，进一步落实风险管理工作。在这个阶段，企业应根据风险管理策略，针对各类风险或每一项重大风险制定风险管理实施方案。方案一般应包括风险实施的具体目标，所需的组织领导，所涉及的管理及业务流程，所需的条件、手段等资源，风险事件发生前、中、后所采取的具体应对措施以及风险管理工具等。

1．风险管理实施方案的两种类型

从大的分类看，风险管理实施方案可以分为外部和内部实施方案。

（1）外部实施方案

外部实施方案一般指外包。企业经营活动外包是利用产业链专业分工，提高运营效率的必要措施。企业许多风险管理工作可以外包出去，如企业借助投资银行、信用评级公司、律师事务所、会计师事务所等专业机构，将有关方面的工作外包，可以降低企业的风险，提高效率。外包可以使企业规避一些风险，但同时可能带来另一些风险，应适当加以控制。

如果企业制定风险管理实施的外包方案，应注重成本与收益的平衡、外包工作的质量、自身商业秘密的保护以及防止自身对风险实施外包产生依赖性风险等，并制定相应的预防和控制措施。

（2）内部实施方案

内部实施方案一般是以下几种手段的综合应用：风险管理策略；组织职能；内部控制，包括政策、制度、程序；信息系统，包括报告体系；风险理财措施。

在上述内部实施方案中，企业制定风险管理的内部控制方案，应满足合规的要求，坚持经营战略与风险策略一致、风险控制与运营效率及效果相平衡的原则，针对重大风险所涉及的各管理及业务流程，制定涵盖各个环节的全流程控制措施；对其他风险所涉及的业务流程，要把关键环节作为控制点，采取相应的控制措施。

2．关键风险指标管理

关键风险指标管理是对引起风险事件发生的关键成因指标进行管理。关键风险指标管理可以管理单项风险的多个关键成因，也可以管理影响企业主要目标的多个主要风险。例如，假设公司现在关心的主要目标是年度盈利指标，那么，影响年度盈利指标的风险因素包括年度销售额、原材料价格、制造成本、销售成本、投资收入、利息、应收账款等。

（1）关键风险指标管理的步骤

关键风险指标管理的步骤一般分为以下几步：①分析风险成因，从中找出关键成因；②将关键成因量化，确定其度量，分析确定导致风险事件发生（或极有可能发生）时该成因的具体数值；③以该具体数值为基础，以发出风险信息为目的，加上或减去一定数值后形成新的数值，该数值即为关键风险指标；④建立风险预警系统，即当关键成因数值达到关键风险指标时，发出风险预警信息；⑤制定出现风险预警信息时应采取的风险控制措施；⑥跟踪监测关键成因的变化，一旦出现预警，即实施风险控制措施。

（2）关键风险指标分解

企业目标的实现要靠企业的各个职能部门和业务单位的共同努力，同样，企业的指标要分解到企业的各个职能部门和业务单位。关键风险指标的分解要在企业的总体领导和整体战略的指导下，注意职能部门和业务单位之间的协调，兼顾各职能部门和业务单位的诉求，从企业整体出发把风险控制在一定范围内。

3．落实风险管理实施方案

落实风险管理实施方案，主要可以从以下几个方面进行。

（1）高度重视风险管理实施方案，要认识到风险管理是企业时刻不可放松的工作，是企业价值创造的根本源泉。

（2）明确风险管理是企业全员的分内工作，没有风险的岗位是不创造价值的岗位，没有理由存在。

（3）将风险管理工作落实到组织，明确分工和责任，全员进行风险管理。

（4）为确保工作的效果落实到位，要对风险管理实施方案进行持续监控改进，并与绩效考核联系起来。

第五节　风险管理报告与改进

企业风险管理报告是对企业全面风险管理工作的整体梳理和总结，需要由风险管理组织体系中各个层级共同完成。2006 年 6 月，国务院国有资产监督管理委员会印发了《中央企业全面风险管理指引》（以下简称《指引》），标志着中国有了自己的风险管理标准。《指引》的印发在社会各界引起了较大反响，在很大程度上促进了中国企业的风险管理工作。根据《指引》要求，中央企业需要向国资委提交年度风险管理报告。由于风险管理报告目前在国际上尚没有一个统一、规范的框架，本节的主要目的在于对风险管理报告的模式及内容进行一些探讨性的研究。

在国资委发布的《中央企业全面风险管理指引》中，风险管理体系主要包括规范的公司法人治理结构、风险管理职能部门、内部审计部门和法律事务部门以及其他有关职能部门、业务单位的组织领导机构及其职责。表 6-6 列示了各风险管理层级在风险管理报告中的主要职能。

全面风险管理报告主要是以下要素的组合：①报告的主体；②报告的原则；③报告的评价标准；④报告的内容。[①]这些要素的不同组合会形成风险管理报告的不同模式。

---

① 张应语. 风险管理报告的模式及内容研究[J]，科学决策，2009.11.

表 6-6　风险管理报告中的组织体系

风险管理组织体系	风险管理报告职能
股东（大）会	批准企业全面风险管理年度工作报告
董事会	审议并向股东（大）会提交企业全面风险管理年度工作报告
风险管理委员会	向董事会提交全面风险管理年度报告
风险管理职能部门	研究提出全面风险管理工作报告
审计委员会	研究提出全面风险管理监督评价体系
企业其他职能部门及各业务单位	研究提出本职能部门或业务单位的重大决策风险评估报告

企业的全面风险管理报告按照风险管理体系由基层向高层逐级报告，并最终提交股东大会进行决议。详细的阐述可参考第八章的内容。

本章要点

本章主要介绍了美国 COSO《企业风险管理——整合框架》提出的 8 个风险管理要素，阐述了企业风险管理的环境、目标、流程、措施和反馈等多个方面的内容，构建了企业全面风险管理的体系，为开展企业风险管理活动提供了具体方法和思路。

风险识别可以帮助风险管理者对企业面临的风险环境进行全面梳理，发现可能导致企业潜在的损失或给企业带来潜在机会的风险因素。同时，通过定性或定量的风险分析有助于企业对风险进行排序，合理配置风险管理资源。

风险衡量与评价则进一步帮助企业了解风险发生的概率和造成损失的程度，为下一步风险管理工作提供信息和依据。

制定风险管理策略通常会用到风险承担、风险规避、风险转移、风险转换、风险对冲、风险补偿和风险控制 7 种工具。企业根据风险的不同类型选择适宜的风险管理策略，同时要定期总结和分析已制定的风险管理策略的有效性和合理性，对存在的缺陷进行修订和完善。

国资委发布的《中央企业全面风险管理指引》中，要求企业风险管理组织体系中各个层级配合完成对全面风险管理工作的整体梳理和总结，向国资委提交年度风险管理报告。对风险管理工作中存在的局限性要及时报告并完善监督机制加以改进。

案例资料

来去匆匆的悟空单车

2017 年 6 月 19 日，悟空单车的运营方重庆战国科技有限公司宣布，由于公司战略发生调整，自 2017 年 6 月起，将正式终止对悟空单车提供支持服务，并退出共享单车市场，至此，仅仅运营 5 个月的悟空单车成为国内首家退市的共享单车企业。

悟空单车的公告表示，对市场上留存的单车，公司派出工作人员进行回收，现已基本回收完毕。实际上，公司仍有大部分单车无法找回，公司 CEO 雷厚义在接受媒体采访时表示，公司总共投放了 1 200 辆单车，只收回了 10%，损失严重。

创立　重庆首家共享单车品牌

悟空单车是由重庆战国科技有限公司研发的，是一款生活类 App，它通过覆盖全国大多数的中小城市，达到绿色出行的目的，减少城市的拥堵程度，提高出行质量，是一款便利的自由出行工具。

2016 年 12 月悟空共享单车启动"合伙人计划"，并且在全国范围寻求投资合伙人。认筹当日，悟空单车即获百万巨额投资，2017 年 1 月 7 日，悟空单车宣告进入重庆市场，首批投放车辆分布在两江新区等主城的各个区域。之后，悟空单车计划逐步扩大覆盖范围，最终重庆预计拥有 100 000 辆的悟空小黄车，全面覆盖重庆城区。这比 2017 年 1 月 10 日宣布正式登陆重庆的 ofo 还早了 3 天，是重庆首次出现的共享单车。

除了深耕本土重庆及周边区县以外，悟空单车还进入全国各大城市，在全国 334 座城市设立超过 10 000 个共享单车站点。同时，悟空单车寻找城市合伙人投资单车，享车辆利润分红，计划在年内投放超过 1 000 000 辆单车。

互联网项目要想打开市场，前期的市场培育需要"砸钱"，对于创业企业来说，钱是最大的难题。创始人雷厚义最开始寻找投资商时，不到半个月的时间内，有三四百个意向投资对"悟空单车"项目感兴趣，金额达两三千万元。但后来，不少投资人觉得前期市场培育投入多、市场回报未知，不敢轻易试水，最后到位的资金只有 50 万元。

拿着 50 万元和前期积累的资本，雷厚义从 2016 年 12 月 9 日着手开发"悟空单车"项目，在不到一个月的时间里，就将悟空单车投入市场，首批的两三百辆主要投放在光电园和大学城。

"将悟空单车首批投放到市场主要是先测试用户需求，树立行业品牌，从效果来看还不错，每天单车注册量有六七个人，但是单车损害也非常大，光是坏掉的单车就占 50%左右。"

接着，悟空单车第二批投放了 1 000 辆，同时对单车质量进行了升级：坐垫改为可升降，充气胎也改成了防炸防爆的实心胎，还在车子前面加了车筐，虽然成本比第一批每辆增加了，但是损害程度也相应减少。这时，新的问题又出现了——因为用的是机械锁，单车的被盗率直线上升。

于是雷厚义索性"下血本"，将第三批投放的单车全部换上了智能锁，可以自动定位。但重庆大多数时候是阴雨天，智能锁电池最多能撑二十天。为了解决这一问题，雷厚义又计划研发智能锁，但就在研发团队到位，产品发布会举行后，项目就因为缺少资金而停滞。

截至宣告退出市场，悟空单车投入的车辆 90%因为丢失、损坏等原因，累计损失了约 3 000 000 元。

退出 合伙人计划败给资金链

有分析称，是 ofo、摩拜单车等"共享单车"巨头占据较大的市场份额，从而令悟空单车"无路可走"。对此，雷厚义表示，巨头肯定会对悟空单车有一定影响，但并不是造成悟空单车退出的最主要原因，"我们前期预判和分析了市场，也想到了会有损害、丢失这种情况，运营没有问题，主要是我们的合伙人制度出了问题"。

所谓合伙人计划，就是招募个人或小商家以众筹单车的形式，解决资金和区域运营的问题，每辆车标价为 1 100 元，个人或商家均可认购，未来可获得运营收益的 70%。在雷厚义看来，悟空单车有点"众筹单车"的意味。他甚至设想用户买单车，或是以交保证金的形式委托单车公司运营，但最终因为最核心的资金链问题，从而放弃考虑进一步的运营计划。

除了资金链问题之外，悟空单车的供应链也存在疑问。共享单车到后期拼的是运營和產品，拿不到頂級的供應鏈本錢，就意味著產品體驗很難做好，而摩拜和 ofo 都在與頂級的供應鏈本錢協作。悟空單車拿不到好的供應鏈本錢，所以產品與摩拜的差距越來越大。"我們之所以沒撐下去的原因是等不到那一天。"雷厚義對此頗為感慨，"創業公司開始是投入，後面市場成熟了，可以變現了，就可以盈利了，但關鍵是你能不能撐到那個時間點是最重要的。"據統計，截至退出前，悟空單車共有約 10 000 名用戶，而每輛車每天平均使用頻率在三到四次。

讽刺的是，就在悟空單車宣布退出後的 3 天，也就是 2017 年 6 月 16 日，最早進入市場之一的共享單車巨頭摩拜宣布完成超過 6 億美元的新一輪融資，創下了共享單車行業誕生以來的單筆融資最高紀錄。此前，摩拜單車已完成 5 輪超過 10 億美元的融資，並已成功在海內外超過 100 個城市運營超過 5 000 000 輛智能單車，日訂單量最高超過 25 000 000 輛，註冊用戶超過 1 億人。

啟示　選擇共享項目應注意其安全性

共享單車需要很大的應用市場，需要足夠高的租用率，悟空單車選擇在重慶培養市場，這顯然有些"冒險"。"重慶除了大學城之類的平坦區域可以騎車，其他區域都是山地，市場不好培養。"

悟空單車的"合夥人模式"有可取之處，但針對目前的市場還早了一些。作為一種投資方式，重慶市場不夠大，回收期比較長，所以投資者缺乏積極性。

隨著"共享"概念的興起，小到充電寶、雨傘，大到汽車、電動車，都紛紛搭上這班車。蒲勇健認為，共享最重要的就是依據通信、大數據，隨著通信技術逐步發展，共享會成為一個主導性的方向。創業企業想要進入共享領域，首先應該分析未來市場，其次要注意項目的安全性，同時還要充分考慮市場需求、同業競爭與監管限制等。

案例討論

1. 針對上述資料，識別並分析悟空單車的經營失敗主要面臨的風險點有哪些？
2. 請運用本章介紹的風險管理策略工具，探討作為一個創業者應如何制定針對上述風險的管理策略。

複習思考題

1. 闡述風險管理要素的內涵及特徵。
2. 應用風險管理工具實施風險控制時，應重點關注哪些事項？
3. 風險事項識別和分析的定性、定量方法有哪些？
4. 評價風險管理要素結構的合理性與科學性。

本章參考文獻

[1] 胡為民. 內部控制與企業風險管理（第 2 版）[M]. 北京：電子工業出版社，2013.
[2] 劉均. 風險管理概論[M]. 北京：清華大學出版社，2013.
[3] 卓志. 風險管理理論研究[M]. 北京：中國金融出版社，2006.
[4] 劉新立. 風險管理[M]. 北京：北京大學出版社，2006.
[5] 張應語. 風險管理報告的模式及內容研究[J]. 科學決策，2009，02.

第七章　风险管理视角的风险控制

```
                                    ┌─── 风险管理导向的内部控制
                        ┌─风险管理的─┤
                        │  再认识    ├─── 风险管理中的控制策略
                        │           │
                        │           └─── 风险管理的扩展
        风险管理视角─────┤
        的风险控制       │           ┌─── 风险控制的原则与重点
                        │           │
                        └─风险控制───┤
                                    │
                                    └─── 风险控制的制度规范
```

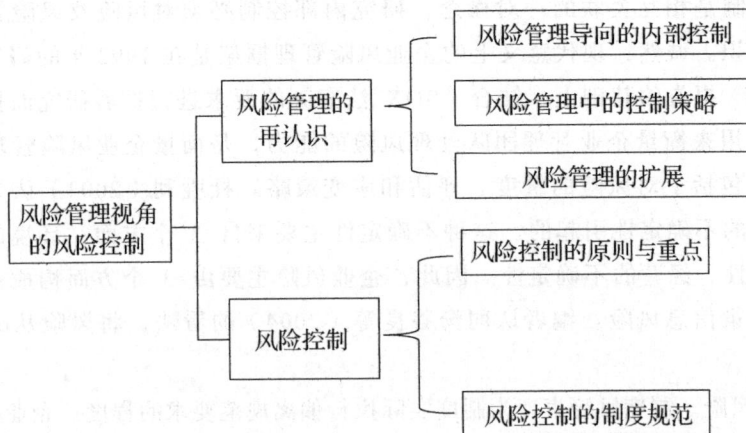

本章学习目标

➢ 理解风险管理及内部控制的含义与内容。

➢ 掌握风险控制的基本要点。

➢ 了解企业的经营风险和财务风险。

企业的生产经营无论从外部环境还是内部条件看，都充满了不确定性和风险性。就外部大环境而言，科技的迅猛发展、经济全球化、金融危机，这些无疑都在增加着这种不确定性和风险性。加强风险管理，有效实施风险控制是企业经营管理获得成功的基础和保障。

第一节　风险管理的再认识

如第一章所述，风险管理通过识别可能对企业造成潜在影响的事项并在其风险偏好范围内管理风险，从而保证企业目标的实现。风险管理与内部控制均着眼于对企业不确定事项的管理，通过各自的管理工具和方法手段来实现企业不同领域的特定目标。风险管理与内部控制的有机融合，是企业管理发展的一种必然趋势。

一、风险管理导向的内部控制

尽管企业风险管理的思想早在 19 世纪就开始萌芽，但人们真正开始关注和研究风险管理是在 20 世纪 50 年代。美国的风险管理起源于 20 世纪 30 年代，这与当时美国国内经济不景气，各种灾害频繁发生相关。由于社会、法律、经济和技术等各方面的需求，风险管理迅速在欧美发展起来，并形成一股全球性潮流。

（一）风险的由来及分类

风险与控制是相互关联的一对概念，研究内部控制必须对风险及风险管理有较为全面的理解与认识。诚然，现代意义上的企业风险管理框架是在 1992 年的研究成果《内部控制整合框架》报告的基础上，结合《SOX 法案》的要求进行扩展研究而提出的成果。风险管理框架用来衡量企业管理团队处理风险的能力，是衡量企业风险管理是否有效的一个标准，它包括了对风险的量度、评估和应变策略。杜胜利（2004）认为，企业风险是由企业经营的不确定性引起的。这种不确定性主要来自 3 个方面：环境的不确定性、市场的不确定性、经营的不确定性。因此，企业风险主要由 3 个方面构成：环境风险、过程风险、决策信息风险。编者认同汤谷良等（2004）的看法，将风险从战略的角度划分为如下 5 种。

（1）制度风险。制度风险表现为制度实际执行偏离规范要求的程度。企业必须严格遵循国家的法律法规、公司章程、战略规划与预算、管理流程、各项财务管理制度等。制度的首要功能是避免决策风险、避免控制失灵。制度失灵是风险的导火线。

（2）信息风险。信息风险表现为信息不对称、信息失真、信息迟缓等导致的决策至上、控制过程和业绩评价方面的不确定性问题。

（3）业绩风险。业绩风险表现为实际业绩偏离目标、预算等标杆值的程度。可以结合主营业务收入实现率、目标利润实现率与经营杠杆系数、财务杠杆系数等指标加以刻画。经营业绩与目标、财务预算指标偶尔发生偏差，是十分正常的事情，但是如果目标值与实际状况长时间发生很大偏差或重大波动，就是企业危机的前兆。

（4）流动性风险。它表现为企业在偿债能力或支付能力不足时，其现金流无法偿还到期债务或维持当前的运营水平所需的必要支出所导致的风险，主要关注企业支付能力的保障程度。指标可选择资产负债率、流动比率、收入现金倍数、利润净现金率。

（5）速度风险。它主要指超常发展战略下，导致组织结构迅速膨胀、员工队伍极力扩充、管理与技能短缺、流程与制度不配套、资金供应与结构不协调的战略失衡风险。

（二）内部控制与风险管理的相关性

内部控制与风险管理紧密联结，超越了单纯的内部牵制制度、内部审计的强化及控制制度的确立之类课题。

1. 嵌入风险因素的内部控制框架

内部控制是围绕价值创造从企业内部对依法经营的企业活动情况实施的控制。内部控制的基本内容是对价值创造的一种自我责任控制，这与基于保护外部利害相关者并从外部进行强制的控制不同，如外部审计。内部控制作为外部审计的补充强化手段，正在不断扩展和深化过程之中。这种内部控制框架与风险、战略间的关系可以图 7-1 来表示。

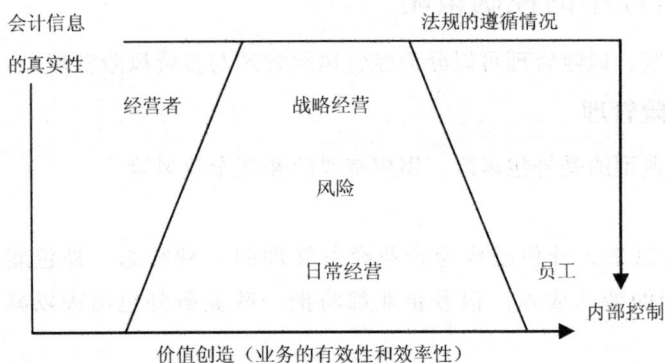

（资料来源：根据西村［2005］修改而成．）

图 7-1 内部控制的框架

图 7-1 表明，经营者为保证价值创造的实现、遵守法律规范[①]、提高会计信息的真实性必须实施内部控制。当前，经营者的欺诈及经营的失败并非单纯经营者个人的道德及会计操纵的原因，它在更多情况下可能是由于战略经营的失误及风险经营的失败而导致的。有人对法规的遵循情况进行过研究，他们对 1993—1998 年这一期间《幸福》杂志上的 1 000 家企业进行过调查，选择其中一个月内股价下降最大的 100 家公司作为样本，揭示出引起股价下降的起因和现象。根据对这些原因的分析发现，战略风险是频率最高的因素（58%），日常经营（Operational）风险（31%）紧随其后。财务风险在各种原因中仅为 0.6%，突发性事件引起的风险（Hazard Risks）没有对股东价值产生大的影响。通过对安然、世通等案件的观察，发现"为实现雄心勃勃的利润计划而对经营者施加压力，是诱发违反会计准则的一个动因"。

2．内部控制与风险管理的融合

当前，企业内部控制与优化企业价值创新模式紧密相关。随着经济社会不稳定性的提高，市场的个性化和外部激烈的竞争状态使世界各国都面临环境、生态保护的严峻形势，价值创造不能够无视环境保护和战略经营。战略经营更难与风险相分离，它们往往是交织在一起的。即，在风险中不仅存在战略，战略还有将风险转化为收益的机会。因此，战略经营的常规化使日常经营活动与风险直接联结。

风险不是与金融、投资、产品与技术开发等相关的个别现象，而是作为基于战略轴心而展开的紧密联结日常经营活动的综合性现象。因此，风险管理需要由一个独立部门来管理，该部门不仅应该在内部控制中扮演好重要的角色，更重要的是应当保持与企业的各级管理者（以CEO 为中心），以及企业员工所从事的日常活动之间开展沟通与交流。经营与战略的失误及风险管理的失败将善人改变成了恶人。尤其是战略决策的失误，超越了单纯的个人及团体的领域，导致企业甚至企业集团整体破产。因此，问题的核心是公司治理的内在化，通过管理会计与财务会计的融合以及会计技术与方法的不断优化，增强法规的执行力度，提高会计信息的真实性。

---

① 主要是满足财务会计的要求，如保证会计信息（财务报告）的真实性等．

二、风险管理中的控制策略

从企业角度考察，风险管理可以分为经营风险管理与投资风险管理。

（一）经营风险管理

经营风险中最典型的是外包风险、供应链风险和现金流风险。

1．外包风险

进入 20 世纪以来，外包已成为企业经营管理的一种常态。外包能够帮助公司将固定成本转变为长期的变动成本。很多企业都将把一些业务外包出去以减少风险、节约成本等。

就工厂设备的外包而言，由于这些设备过时的速度快，因而企业需要维护和更新设备的成本就会比较高。外包使公司不再参与工厂设备方面的技术竞争，而是让外部承包商为公司承担技术革命所需要花费的昂贵代价。对于 IT 等新技术而言，外部公司在处理一些问题时可能处于更有利的位置。例如，它可以克服企业组织存在的外来系统的不兼容性和工作能力的不匹配等的协调难题。

然而，企业对外包的风险防范也应注意。例如，对 IT 项目进行外包，其相关的成本可能得到明显的降低，减少了开支。但其隐含的成本往往难以发觉。有许多研究机构已经注意到了其中潜在的高风险和内在的隐性成本。这些风险和成本主要体现在以下几个方面。

（1）企业如果未能从外包安排中获得足够的业务优势，将会导致企业核心竞争力受损，并带来实施外包的高成本，以及随之而来的为终止合同所付出的昂贵代价。

（2）就拿开票和销售佣金系统来说，外包可能导致公司经营行为受限和缺乏灵活性，票据处理及销售佣金提取失去了监督与控制，系统本身的价值降低，企业的盈利管理能力难以发挥作用。

（3）若签署的是长期协议，那么就有可能给企业组织埋下了"地雷"——合同背后的隐性成本。具体表现在以下几个方面。

一是随着服务供应商业务量的提升，他们就有可能将关键员工转移到其他获利更高的项目中去，这样就有可能影响企业组织的利益。即原来与这家服务供应商签订的合同，已经没有当时所预计的价值了。

二是服务供应商的机会主义倾向，当服务供应商的竞争能力提升后，就有动力去寻求新的合同，并在这方面花费更多的时间，进而影响企业组织与其签订合同的服务质量，从而减弱了原先合同所预计的价值含量。

三是随着时间的流逝，服务供应商变得越来越强大，能对价格和服务的修订发号施令，这时地位的改变会使公司难以保证预计的价值要求。

在 IT 项目中，持续的技术革新和市场波动困扰着商业环境，企业如果不保持灵活性，风险就可能产生。

这些风险中一部分是 IT 外包业务固有的，可以通过下列途径减轻。

（1）业务量。只外包 30% 的 IT 功能，从而为内部成本和服务提供保持一定的控制能力久的标准。

（2）人才队伍。保留一小部分内部的 IT 专家，这些专家拥有经过证明的完美业绩记录，因而能监控服务供应商并与之一起工作。

（3）制度建设。确保服务供应商的合同能为外部公司带来合理的利润，以便使机会主义的乱收费最小化。

（4）竞争机制。鼓励 IT 工作中的竞争，用短期协议和第三方标准来限制合同。

（5）权益合作。在风险/报酬合同的基础上，考虑与目前的服务供应商合资。

管理的竞争优势是建立在对战略充分认识的基础之上的，例如，应当明确什么样的业务活动适宜外包等，只有那些战略上最不重要的且熟练程度最高的活动才能考虑进行外包。

要判断功能是否具有战略性，需要考虑以下问题。

（1）在处理公司产品时需要达到的专业设计和制造技术的程度。如果将高、精、尖的零部件或环节实施外包可能会影响企业组织的战略性。

（2）在外包商中，拥有有限的专业物理设备的必要性。外包不至于失去企业组织的市场及市场竞争力，外包商的技术能力与生产能力是不匹配的，不存在被替代的可能性。

（3）顾客对于产品最重要的属性的看法有多大的影响或价值。不会因为外包而使顾客怀疑企业产品的技术与质量，也不会因为外包使顾客心目中的企业形象受损等。

（4）生产过程中所涉及的技术转让问题以及实现技术领先的潜在可能性问题。会不会因为外包而壮大了外包商的技术能力，并有可能成为这个领域的技术领先者，并进而对企业外包活动产生负面影响。

（5）公司在成本方面赶上最佳供应商的能力和吸收这些成本的能力。通过外包将带来多少成本上的益处，并由此为企业迅速发展提供竞争优势。

2．供应链风险

企业的环境大致分为 5 种形式。一是渐进型变化环境；二是干扰型变化环境；三是周期型变化环境；四是相机型变化环境；五是随机型变化环境。近年来，权变理论在供应链风险管理中的广泛应用，就是试图从更灵活的视角来观察企业的价值管理现象等。

供应链风险管理要求从职能管理向流程管理转变。以往的供应链风险管理与内部控制是以层级式职能制为经营主流的管理方式，而这种传统组织形式对企业创造价值产生出了较大的阻力，主要是：①对顾客响应的速度不及时；②组织环境无法应对企业经营等环境的变化；③在业绩评价上，注重职能组织的贡献，无法合理体现跨组织活动产生的业绩状况。因此，以顾客为导向的各种跨组织经营模式已成为现阶段一种新的经营范式。供应链风险的实践有以下一些例子。

——退货与市场竞争结构中的风险。制造商往往会与分销商或零售商签订"允许退货"的契约。这种"允许退货"的契约激励机制体现的是"能力理论"的观点，目的是增进供应链整体的效率与效益。"允许退货"的主要原因在于：分销商与零售商面临较大的市场风险，制造商出于维护品牌形象的考虑，满足最终客户的退货要求，采用退货政策将会影响市场的竞争结构等。

由于市场需求往往是不确定的，许多产品在一定的销售季节结束后就失去了销售机会，从而给分销商和零售商带来很大损失。因此，零售商对于这一类产品往往倾向于较少地订货，这与制造商希望将更多的成品转手出去的愿望背道而驰，也相应地限制了制造商成品的潜在销售量。如果制造商允许分销商或零售商退还未售出产品，并给予一定的补贴，就可以缓和他们的风险，尤其是当分销商或零售商属于风险规避型的时候。

——风险的转移与风险的规避情境。从供应链整体看，风险并未真正消除而是从零售商转移到了制造商。但一般而言，制造商比分销商或零售商具有更好的抵御风险的能力，特别是当制造商采取大规模经营、多地域经营、多元化经营战略并取得了明显的规模经济和范围经济的时候，制造商可以通过在不同的地域之间调配产品、在多元化产品组合中来消化市场风险，从而采取"允许退货"的策略。这种策略可以规避供应链中弱势节点企业的风险，以使双方共同受益。允许退货的政策可以使制造商更多地分担风险，从而使整个供应链风险降低，运作绩效提高，给供应链上的企业都带来收益。相反，对退货处理不当却可以摧毁一个品牌，甚至一个公司或者至少带来不可估量的损失。

"允许退货"这一契约在一定条件下可以同时增加制造商和分销商或零售商的利润，从而达到"帕累托改进"的效果。因此，在允许各个节点企业追求自身利益的条件下，通过供应链风险管理的行为规范来激励和约束供应链上下游企业的行为，可以从整体上改进供应链的绩效。

3．现金流风险

《管理过程》一书的作者纽曼（W.H. Newman）指出，在制定关于资本运用和来源战略时，最需要关注的是现金流动。由于资金流动的起点和终点是现金，其他的资产都是现金在流动过程中的转化形式，因此资金流动也即是现金流动。正常的经营者依靠利润的完成来获得高的收益，而有些亏损企业的经营者同样可以得到很高的回报。亏损企业获利的途径主要有以下几条，这也是我们现金流风险管理应当强调的。

（1）从体外循环的现金中捞取好处。体外循环有两个"体"，第一个"体"是得到的钱从来没有进过银行账户体系；第二个"体"是得到的钱从来没有进过会计体系。

（2）从挪用现金中捞取好处。挪用客户资金就是打时间差，所以在财务上，时间就是金钱。挪用资金的结果就是有钱的人越有钱，越有钱的人越能赚钱，能够赚钱的人不一定是企业家，只有能控制钱的人才是企业家。

（3）从关联交易中捞取好处。关联交易是必然的，也是可以发生的。关联交易包括了企业内部关联交易和企业的关系户的关联交易等，控制关联交易的关键是把握好价格关。

（4）利用公司的资源，取得自己经营的各种条件。

（5）从成本中捞取好处。

因此，我们必须采取有效的措施，把这些能得到好处的源泉控制住。

现金流管理的一个重要指标是现金头寸。现金头寸的基本要求是某一特定时期的现金流入大于现金支出。企业资金犹如人体的血液，它是企业正常运转的前提和保证，这也是现金流量管理的目的所在。

（1）现金流管理的基本前提：保持循环，具有一定量的头寸。企业破产有赤字破产和黑字破产两种情况。收不抵支，无法正常运转的情况是赤字破产。这种破产属于经营失败，是容易让人理解的。后一种情况，即尽管经常性收支是黑字，但资金循环却仍不能够顺畅地运行。其原因主要在于以下几个方面。

首先，虽然经常性收支为黑字，但由于遇到设备等的支出，以及货款的归还等情况，短期内资金无法循环。

其次，即使在没有设备支出和货款偿还的条件下，一方面，应该收回的货款没有收回（呆账等不良债权的发生），能收回的票据等不能变现；另一方面，收回过程大都不及时，在这种情况下，资金仍然难以循环。

此外，目前国内信用状况不佳，一旦经济环境变化不利于企业发展，若企业继续贷款，则会导致企业资金负债率提高，经营业绩变差或很差。近年来，由此而产生的黑字破产案例正呈不断增多之势。

（2）企业正常运转最基本的要求。维持企业资金正常周转，企业必须遵循以下原则。

① 必须确保经常收支的需要。只有确保企业的经常收支，日常的经营活动才能顺利地开展。为此，企业需要有充足的资金满足从原材料采购到人工费用支付环节的有效循环。即，促使资金循环的第一原则，是要确保经常收支的资金需求。这可以从两方面加以把握，一是在损益层面上，必须具有充分的税息前经营收益（现金流量）；二是必须在平衡表上维持适当的资产负债比率。

② 固定资产应按预计的年限计提折旧。我认为，在采用延长折旧年限，少提折旧的方案时，必须满足以下条件：

a. 正确预测借款的偿还期限。

b. 要使具体的归还额与能够预测的各年度的偿还财源达成均衡。

c. 详细预测由于设备等产出效果带给财务的影响。增加设备等固定资产的投资，相应地需要补充流动资金的投入。那么，在这种交易条件下的资金大约需要多少？必须把这块资金额纳入资金循环，简单地讲，这好比买了房子需要装修一样。否则，不加以计算的话，企业整体的资金循环就会发生失常现象。

③ 认识债权人的思维，即掌握支配财务收支的规则。从某种角度讲，债权人是企业资金的供应方，确保安全是第一位的。为使金融机构树立对企业的信心，债务人应当采用相应的对策措施。譬如，企业从 A 银行接受了 50 万元的借款，每年返还 10 万元；这时，企业因每年归还 10 万元，其归还部分一定程度上说明其拥有了获取借款的权利。若能够维持这种状况，即 1 年内归还本金 10 万元，并同时获得新的 10 万元借款，企业短期经营的经常收支正好是零，不会发生资金破绽，因此，可能不会引起破产。经常收支在循环，所以财务收支也在循环。

综合上述思想，我们可以将防范企业现金流风险的对策归结为以下几条。

a. 每月的税息前经营收益无论在什么情况下，都不能出现负数。这是事前预防的第一步。

b. 有关借款，通常企业应具备再借入的能力，且有明确的财务目标及实施步骤。

c. 营业外支付票据（融通票据、设备票据）绝对不开；还有，无论在何种情况下，不利用高利贷。

    d. 预先建立资产回收管理和在库管理的考核与评价体系。

    e. 在设备投资过程中，应明确决策责任，并开展充分的可行性研究。

（二）投资风险管理

投资面临的风险可以分为两种：系统风险和非系统风险。系统风险来自整个经济系统影响供应的共同因素，如战争、经济周期波动、通货膨胀、利率的变化等，又被称为不可分散风险、市场风险；非系统风险是由个别公司或投资的特点所造成的，如管理的有效性、市场策略的有效性、法律纠纷等，又被称为可分散风险或特有风险。分散投资是风险管理的基本方法之一，但仍然不能消除系统风险。风险管理是经济单位通过对风险的确认和评估，采用合理的经济和技术手段对风险加以控制，以最小的成本获得最大安全保障的一种管理活动。在投资风险管理中，进行风险确认和风险评估是基础，选择合理的风险控制手段则是关键。预期回报与风险管理关系如图 7-2 所示。

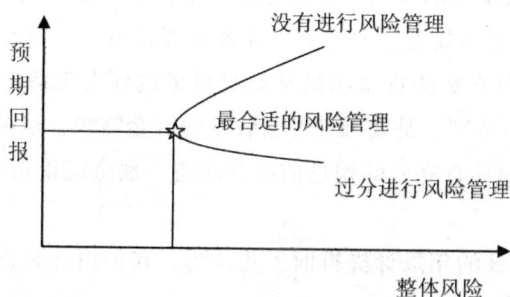

图 7-2　预期回报与风险管理关系

整体风险管理是目前较为流行的风险管理观点。我们知道公司每项投资、每个产品都有其独特的风险。虽然我们可以对每一项投资、每一项产品进行独立的风险管理，但是如果将所有的投资、产品等综合考虑，作为一个整体的风险管理来看，可以更加有效地控制风险。由于风险分散，很多的风险会相互抵销，剩下来的风险可能会比每一个单独的风险小得多。公司进行整体风险管理，让可以相互抵销的风险通过投资组合风险分散的方法来消除，避免不必要的资源浪费。

三、风险管理的扩展

（一）风险准备金

经营风险与金融风险联系最紧密。经营业务是金融机构活动中至关重要的组成部分。金融机构要求以高水平的技术手段与娴熟的业务操作，向那些交易商、经纪人以及贷款人提供信息并加以分析，从而有利于确定价格，达成交易。在一项交易过程的始终，如交易认证、报账、结算账款等管理活动，都需要同样高水准的经营活动加以支持，包括精密的计算手段和技术应用。作为买方的金融机构，像互助基金、保险公司和养老基金等，也需要经营活动予以支持。

许多风险管理者从"风险准备金"的概念中受到启发，认为它不仅适用于金融风险，对于所有经营风险也同样适用。他们宣称已找到能测算经营过程中免责事件（Exceptions）出现频率和规模大小的方法，从而将那些突发的免责事项引发的风险加以量化。此外，他们还从管理的角度出发，形成一套风险评估手段，诸如通过内部审计进行风险评级和打分。一些银行也开始把这些评测方法转而应用于对亏损的量度上来，包括估算亏损频率和亏损程度，然后再调配资金来弥补亏损预算。

这一方法的完善与发展对经营风险而言相当及时与适用，值得称道。我们要尽一切可能力争做到比现在更准确地量化经营风险。其中的业务操作风险和系统风险尤其易于应用这种分析方法。

在已有的一些亏损案例中，我们能发现以下共有的特点。

第一，这些企业都已是连续亏损数年——甚至有一家持续亏损竟达十几年之久。或许风险管理人员正好可以松口气，因为很少有企业会在一夜之间便损失几百亿美元，尤其是在经营风险领域，这种情形更难遇到。墨菲定律的某些推论在此生效，绝非平庸之辈的经营者常常能取巧绕过经营规制，因此只有在很长一段时间后，因他们经营失误所带来的巨额损失才会初露端倪。

第二，金融监管松弛也是导致案例企业亏损的主要因素。对个体，尤其是执行交易人的监管过多，而对金融机构的监管相对松弛。在这些案例中，实行职责分工便能够防止巨额亏损的发生，至少使损失不会在丝毫未被觉察的情况下轻易发生。执行交易人不应介入中间与后台行政事务中，像交易确认、行政管理、债务清偿、重新评估与会计工作等。

第三，也是最重要的一点是，案例中的亏损都难以进行量化。迄今为止，在已知的经营风险计量工具中，没有一项能在问题刚刚萌芽的头几年里便预计到潜在风险的存在。从中我们得到一个教训：风险管理职能必须独立于经营职能。不论是金融风险管理，还是经营风险管理，这点都同样适用。

在监管过程中，不仅没有一项有效的风险控制技术，也没有一种风险测评单位能够涵盖所有的风险。风险评估的计量工具能够提供清晰明确的交易规则，有利于进行深入彻底的职能划分，还有助于组织机构依据各种资料经常进行风险重估来实施监督。我认为目前这种对风险定量的趋势使得经营风险管理人员不能集中在他们的首要职责上，即确保进行独立的监督。

将企业的经营与交易活动结合成为一个严密无隙的整体，对于可行性而言是一个至关重要的前提条件。实行有效且前后连贯的金融风险管理要求建立一个完整统一的经营构架，然而，建构这样一个经营平台越来越成为进行综合风险管理的比较困难的环节。

还有 3 类主要的非金融风险，即管制风险、法律风险、意外事件风险。从风险管理的角度来说，相对于它们在风险谱系圈上所占的空间而言，这三类风险受到的关注要少了很多。下面对它们做一简要的说明。

（1）管制风险。管制者紧紧盯着属于他们管制的领域。在银行业，国际银行组织（国际结算银行，或称为 BIS）于 1988 年公布了旨在降低银行信用风险的资本充足标准。此后，它又用了 8 年时间形成一套管理市场风险的统一的资本充足标准并加以贯彻实施。

在此期间，管制者却已远远滞后于信用风险的发展，他们所要求的资本充足标准已时过境迁，不合时宜了。经济的力量将继续推动管制者进行这一改革的步伐。在最近提议的 1988 年协议修正案中，管制者明确承认他们对市场规律的依赖。但他们同样表示了对目前源于银行间交易和信用风险杠杆作用的系统风险的关注。由于这两者的存在，造成了全球金融市场上难以评测的脆弱性。我们只能希望这些管制者能继续有效地应付处理金融危机，如为改善长期资本管理安排援助性融资等，然而危机恰恰是由这些不当的管制政策造成的。

（2）法律风险。金融中介机构最常遇到的法律风险是合同的履行问题。在绝大多数案例中，诉诸法律是为了中止那些业已导致巨大经济损失的交易。案例法开始为那些要决定与谁进行交易以及如何开展交易的机构提供一些明确的指导。这些指导方针告诉交易者应在何地以及怎样规划一项交易。国际掉期交易商协会（ISDA）将交易标准以文件形式公布，并开设专门的研讨培训班以帮助金融机构尽量将法律风险减少到最低程度。大多数金融机构在它们的政策制定部门和法律事务部门建立了即时的联系，这样做的目的是确保交易的依法执行。

（3）意外事件风险。意外事件风险在一定程度上是可以被预料到的，但却是不可控的。例如，在 20 世纪 90 年代末，Chase 公司看到东南亚的金融运行中存在的问题，于是在 1997 年整个东南亚爆发金融危机之前便缩减了它在这些市场上的交易活动，从而避免了巨额损失。与之相似，一些投资机构因有先见之明，在 1994 年的墨西哥比索大贬值的金融危机中也逃过一劫。

保险公司对意外事件风险所导致的不利结果进行保险，从而开发出保险市场。它们所售标的与金融标的一样遵循同样的交易原则，并且按照同样的方法予以估价。随着标准化工具与技术手段的演变发展，由保险公司在其间开展业务的意外事件风险和由证券公司与银行机构在其间开展业务的金融风险在市场中的交叉重叠之处越来越多。保险公司开始涉足金融领域，对特定的金融风险事件提供保险。

（二）风险导向的财务预警

企业经营必须建立一套预警制度，倘若面临经营危机，可预先告知企业以采取有效的应变措施消除危机。所谓企业财务预警分析，就是通过对企业财务报表及相关经营资料的分析，利用及时的财务数据和相应的数据化管理方式，将企业所面临的危险情况预先告知企业经营者和其他利益关系人，并分析企业发生财务危机的原因和企业财务运营体系隐藏的问题，以提早做好防范措施的财务分析系统。

企业因财务危机导致经营陷入困境，甚至宣告破产的例子一直屡见不鲜。企业产生财务危机的原因是多方面的，既可能是企业经营者决策失误，也可能是管理失控，还可能是外部环境恶化等。但任何财务危机都有一个逐步显现、不断恶化的过程，因此，应对企业的财务运营过程进行跟踪、监控，及早地发现财务危机信号，预测企业的财务失败。一旦发现某种异常征兆就应着手应变，以避免或减少对企业的破坏。设立和建立财务预警预报系统，对财务运营做出预测预报，无论从哪个立场分析都是十分必要的。经营者能够在财务危机出现的萌芽阶段采取有效措施改善企业经营，预防失败；投资者在发现企业的财务危机萌芽后及时处理现有投资，避免更大损失；银行等金融机构可以利用这种预测，优化贷款决策并进行贷款控制；相关企业可以在这种信号的帮助下做出信用决策并对应收账款进行有效管理；注册会计师则利用这种预警信息确定其审计程序，判断该企业的前景活动的规范，以免犯同样或类似的错误，不断增强企业的免疫能力。

总之，企业财务预警系统应该是企业预警系统的一部分，它除了能够预先告知经营者、投资者有关企业组织内部财务营运体系隐藏的问题之外，还能清晰地告知企业经营者应朝哪一个方向努力来有效地解决问题，让企业把有限的财务资源用于最需要或最能产生经营成果的地方。但财务预警系统却无法替经营者解决财务运营的问题，这是经营者对财务预警制度必须应有的认识。

第二节 风险控制

在管理实践中，企业不是风险越小越好，而是要有效地实施风险控制。为了捕捉商业机会，许多时候需要管理者积极地面对风险，愿意并有技巧地接受风险。

一、风险控制的原则与重点

为保证企业稳健性地成长和可持续发展，企业应在识别与评估不同风险的基础上，对可能发生的各种风险采取适当的风险管理策略，既要控制风险发生的可能性，又要控制风险发生后的影响，以达到风险与收益的均衡。

1．风险控制的原则

（1）合规性原则。企业的经营要合法、合规。

（2）一致性原则。风险控制与企业的价值观、经营战略需保持一致，同时要适合企业的业务流程。

（3）统一性原则。企业要有统一的财务核算系统、统一的管理信息系统以及统一的绩效考核系统。

（4）严谨性原则。企业的管理制度应严谨周密，防止漏洞，力求将企业的整体风险降到最低。企业制定管理制度的目的在于防患于未然，规避风险，或将风险控制在企业可以接受的范围内。

（5）明确性原则。企业的管理制度要明确、清晰，避免使用模棱两可、易产生歧义和误解的词句，以免导致在执行过程中发现不合规现象后无法可依。

（6）务实性原则。企业制定管理制度，一定要考虑企业和行业内的实际情况。如果盲目引进国外或国内成功企业的模式，不考虑企业现状与管理水平，就会造成制度与实务脱节。很多企业的管理制度制定得相当不错，但实施效果却差强人意，其原因就在于企业内部缺少实施的基础和保障。

2．风险控制的重点

（1）经营风险

经营风险是企业经营过程中未来的不确定性对企业目标实现产生的影响。经营风险按其产生动因可分为两类：一类是非企业性风险。典型的有地震、冰雹、火灾、污染或欺诈等。各公司通常用购买保险的方法来保护自己的财产少受损失，此外还有其他一些防范方法。另一类是企业性的风险。例如，公司开发的新产品没有市场、由于公司人员操作失误发生产品质量问题、发生安全事故造成人员伤亡等，都有风险发生的可能，从而损失企业的资金，严重的风险甚至会导致公司破产。这些企业性风险需要通过风险管理来解决，使企业健康发展。风险控制最常见的是经营风险。各个企业虽然都有各自出现经营问题的原因，但大致有以下几个方面的因素。

一是产品结构问题。涉及企业是做高端产品还是低端产品，能否适应激烈的市场变化的需要。如果企业没有高附加值的产品，则它在与别的企业竞争中就具有很高的经营风险。

二是大而全的问题。企业如果过于看重大与全，就必然会陷入重复建设，会单纯强调市场占有率。只注重规模的结果是，产品卖不出去，出现严重的产品供过于求，以及严重的同质化问题。

三是与竞争对手的关系问题。不能过于轻信对方，有时对方的承诺只是一种缓兵之计，一旦你当真，他就有机会与你展开竞争，使你失去先机，受到严重损失。

四是管理模式问题。不能过于留恋传统的模式，要有创新精神。现在的经营与从前大不一样，例如，以前销售有淡旺季，而现在基本不存在，企业若仍然按以前的想法，先大量生产，等到旺季再销售出去，则只会积累库存。

五是物流配送问题。企业必须构建先进的产销存模式；必须利用信息技术，搞好物流配送，这样有助于及时掌握情况。否则，会存在信息滞后，这个月的情况要到下个月才有一个基本准确的统计数据。什么好销、什么不好销，哪些产品在库存中停止不动了，这些信息必须及时反馈。

六是交易成本问题。企业必须注意对存货损失进行控制，如应收账款账面上的收回数与实际数不准确、实际收回的绝对没账面上的多、货物的运转流程不合理，从而导致成本增加等都会增加企业的交易成本。

七是财务战略与人才战略问题。

（2）财务风险

财务风险作为一种经济上的风险现象，无论是在实务界还是在理论界都得到了广泛的重视。财务风险是指在企业的各项财务活动中，因企业内外部环境及各种难以预计或无法控制的因素影响，在一定时期内，企业的实际财务结果与预期财务结果发生偏离，从而蒙受损失的可能性。财务风险是风险控制的重点之一。在财务实践中，企业往往会由于管理不善而遭受财务风险所带来的经济损失，有时甚至会破产倒闭。如英国巴林银行的倒闭、日本八佰伴总店的破产等都源于对财务风险的规避不善。而在理论界，财务风险已经成为现代财务理论的核心内容。控制财务风险，是企业财务管理的重要内容，也是企业财务管理的基本任务之一。

财务风险控制包括财务预算，对财务的收益性指标、安全性指标、流动性指标、成长性指标、生产性指标等的控制；生产风险控制包括对产品品种、质量、数量、成本、交货期及售后服务等因素的控制；销售风险控制主要包括对企业的产品竞争力、产品价格、销售渠道、促销行为等的控制。风险控制从控制内容的广度和控制方法的复杂性上来讲，已经包含了财务管理的预算、经营决策、成本控制等内容。某企业财务风险的控制要点如表7-1所示。

表 7-1　某企业财务风险的控制要点

风险描述	防范措施	措施描述
流程风险	建立健全财务制度，提升财务管理水平	建立了《资金使用实施细则》《远期结售风险管理制度》《发票管理制度》《销售信用管控实施细则》《子公司融资管理制度》《固定资产管理实施细则》等财务管理制度
监测风险	建立指标核算体系，加强风险预警系统功能	建立财务风险指标核算体系，定期对财务指标和状况进行分析对比，分析各项财务指标在各期的增减变动情况来识别风险，采取有效措施防范和解决。通过建立财务风险预警系统，树立风险意识，控制财务风险
信用风险	建立信用管控政策，优化应收账款管理体系	严格执行销售信用管控政策，做到"事前风险防范/客户信用管理，事中风险控制/规范赊销管理，事后降低风险/账款回收管理"，实行财务、法务、销售多部门管控，有效控制和防范应收账款风险
汇率风险	利用金融工具，规避汇率风险	采取汇率波动分担机制、结合远期汇率调整产品价格、缩短货款结算期限、进口贸易业务对冲及外币借款对冲、远期结售汇等一系列有效措施，规避汇率风险
授权风险	完善内部控制机制建设，防范财务风险	财务稽审部对业务的授权情况以及是否存在不相容职务、岗位情况进行内部审计，同时根据各业务循环特点制定相应的内部审计程序

二、风险控制的制度规范

风险控制是一项复杂的系统工程，它需要涉及多方面的内容。与风险管理相融合的风险控制，侧重点主要在风险控制的全过程与全方位上，企业管理者应围绕以下几个方面加强风险控制的制度规范。

1. 事前风险控制

事前风险控制又可称为避免型风险控制，即管理者在做出经营决策之前对企业的内部条件因素和外部环境因素进行详尽的分析，综合估计各种风险因素，对企业的决策结果进行趋势预测。如果发现可能出现的风险因素，则提前采取预防性的纠偏措施，保证企业的经营决策始终沿着正确的轨道前进，从而实现企业目标。事前风险控制可以有效地消除风险产生的条件和机会，从而达到不需过多的精力和成本投入就能避免风险发生的目的。

2. 事中风险控制

事中风险控制又可称为开关型风险控制，即在决策实施过程中或风险发生过程中，企业对自身的决策行为和形势变化进行检查，对照既定的标准判断是否合适，如果发现了风险成因，就立即采取措施，快速反应，对企业的决策行为进行调整、修正。由于风险随时可能发生，并且风险事件的发生时间极其短暂，因此事中风险控制需要企业决策者具有高度的风险感知度，能够对风险事件及时处理。

3．事后风险控制

事后风险控制又可称为反馈型风险控制，尤其是指企业风险发生后，为避免损失继续扩大和事态严重甚至恶化所采取的控制决策。事后风险控制要求企业将企业决策的结果与预期结果进行比较与评价，然后根据偏差情况查找具体的风险成因，总结经验教训，对已犯下的错误或过失进行弥补，同时调整企业的后续经营决策。

与风险控制结构相适应，风险控制的主体体系建设应重点规范以下几个方面。

1．管理者的支持

风险控制自我评价开始于内部审计部门和其他管理部门间的良好的合作关系和相互的理解。内部审计人员应清楚理解单位的文化、政治和环境，这些知识将有助于确立最适当的评价框架。管理者还要根据需要建立工作小组。

2．研讨会

召开研讨会有助于对选题进行交流和探讨。研讨会的基调是双方发现问题和共同分享信息。参加研讨会的对象应尽可能多，与讨论的业务流程相关的人员，特别是风险薄弱环节的工作人员必须到场参加讨论。现场讨论应做到人尽其言，所有的观点都应记录在案。

3．自我评价报告

报告主要分 3 个部分：本次评价的风险控制范围和评价过程中的特殊情况；风险控制各个环节的风险程度，可用热力图来表示（风险最高的是红色，较高的是黄色，其次是深绿色，再次是浅蓝色，风险最低的是白色）；对标红色和黄色的高风险环节进行具体陈述，说明其状况、影响，并提出改进方案和方案的完成时间、责任人。如果对该高风险管理层决定不采取措施，而是承受这一风险，应有管理层的书面承诺。

4．行动计划

行动计划是实施风险控制自我评价的必然结果。风险控制自我评价帮助被评价单位建立一个大家共同认知的目标，所有的问题虽然不会立即解决，但能有效地控制风险，使被审计单位向预定的目标前进。在制订行动计划时，企业管理者应特别关注控制点和相应的控制措施。不同的控制点，有着不同的业务内容和控制目标，因此需要采取不同的控制措施，才能预防和发挥各种错弊。不同行业、公司为实现控制目标所采取的控制措施也可能相去甚远，不能穷尽，需要审计师根据具体情况，运用职业判断能力进行确认。

诚然，风险控制也需要创新。风险控制也需要创新。2017 年 10 月，COSO 颁布了新的风险管理框架，即《企业风险管理——整合战略和绩效》。新框架将企业风险管理分为"使命、愿景和核心价值""战略、商业目标和业绩""绩效提升"3 大块，然后由风险、治理和文化，风险、战略和目标设定，风险和绩效，风险监控和回顾，风险信息以及沟通和报告 5 个方面要素构成 5 大单元风险，同时包含 20 条原则，如表 7-2 所示。

表 7-2　2017 年 COSO 新框架的 20 条的则

要素	原则
风险、治理和文化	董事会对风险监管
	建立完善的运作模式
	定义相适应的组织文化
	对核心价值的认同
	吸引、发展并留住优秀人才
风险、战略和目标设定	分析业务环境
	定义风险偏好
	评估其他备选战略的风险
	形成商业目标
风险和绩效	风险识别
	评估风险的严重程度
	定制化风险
	风险应对措施
	分析风险组合
风险监控和回顾	评估重大变化
	回顾风险和业绩
	追求风险管理水平的提升
风险信息、沟通和报告	利用信息技术
	加强风险信息的交流
	对风险、文化和绩效进行报告

　　表 7-2 表明，围绕应用环境（要素）实施风险控制的有效创新，是风险管理与战略控制相结合的内在要求。即权衡利弊、合理选择风险管理所需的战略风险控制方法，是化解企业决策中不确定因素的重要手段。任何战略决策的实施都会面临与决策相关的固有风险，重要的是积极面对风险。企业实践中，不能只看组织的表面，而是要通过风险管理寻求战略风险控制的本质。即将战略选择嵌入风险管理的框架，强化基于风险管理的战略风险控制。COSO 新框架中的"整合战略和绩效"需要关注企业的愿景、使命、核心价值和风险，即将战略与绩效融合在一起进行风险控制，并努力防范战略的错配。换言之，企业需要关注两方面的风险：一是战略决策与企业的使命、愿景和核心价值的不协调、不匹配过程中的风险；二是战略实施后产生的绩效风险。前者可能增加企业无法实现其使命和愿景的可能性，并对企业组织的价值创造和价值增值带来影响；后者需要确定战略与企业的风险偏好，通过企业目标配置和资源有效利用，将风险管理与绩效控制有机结合。总之，COSO 的 2017 年版本，其核心是将企业的战略规划、风险管理与绩效控制连接成一个统一体，强调风险控制对企业战略选择和价值创造的积极贡献。

本章要点

本章主要阐述了风险管理与风险控制的相关概念与方法体系，包括风险管理的概念、风险控制的方法等具体内容。尽管企业风险管理的思想早在 19 世纪便开始萌芽，但人们真正开始关注和研究风险管理还是在 20 世纪 50 年代。

风险管理主要是对不确定性的管理。作为一个企业，其全部活动大致有 6 类，即技术活动、商业活动、财务活动、安全活动、会计活动和管理活动。风险管理是一种安全活动，是企业管理的主要职能之一，在企业组织机构中一般均设有风险管理部门。

风险管理与风险控制是互相融合发展的，它能够帮助企业有效控制和防范风险，对企业的风险事项进行事前监控，同时为注册会计师提供审计质量的基础依据。

经营风险是指企业生产经营活动过程中所承担的风险。例如，采购物资及库存管理的风险、产品生产和质量控制的风险，以及新产品研发和销售的风险等。

财务风险是指在企业的各项财务活动中，因企业内外部环境及各种难以预计或无法控制的因素影响，在一定时期内，企业的实际财务结果与预期财务结果发生偏离，从而产生蒙受损失的可能性。

案例资料

案例资料一

以非经济、传统的眼光看经济，所有经济现象都是泡沫，因为所有经济现象都是对现实社会财富的异化。这些异化有时能产生出"奇异的效果"来，如证券市场中股票的放大效果（1 元股票一上市炒到 20 元、30 元），被称为"正常的泡沫"，一般也被认为是经济学的合理发展。当那种"奇异的效果"只有理念存在合理性，实践性并未证实为"真"的现象（及其说法）就被确认为"泡沫"。市场效益的预测就可以看成是一种泡沫。有一篇名叫"一个鸡蛋的家当"的文章，本质上就是在描述这种泡沫。

明朝万历年间，有一位小说家，名叫江盈科。他编写了一部《雪涛小说》，其中有一个故事说："一市人，贫甚，朝不得夕。偶一日，拾得一鸡卵，喜而告其妻曰：我有家当矣。妻问安在？持卵示之，曰：此事。然须十年，家当乃就。因与其妻曰：我持此卵，借邻人优鸡乳之，待彼孵成，就中取一雌者，归而生卵，一月可得十五鸡。两年之内鸡蛋又生鸡，可得鸡三百，堪易十金。我以十金易五（小牛），（小牛）复生（小牛），三年可得二十五牛。（小牛）所生者又复生（小牛），三年可得五十牛，堪易三百金矣。我持此金以举债，三年间半千金可得也……这个财迷还打算娶一个小老婆。这下子引起了他的老婆'怫然大怒，以手击蛋卵，碎之'。于是这一个鸡蛋的家当就全部毁掉了。"

如果他真能按他所计划的方式去做的话，他所预想的方案并非完全不可能，只是可能性极小，结果也可能不是泡沫了，而是一项事业。

案例讨论

结合上面的内容，在明确风险管理重要性的基础上，请分析风险管理与内部控制的相关性。

案例资料二

1. 事件背景

2015 年 12 月 10 日，深圳市钜盛华股份有限公司（简称钜盛华）在场内买入万科 H 股 1.91 亿股，每股均价 19.33 元，涉及资金 36.92 亿元；12 月 11 日，再次场内买入万科 H 股 7 864 万股，每股均价 19.728 元，涉及资金 15.51 亿元，两天合计增持 52.43 亿元，对万科 H 股的持股比升至 22.45%。

2015 年 12 月 7 日，万科就曾发布第一大股东变更提示性公告，至 2015 年 12 月 4 日，钜盛华通过资管计划在深圳证券交易所证券交易系统集中竞价交易买入公司 A 股股票 549 091 001 股，占公司总股本的 4.969%。至此，钜盛华及其一致行动人前海人寿保险股份有限公司合计持有公司 A 股股票 2 211 038 918 股，占公司现在总股本的 20.008%，为万科第一大股东。

而正当宝能系成为万科第一大股东之际，半路却杀出了同样是保险资金代表的安邦。根据万科公告，至 12 月 7 日，安邦保险通过旗下公司动用上百亿元资金合计持有万科 5% 股权。之后，万科引入深圳地铁集团投资，但是华润对万科深铁合作程序提出异议。事件出现了戏剧性一幕，万科的坚定伙伴华润与宝能在 2016 年 6 月初，共同发布公告声明反对万科重组预案。

2016 年 8 月 4 日，据恒大公告，恒大和董事长许家印购入约 5.17 亿股万科 A 股，持股比例 4.68%，总代价为 91.1 亿元。至此，该事件有了新的角色——恒大集团。恒大之后继续购入万科股票，至今持有万科股份至 14.07%，收购总代价约为人民币 362.73 亿元。

此时的股权结构为：大股东宝能系持股比例为 25.40%，其次为华润持股比例 15.31%。恒大此番增持万科股份至 14.07%，距离第二大股东位置十分接近。

2. 事件结局

2016 年 12 月 9 日，保监会认为恒大人寿存在短期频繁大量炒作上市公司股票的现象，即日起暂停恒大人寿委托股票投资业务。2017 年 1 月 12 日，万科第二大股东华润及子公司将其持有的 15.31% 万科股权协议转让给地方国企深圳市地铁集团有限公司（下称深圳地铁）；1 月 13 日，持有万科 14.07% 股权、万科第二大股东中国恒大表态，不增持不控股万科，并将所持万科股份转让给深圳地铁。华润称，华润集团转让所持有的万科股权是综合考虑自身发展战略和产业布局的需要，也是国有资产保值增值的需要。此外，该次股权转让有利于万科健康稳定发展，有利于地方企业资源整合协同，是一个多方共赢的方式。

案例讨论

结合上述材料，就公司治理与风险控制，以及企业社会责任等话题，谈谈你对万科股权之争的看法。

复习思考题

1. 试述风险管理的控制策略。
2. 结合本章的案例学习，阐述风险管理扩展的规律。

3. 如何从制度层面规范企业的风险控制？

本章参考文献

[1] 张纪康. 企业经营风险管理[M]. 上海：立信会计出版社，1999.

[2]（美）格里森. 财务风险管理[M]. 宋炳颖，王建南，译. 北京：中华工商联合出版社，2001.

[3] 郑子云，司徒永富. 企业风险管理[M]. 北京：商务印书馆，2002.

[4]（美）罗伯特·A. 安东尼，维杰伊·戈文达拉扬. 管理控制系统[M]. 原书第 11 版. 北京：机械工业出版社，2004.

[5] 谢科范，袁明鹏，彭华涛. 企业风险管理[M]. 武汉：武汉理工大学出版社，2004.

[6] 财政部企业司. 企业财务风险管理. 北京：经济科学出版社[M]. 2004.

[7] 何叶荣，李慧宗. 企业风险管理[M]. 合肥：中国科学技术大学出版社，2015.

[8] 张双才，于增彪，刘强. 企业集团财务管理控制系统研究[M]. 北京：中国财经出版社，2006.

[9]（法）法约尔. 工业管理与一般管理[M]. 北京：机械工业出版社，2007.

[10]（美）贝特曼，斯奈尔. 管理学：全球竞争中的领导与合作（第 9 版）[M]. 北京：清华大学出版社，2010.

[11] 高立法等. 企业经营风险管理实务（第 2 版）[M]. 北京：经济管理出版社，2014.

第八章 风险管理的呈报模式

本章结构图

```
                                        ┌─ 风险管理报告的概念
                          风险管理报告 ──┼─ 风险管理报告的原则
                                        └─ 风险管理报告的他山之石——美国
                                           和英国内部控制报告的实践

                          全面风险管理 ──┬─ 实施中央企业全面风险
                          报告的模式      │  管理报告制度的意义
                                        └─ 全面风险管理报告的
                                           一般格式

   风险管理的                            ┌─ 信息披露的理论基础
   呈报模式 ──┤               风险管理信息 ┼─ 风险管理信息披露的
                          披露            │  影响因素及后果
                                        ├─ 风险管理信息披露的内容
                                        └─ 风险管理信息披露的方式

                                        ┌─ 风险管理报告的对策及
                          风险管理报告    │  内容
                          的改进 ────────┼─ 风险管理报告的程序及
                                        │  制度
                                        └─ 风险管理报告的优化及
                                           改进措施
```

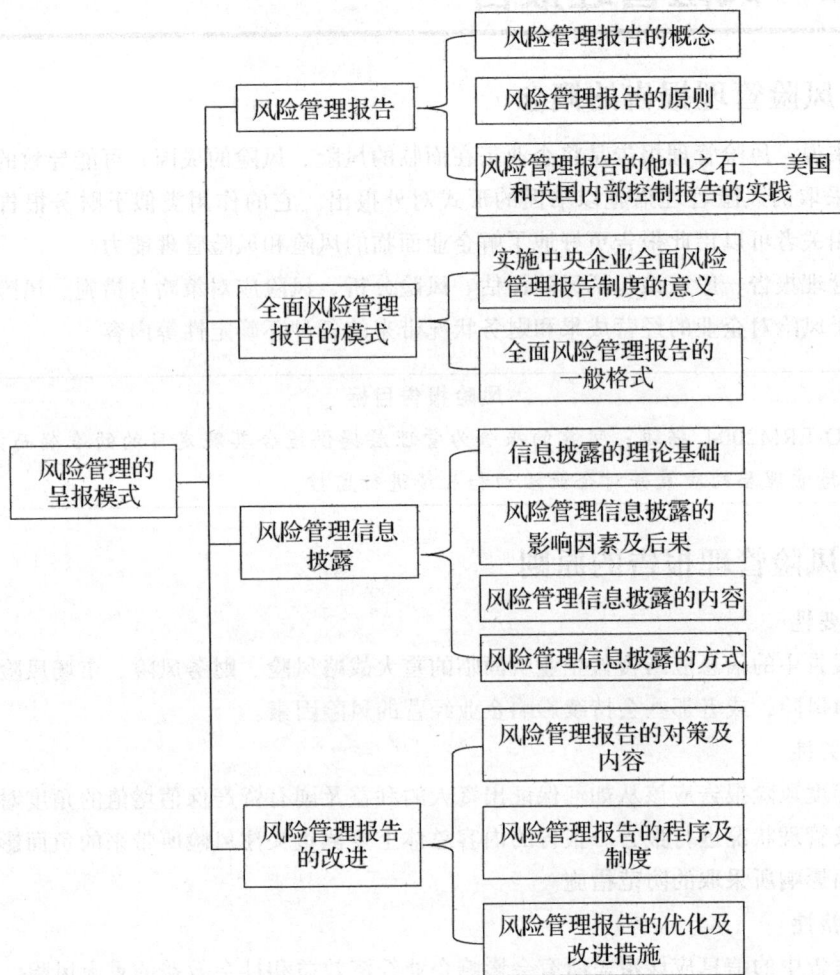

本章学习目标

- ➢ 理解风险管理报告的概念与原则。
- ➢ 掌握全面风险管理报告的模式。
- ➢ 熟悉风险管理信息披露的内容及方式。
- ➢ 掌握风险管理报告的优化及改进措施。

自 2008 年世界范围内的金融危机之后，财务理论界与实务界更加关注风险管理信息及其价值。风险管理信息在内容和形式上既灵活多样，又具有独特的信息价值；既提高了市场内的信息总量和信息受众面，又容易被管理层操纵、信息质量低，且信息处理成本高；对资本市场效率同时有提升和降低作用。本章探讨了风险管理信息的呈报及相关内容。

第一节　风险管理报告

一、风险管理报告的概念

一般来说，风险管理报告是将企业正在面临的风险、风险的成因、可能导致的后果以及企业已经采取的风险管理措施以书面的形式对外报出。它的作用类似于财务报告和审计报告。利益相关者可以借此报告更好地了解企业面临的风险和风险管理能力。

风险管理报告一般应该包括风险评估、风险分析、风险应对策略与措施、风险管理组织体系、由于风险对企业的经营成果和财务状况带来的各种不确定性等内容。

风险报告目标

COSO-ERM2004 描述：可靠的报告为管理层提供适合其既定目的的准确而完整的信息，它支持管理层的决策并对企业活动和业绩进行监控。

二、风险管理报告的原则

1. 重要性

风险报告中的信息应当覆盖企业所面临的重大战略风险、财务风险、市场风险、运营风险以及法律风险，或者那些会持续影响企业经营的风险因素。

2. 相关性

企业年度风险报告应该从如何保证出资人的利益及国有资产保值增值的角度对企业所面临的风险及管理状况进行报告。报告的内容总体上要侧重关注风险所带来的负面影响，和针对这些负面影响所采取的防范措施。

3. 完整性

风险报告中的信息应该覆盖所有会影响企业经济效益和社会效益的重大风险。报告的内容和边界应包括可能对企业产生实质性影响的因素和方面，以便各利益相关方对企业的经营情况做出评价。

4. 一致性

企业应该按照连贯一致的标准来筛选、编辑和报告有关的风险信息。风险报告应该是定期提交、连贯的和可以比较的，能够通过企业的风险报告分析企业的变化。

5. 客观性

企业提交的报告要真实地反映企业风险管理的实际情况，包括风险收益及风险带来的损失。企业不能为满足某些特殊要求而有选择性地进行报告。

6．准确性

报告中的信息应在成本效益可行的前提下达到足够的准确、具体，包括信息来源及收集、处理过程的准确。企业应尽量减少报告中的不确定因素。

7．可验证性

风险报告所使用的方法、数据信息等，应可被验证。相关数据及文档的保存要有一定的透明度及可追溯性。

2006 年 6 月，国资委印发了《中央企业全面风险管理指引》（以下简称《指引》）。这标志着中国有了自己的风险管理标准。根据该项《指引》要求，中央企业需要向国资委提交《年度风险管理报告》。

三、风险管理报告的他山之石——美国和英国内部控制报告的实践

风险管理是对内部控制的继承与发展，两者都强调了全员参与，并运用相关技术手段主动应对风险，对目标提供合理保证。但是，风险管理包含了对战略目标的管理，能够直接产生效益且强调风险的自然对冲。企业风险管理报告是对内部控制报告的发展与提高。内部控制报告的原则、方法、内容，对于企业风险管理报告具有积极的借鉴意义。在研究风险管理报告之前，先来看看内部控制报告在美国和英国的实践。

（一）内部控制报告在美国的实践

1．美国上市公司内部控制报告的演进

早在 1978 年，美国审计师责任委员会（Cohen）就建议企业管理当局应提供有独立审计师证明的报告。1979 年和 1988 年，美国证券交易委员会（SEC）曾分别提议强制要求提供内部控制报告。1987 年，全国反舞弊财务报告委员会（Treadway）也在其报告中提出了类似建议。1991 年，美国众议院甚至通过一项立法提案，强制要求上市公司提供内部控制报告，但此提案在参议院未获通过。自 2001 年以来，美国相继爆发的"安然事件"和"世通事件"，引发了股东对管理层的信任危机，他们纷纷要求加强企业财务报告的透明度和可靠性。在此背景下，2002 年 7 月美国参众两院通过了《SOX 法案》，这标志着美国从法律层面上对上市公司提出了披露内部控制信息的强制要求。

2．美国上市公司内部控制报告的相关要求

美国上市公司内部控制评价与报告体系主要依据《SOX 法案》、SEC 的"最终规则"（Final Rule）以及美国公众委员会（PCAOB）的审计准则（AS No.2、No.5）构建而成。《SOX 法案》第一次对财务报告内部控制报告提出了明确的法律要求，该法案涉及内部控制报告的条款主要是 302 条款和 404 条款。这两个条款的主要内容是要求公司定期提交内部控制报告，并且公司的 CEO 和 CFO 要保证报告的客观性、真实性和公允性。同时，公司的审计师对管理层的评估进行认证和报告。

SEC 于 2003 年 6 月发布的最终规则规定，财务报告内部控制报告具体包括以下控制政策和程序：保持详细程度合理的会计记录，准确公允地反映资产的交易和处置情况；公司对发生的交易进行必要的记录，从而使财务报表的编制满足公认会计原则的要求；公司所有的收支活动经过公司管理层和董事会的合理授权；为防止或及时发现公司资产未经授权的取得、使用和处置提供合理保证，这种未经授权的取得、使用和处置资产的行为可能对财务报

表产生重要影响。

（二）内部控制报告在英国的实践

英国的内部控制评价与报告体系主要依据《公司法》《联合准则》及《特恩布尔报告》等相关法律法规构建而成。

《联合准则》D.2 规定："董事会必须维持一套健全的内部控制制度，以保证股东投资和公司资产的安全。"细则 D.2.1 规定："董事会应当每年至少对内部控制制度的有效性进行一次审查，并向股东报告。审查的范围应涉及内部控制的所有方面，包括财务控制、经营控制、合规控制以及风险管理。"《特恩布尔报告》又对《联合准则》中的原则 D.2 及其所属细则 D.2.1 与细则 D.2.2 为英国的上市公司董事提供了一套行为准则。

《特恩布尔报告》中的董事会对内部控制报告的责任包括："董事会对公司的内部控制制度负责。董事会要制定正确的内部控制政策，并寻求管理层的定期承诺以确保内部控制制度能够有效运行。董事会还必须进一步确认内部控制制度以其认可的方式管理风险的有效性。"

第二节　全面风险管理报告的模式

风险管理理论和实践开始于 20 世纪 30 年代的美国保险业，而其真正作为一门学科是自 20 世纪 50 年代才开始的。随着实践的发展，风险管理理论不断丰富完善，已经从传统风险管理阶段（1991 年以前），经过现代风险管理阶段（1992—2001 年）发展到后现代风险管理阶段（2002 年以后），即全面风险管理阶段。

一、实施中央企业全面风险管理报告制度的意义

（一）履行对中央企业出资人职责的一个重要手段

美国、加拿大、新加坡、马来西亚等国家都有相应的法案或条例，要求董事会或管理层向股东披露有关公司治理结构、财务报告、内部控制体系建设等信息。国资委受国务院的委托，履行对中央企业出资人的职责。和股东一样，国资委也要高度关注所监管企业的资产安全和风险。

2006 年 6 月，国资委印发了《中央企业全面风险管理指引》（以下简称《指引》）。《指引》借鉴了美国 COSO 内部控制框架、COSO 全面风险管理框架、《SOX 法案》、澳大利亚和新西兰联合发表的国家风险管理标准（AS/NZS 4360）、英国风险管理标准、英国公司治理法典、新加坡上市公司治理法规等，又考虑了我国公司治理法规等现有规定和我国企业的实际情况。归纳起来，《指引》包括了 3 大部分和 8 个方面具体内容。3 大部分分别是：风险管理流程、风险管理体系和风险管理文化。其中，风险管理流程包括风险管理初始信息、风险评估、风险管理策略、风险管理解决方案、风险管理的监督与改进；风险管理体系包括风险管理组织体系、风险管理信息系统；风险管理文化包括风险管理文化的目标、内涵和培育方法。这 3 大部分及其具体内容，共同构成了国资委印发的《指引》。

相较于 COSO 的《企业风险管理整合框架》，这是中国自己的风险管理标准。《指引》的颁布促进了中央企业的风险管理。

2010 年 12 月，国资委向下属中央企业印发了《2011 年度中央企业全面风险管理报告（模

本）》[以下简称《报告》（模本）]，各中央企业可在深入开展全面风险管理工作的基础上，结合企业自身的实际情况，自愿向国资委报送年度报告，国资委将在此基础上编制汇总分析报告，供国资委及各中央企业相关负责人参考。

《报告（模本）》要求自愿报送年度报告的央企，从全面风险管理体系建设、年度计划完成情况、董事会或经理办公会议对年度工作的评价，以及全面风险管理工作取得的成效等方面出发，逐一简要说明该企业 2010 年度的风险管理情况。如有重大风险事件发生，相关中央企业还应简要说明产生的原因、发生后的影响、解决的方案及今后的应对措施。

《报告（模本）》还要求相关中央企业在年度报告中列举出相关董事会或经理办公会议对本企业 2011 年全面风险管理工作提出的要求，以及企业将在 2011 年度内开展的风险管理计划。与此同时，为了进一步收集央企在战略风险、财务风险、市场风险、运营风险和法律风险等方面的初始信息，该《报告（模本）》还要求相关中央企业结合当前的经济形势，对企业开展 2011 年度风险评估，确定风险评估的范围、方式及参与人员，并以附件的形式在报告中说明该企业在分析风险事件发生的可能性、发生后对经营目标的影响程度时所采用的评估标准。另外，相关企业还应按照风险事件发生的可能性、风险事件发生后对企业经营目标的影响程度两个维度，将企业 2011 年度的重大风险绘制成风险坐标图，附在年度报告中。

2013 年是"十二五"承上启下的一年，也是中央企业管理提升活动的关键阶段。为进一步提升中央企业适应复杂经济环境和市场形势的能力，国资委印发了《关于 2013 年中央企业开展全面风险管理工作有关事项的通知》（以下简称《通知》），对中央企业进行全面风险管理。《通知》指出，对中央企业的全面风险管理将把重点放在提升风险研判能力、加强重大风险的全过程管理、风险管理与日常经营管理有机融合以及提升风险管理工作制度化、规范化水平。自 2013 年起，中央企业可以自愿向国资委提交全面风险管理年度报告。

此外，国资委网站于 2013 年 12 月 17 日还发布了《关于中央企业管理提升活动情况纳入监事会当期监督有关事项的通知》。国资委决定由派驻各中央企业监事会（以下简称监事会）对中央企业管理提升活动开展情况进行监督检查。监事会将听取企业高层对管理提升活动专题汇报，并就企业第一阶段工作情况、第二阶段工作及后续活动安排等提出意见建议。监事会还将对重点提升领域的规划、执行、完成情况进行跟踪检查。

（二）及时了解和掌控中央企业所面临的重大风险

年度风险管理报告可以作为国资委了解和掌控中央企业风险状况和风险管理情况的重要载体，能够保证国资委作为出资人对中央企业的风险管理体系建设、重大风险、风险对策等所拥有的知情权，为国资委决策提供依据。国资委能够根据企业的风险报告情况，对企业的风险状况做出评判，并对中央企业的风险管理进行有效的监督和指导，使企业的风险控制在合理的范围之内。对于一些重大风险隐患，国资委可以及时采取措施，避免出现重大损失。

（三）提高中央企业董事会、管理层的风险意识

年度风险管理报告实际上是一个"企业体检"报告。就像人的健康体检一样，企业只有认真执行风险管理的基本流程，才能提交出一份真实可靠的报告。"企业体检"能够帮助董事会、管理层清醒地认识到企业面临的各种风险，尤其是重大风险，并采取有针对性的管理策略和应对方案。

二、全面风险管理报告的一般格式

全面风险管理报告通常分为 4 段，也称为"四段式"报告，如表 8-1 所示。

表 8-1　全面风险管理报告的格式

一、20×1 年度企业全面风险管理工作回顾	主要包括 6 项内容： （一）企业全面风险管理工作年度计划完成情况； （二）企业重大风险管理情况； （三）重大风险管理解决方案的监督检查情况； （四）内部控制系统建设情况； （五）风险管理信息化有关情况； （六）建立健全全面风险管理体系其他有关情况（企业文化、组织体系、评价考核）	工作重点 1：风险辨识、分析、评价
二、20×2 年度企业风险评估情况	主要包括 5 项内容： （一）下年度内外部环境变化情况； （二）风险评估的开展情况； （三）风险评估结论； （四）重大风险动因量化分析的开展情况； （五）风险列表、风险事件库、风险图谱、风险评估报告	工作重点 2：分析重大风险发生原因、影响、风险偏好和承受度，制定风险应对方案； 风险评估是确定重大风险的必要工作
三、20×2 年度全面风险管理工作计划及重大风险管理情况	主要包括两项内容： （一）下年度全面风险管理工作计划； （二）重大风险管理	其中，重大风险管理包括： 1. 重大风险描述； 2. 重大风险管理策略和解决方案； 3. 企业 20×2 年度重大风险同 20×1 年度相比的变动情况及原因
四、有关意见和建议	主要包括两项内容： （一）需要上级管理部门协调解决的有关重大风险问题； （二）对推动中央企业全面风险管理工作的建议	

示例 8-1

深振业 A 2013 年度全面风险管理报告

一、2013 年全面风险管理工作回顾

（一）强化土地投资力度，规避公司可持续发展后劲不足的风险

近年来，由于公司规模偏小、土地获取方法不多，个别地区公司后续土地储备不足，公司可持续发展风险凸显。通过不懈努力，公司土地投资工作取得两年来的首次突破，发展后劲不足风险在一定程度上得到缓解。通过公开出让方式在天津、东莞、南宁获取 3 个项目，新增土地储备总建筑面积达 25.6 万平方米，总投资金额 12.59 亿元；与深圳地铁就横岗合作项目签订合作协议，并于 12 月 28 日正式动工，合作项目总建筑面积为 32.2 万平方米。

（二）严把工程质量关，规避公司产品质量风险

随着房地产市场竞争日趋激烈，以品质取胜将成为企业培育核心竞争力、塑造品牌形象的关键所在。2013 年，公司以现场管理标准化为重点，优化产品设计，加强施工监督，落实质量检查，严格绩效考核，质量管理卓有成效。西安泊墅项目通过陕西省文明工地验收、广西青秀山 1 号荣获南宁市建筑工程"邕城杯"、天津新博园项目二标段被授予"市级文明

施工示范工地"称号。

（三）多重并举，强化财务风险管控

一是落实了财务重大风险监测预警指标体系。对根据筛选确定的偿债、投资、运营和盈利四大类别 14 项指标，如资产负债率、流动比率、现金流动债务比率等，分别设置了风险预警区间。公司达到警戒线时自动预警，实现对运营、投资等重大风险的动态监控。

二是完善、落实全面预算管理模式。以预算信息化为基础，建立完善了符合自身实际的个性化预算管理模式，所有数据与表格均通过系统统一编制与分级审批，切实提高预算编制的效率与准确性；加强预算执行控制力度，特别对地区公司资金收支预算重点监控，要求按月报告、细致分析、明确问题、组织应对，重大情况及时向市国资委汇报。

三是落实财务风险预警报告制度。财务管理部门每季度对共性预警指标与个性化指标进行分析，编制了《季度财务风险预警工作报告》并上报市国资委，保障财务风险防范措施执行到位。为强化资金风险的防控，每季初编制季度资金调配报告，实时把握公司资金收支动态，明确本季度潜在资金风险，列示各项收支明细，通过内部调配等多项举措保障公司日常经营的有序进行。

（四）实施全面化法律事务管理机制，强化法律风险防控

一是突出重点，着力清理金额巨大、影响深远的历史遗留案件。截至 2013 年年底已办结案件中，胜诉案件 5 宗，涉及金额 24 555 万元；和解 1 宗，涉及金额 386 万元，避免和挽回直接经济损失预计可达 24 941 万元。

二是严抓日常合同法律审核。全年累计审核、存档各类合同 400 余份，应对各类法律咨询 60 多起，确保合同签订无重大疏漏、无法律风险。

三是继续落实法律风险联席会议制度。全年累计召开了 4 次法律风险联席会议，围绕企业各项业务潜在风险展开讨论，通过介绍经典案例梳理业务风险点，集思广益、沟通会商、共同制定和完善防范措施，有效保障公司各项业务依法合规开展。

（五）开展廉洁从业风险防控，防止发生腐败行为

一是建章立制、堵塞漏洞，预防廉政从业风险。组织推进《廉洁从业风险防控指引》试运行，并结合试运行情况完善了廉洁从业风险点。

二是以招投标为重点，强化过程控制与监督。全年公司纪委累计参加各类招标会议 113 次，参加合作商抽签 76 次，对招投标全程的规范性、程序性进行了有效监督。

三是廉政建设做到内外并重、重心前移。将外部合作商也纳入廉政范围，与各合作单位签订《廉政协议》，开展合作商廉政约谈，营造了"廉洁合作、干净干事"的外部合作环境。

（六）创新管理手段，提升风险管理实效

一是大力拓展联动机制。将全面风险管理与企业各类监督工作相结合，督促建立了监事会、财务总监、纪检、监察、审计、内部控制、风险控制等全方位、多层次的大监督体系，及时了解重大情况，交换工作意见，实现了资源整合、信息共享、互相支持，形成了监督合力，有效防控了企业运营风险。

二是继续开展管理技术创新。在信息化全面应用的良好基础上，将项目招投标、中层干部考核等业务均纳入系统管理。

三是狠抓制度落实。通过组织内部控制制度运行检查、开展内部控制审计、实施月度制度

督察，强化制度执行情况的考核，提高奖惩力度与时效性，保障各项制度要求得到切实执行。

二、2014年全面风险管理工作计划

2014 年，公司将继续提高认识，把提升全面风险管理水平作为管理提升的一项重要内容，将风险管理与企业日常管理及内部控制紧密结合，切实将各项风险管理要求落实到具体的经营管理环节。

（一）以地区公司为重点，继续完善风险管理体系

作为经营中心和利润中心，各地区公司管理规范、经营顺畅对保障企业健康持续发展影响巨大、意义深远。下一步将以地区公司为关注重点，一方面，完善地区公司治理规范，进一步明确董监高职责分工，细化内部办事程序与管理标准，推动地区公司内部微循环建设；另一方面，突出对招投标、预结算、现场签证、营销管理、财务管理等关键领域的监督检查，指导地区公司提高规范化运作水平。

（二）以制度落实为关键，继续推进以风险管理为导向的内部控制建设

一是继续以"防范风险、提升管理"为目标，重点完善不符合业务发展与管理实际的制度流程，完善影响工作效率的权责划分，完善与重大风险变化不相符的制度流程，完善重大风险防控措施。

二是强化内部控制检查与制度督察工作力度，落实考核奖惩机制，确保各项内部控制要求严格执行、落实到位。

（三）常抓不懈，落实风险管理长效机制

一是持续开展风险评估。全面风险管理具有持续性与长期性，只有及时根据外部环境和内部环境的变化，不断更新和完善全面风险管理，建立动态风险防范机制，才能充分保障企业的健康持续发展。2014 年，根据内外部环境变化，将继续评估风险等级，充实、丰富风险信息库，提出风险应对策略或措施，重点关注房地产政策及市场变化给企业发展带来的挑战。

二是积极开展内外部交流，关注最新风险管理思想、技术发展和房地产行业动态，不断搜集风险管理案例，完善补充风险管理专栏。

三、2014年重大风险管理情况

（一）重大风险评估

2014 年，从外部环境看，房地产调控向市场化和区域差异化转变，土地改革和城镇化建设为房地产发展打开空间，流动性趋紧态势短期内难以改变，房产税试点或将扩容，限购政策短期内不会退出。房地产行业跑步进入规模化竞争时代，行业集中度不断提升，利润率将回归市场水平。从内部环境看，公司规模偏小，资金实力偏弱，开发周期过长，资产周转效率不高，土地储备获取方式与结构还较为单一。

据此分析，公司2014年面临的最重大风险为市场风险和资金风险。

（二）重大风险应对思路

一是积极拓宽融资渠道，争取通过信托和私募资金获取更多资金，同时开展对公开增发、定向增发、配股等融资方式的可行性研究，择机启动股权融资工作，在资金、股本、资产规模等方面取得跨越式发展。

二是在确保资金安全的前提下采取多种形式增加土地储备，除了关注一级土地市场动态外，还要从兼并收购、合作开发、城市更新、定向挂牌等方面考虑，增强发展后劲。另外，

优化土地储备结构，随着公司写字楼、商业物业开发运作经验的不断积累，继续加大力度，探索开展写字楼、商业类型的土地储备拓展。

三是加快项目开发速度，提高公司整体资产周转率。选择几个重点项目作为试点，探索进行快速开发、快速销售、快速回款，积累快速开发经验，培养专业团队与人才，为企业做大做强奠定坚实基础。

（资料来源：摘自中财网上市公司公告）

第三节 风险管理信息披露

一、信息披露的理论基础

（一）有效市场假说

有效市场假说起源于 1964 年奥斯本提出的"随机漫步"理论，该理论认为股票价格收益率序列在统计上不具有"记忆性"，投资者无法根据历史的价格来预测其未来的走势。萨缪尔森认为，这恰恰是符合经济运行规律而形成的一个有效市场。1970 年，尤金·法玛深化了有效市场的定义："有效市场中的证券价格总是可以充分体现可获信息的变化的影响。"有效市场假说基于以下 3 个假定：（1）投资者会理性地评估证券价值；（2）若投资者存在某种程度上的不理性，随机交易会抵销非理性因素，不会影响价格；（3）投资者非理性方式交易遇到理性的套利者，也会消除对价格的影响。

根据这一假设，所有已知的影响股票价格的因素都已经完全反映在股票的价格中，因此对股票进行技术分析是无效的。有效市场假说实际上意味着在这个有效的市场上，每个人都不要指望发意外之财，所以费心去分析股票的价格也是无益的。

有效市场又分为内部有效市场和外部有效市场。内部有效市场又称为交易有效市场，它主要衡量的是投资者买卖证券时所支付的交易费用，如手续费、佣金和买卖价差等。外部有效市场又称为价格有效市场，它研究的是证券的价格是否能够迅速地反映出所有与价格有关的信息，包括公司、行业、国内及国外的所有公开可得的信息，也包括个人和群体所能得到的私人的、内部非公开的信息。

有效市场假说分为 3 种形式。

（1）弱势有效市场。在弱式有效市场中，证券的当前价格已经充分反映出历史的价格信息。移动平均线和 K 线图等股票价格的技术手段将会失去作用，基本分析可能帮助投资者获得超额利润。

（2）半强势有效市场。交易价格已充分反映出所有已公开的、有关公司经营前景的信息。股价的技术分析和基本分析都将失去作用，利用内幕消息则可能获得超额利润。

（3）强势有效市场。价格已充分地反映了所有关于公司经营管理的信息，包括已公开或内部未公开的所有信息。股票技术分析、基本分析都将失去作用，公开或内幕信息都将没有区别。

（二）信息不对称理论

信息不对称理论是指：在市场经济中，人们对信息的了解是有差异的。掌握信息比较充分的人往往处于比较优势的地位，而信息贫乏者则处于比较劣势的地位。该理论认为，市场中的供给者比需求者更了解商品的信息；掌握信息更多的一方可以通过向信息缺少的一方传递可靠信息来获益；买卖中缺乏信息的一方会努力从另一方获取所需信息；市场信号在一定程度上可以弥补信息不对称。

信息不对称理论不仅在于说明信息的重要性，更要研究市场中的参与者因获得信息渠道的不同、信息量的多少而承担的不同风险和收益。1970 年，阿克尔洛夫在《次品市场》中首次提出了信息市场的概念，信息不对称现象的存在使得交易中总有一方会因获取信息失败而对交易缺乏信心。斯宾塞对劳动力市场的信息不对称现象做了详尽的表述。斯蒂格利茨将信息不对称理论应用到保险市场。3 名经济学家均凭信息不对称理论荣膺诺贝尔经济学奖。

信息不对称理论应用最重要的领域是企业理论，在信息不对称条件下，委托人只能通过设计一套合理的机制来达到委托人和代理人利益的协调。该理论应用的另一个领域是研究市场失败，产业组织理论在引入信息不对称理论后取得了丰硕的成果。

信息不对称有两种表现。

（1）道德风险。道德风险研究的是事后非对称信息。道德风险是指在交易双方信息不对称的情况下，人们为享有自己行为的收益而将成本转嫁给他人，从而造成他人损失的可能性。道德风险的存在不仅使得处于信息劣势的一方受到损失，而且会破坏原有的市场均衡，导致资源配置的低效率。

（2）逆向选择。逆向选择研究的是事前非对称信息。逆向选择指的是在交易双方信息不对称的情况下，质量差的商品将质量好的商品驱逐出市场；或者拥有信息优势的一方，在交易中趋向于做出尽可能有利于自己而不利于别人的选择。

（三）委托代理理论

20 世纪 30 年代，美国经济学家伯利和米恩斯指出："现代公司的发展已经实现了所有者与控制者的分离，公司实际上已经被由职业经理人组成的控制者集团所控制。"该理论是过去 40 多年中契约理论最重要的发展之一。20 世纪六七十年代的经济学家开始深入研究企业内部信息不对称和激励问题，形成了现代企业代理理论。该理论建立在信息不对称的博弈论基础上，是制度经济学契约理论的重要组成部分，也是现代公司治理的理论起点。

委托代理关系指的是一个或多个行为主体，根据一种明示或暗示的契约，指定或雇佣另外的一些行为主体为其服务，并同时授予后者一定决策的权利，前者根据后者所提供服务的数量和质量支付相应的报酬。授权者即委托人，被授权者即代理人。委托代理理论研究的核心是在利益冲突和信息不对称的条件下，委托人该如何设计最优契约以激励代理人。

现代意义上的委托代理理论最早是由罗斯提出的，罗斯认为代理关系会伴随着代理人代表委托人的利益行使某种决策权而产生。该理论的主要观点是：委托代理关系是随生产力的大发展和规模化的生产而出现的。生产力发展推动了分工进一步细化，所有者由于知识、能力和精力方面的原因不能行使所有的权利。专业化分工后，社会上产生了一大批具有专业知识的代理人。但由于委托人和代理人的效用函数不同，委托人追求的是财富最大化，而代理人追求的是收入和闲暇最大化，这就会导致两者之间的利益冲突。在缺乏有效的制度安排时，代理人的行为很有可能损害到委托人的利益。

委托代理问题存在于社会各个领域。在我国，委托代理理论被用于解决各种公司治理方面的问题。例如，国有企业改制、企业与外部会计师事务所、公司与股东、债权债务关系等都是委托代理关系。在上市公司会计信息披露的过程中，股东与经理层、企业与审计机构等皆构成了委托代理关系。

（四）交易成本理论

交易成本是指人们自愿交往、彼此合作达成的交易所需支付的成本。它与生产成本相对应，有互换活动就有交易成本。交易成本理论是由诺贝尔经济学奖获得者科斯提出的。科斯认为，交易费用是人们为获得准确的市场信息所需支付的费用，以及谈判和经常性契约费用。威廉姆森将交易成本分为搜寻成本、信息成本、议价成本、决策成本、监督成本及违约成本等。达尔曼在将交易活动的内容进行类别化处理后，认为交易成本包含搜寻信息的成本、契约成本、协商与决策成本、监督成本、执行成本及转换成本。简言之，交易成本即当交易行为发生时，随之产生的信息搜寻、谈判与实施等各项成本。威廉姆森又进一步将交易成本加以整理，区分为事前交易成本与事后交易成本两大类。事前交易成本包括签约、谈判、保障契约实施等成本；事后交易成本包括契约不能适用导致的成本、议价成本、建构及运营成本、解决纠纷成本、约束成本等。

交易成本产生的原因是人性因素与环境因素相互影响下产生的市场失灵所导致的交易困难。威廉姆森指出了交易成本的 6 项来源：有限理性、投机主义、不确定性与复杂性、少数交易、信息不对称和气氛。

（五）信号传递理论

20 世纪五六十年代，美国学者约翰·林特纳提出：管理当局对股利分配的调整是谨慎的，他们只有在确信公司未来的收益可达到某一水平，且具有持续性，基本可以保证以后的股利不会被削减时，才会提高股利；管理当局认为当前的股利政策难以为继时，才会削减股利，即管理当局一般会尽力保持一个与其收益水平相当且长期稳定的股利支付率。因此股利分配政策是独立的，它与长期的、可持续的收益水平相关，并不从属于其他的经营决策。佩蒂特首次将股利信息的变化与向市场传递的信息联系起来。他认为股利政策可作为管理层向市场上的投资者传递公司关于未来预期收益的一种隐性手段。信号传递理论在财务领域的应用始于罗斯的研究，在放松 MM 理论关于充分信息的假设条件下，运用信息不对称理论进行企业资本结构分析。

罗斯假定管理者比投资者拥有更多的信息，投资者只能运用管理者发布的信息来进行收益分析，管理者可以通过改变资本结构来改变投资者的收益评估，进而改变企业的价值。资产负债率是管理层用于传递信号的工具。罗斯提出了满足有效信息传递的 4 个条件：信号是真实的、管理层积极发出且很难被模仿、信号必须与可观察事件相联系、同质信号传递的成本最低。

信号传递理论认为股利向市场传递企业信息时可表现为以下两个方面。一方面是股利增长的信号作用。若企业股利支付率增加，则被认为是经理人员对企业发展前景做出良好预期的结果，企业未来业绩将大幅度增长。随着股利支付率的上升，股价应该是上升的。另一方面是股利减少的信号作用。若企业股利支付率下降，股东与投资者便会认为这是企业管理人员对未来发展前景做出无法避免的衰退预期的结果，随着股利支付率的下降，股价应该是下降的。

二、风险管理信息披露的影响因素及后果

（一）风险管理信息披露的影响因素

风险管理信息披露可以降低资本市场的信息不对称性，是上市公司将自身的风险状态传递给外部使用者的过程。将描述性风险信息与量化的风险信息结合使用是对风险管理信息进行全面披露的较好方式。评价风险管理信息披露的水平和质量，需要综合考虑风险管理信息披露的详尽程度与风险信息的可理解性、预测能力等方面。披露风险管理信息的水平越高，风险管理信息的质量就越真实可靠。

1．独立董事的监督作用

在提高企业自愿披露风险管理信息方面，独立董事起了较为积极的作用。独立董事保持其独立性并充分行使自己的知情权会增强企业信息披露的公信力，能更好地规范公司的信息披露和风险管理信息披露内容，使股东及报表使用者能更充分及时地获取企业所披露的信息。法玛和詹森（1983）的研究也表明董事会中独立董事所占的比例越大，独立董事越会对企业信息披露的真实性进行监督，可以更有效地监控管理层机会主义行为，管理层进行自愿披露的意愿也会提高，从而提高财务信息的有用性。当处在股权缺乏制衡的情况下时，独立董事会发挥其制约监督的作用。

2．债权人的监督

债权人与债务人之间的交易具有不对称性，其中一方会拥有更多的资源和信息优势，可以掌握更准确更丰富的信息资源。一般情况下，债务人拥有更多的信息资源，两者都清楚他们在交易中的地位。与债务人签订债务契约后，债权人会加强对债务人的监管并要求其披露更多的信息尤其是风险信息，以便防止管理层的机会主义行为。

3．规模特征

上市公司的社会公信力和影响力会随着企业规模增大而递增，所以规模大的公司更易受到公众的重视和政府的监督。规模大的公司十分注重塑造自身良好的社会形象。为了提升自身的社会形象，改善公司信誉，规模大的企业会通过信息披露与投资者进行交流。

4．盈利能力

根据信号理论，由于证券市场上普遍存在信息不对称的现象，往往随之而来的是道德风险和逆向选择的出现。信息使用者通过公司披露的信息来鉴别公司经营业绩的好坏。业绩优良的公司通过风险管理信息的披露，来达到向市场传递其经营业绩优良的目的。公司业绩好时，上市公司便会更愿意进行自愿披露，这也使投资者将其与那些质量较差的公司进行区别，从而使更多的投资者对其进行投资，使自身的股票价格上涨。但是业绩差的公司，面临来自供货商、债权人、竞争对手等方面的压力也会增加，管理层会出于对自身利益的考虑，有动机隐瞒或延迟风险信息的披露。公司业绩差、盈利水平较低的上市公司说明其存在的风险因素也较多。那些较少披露甚至不主动披露信息的公司又会被认为其经营状况比较糟糕，隐瞒了不利信息，这样的公司股价将会下降，因此为避免公司价值被低估，他们也存在主动披露的动机。

（二）风险管理信息披露的后果

作为一种理想的信息披露方式，风险管理信息披露可以用来降低信息的不对称性，在衡量的过程中需要将量化信息和风险描述性信息相结合。风险管理信息描述的详尽程度，是构成风险管理信息质量的基础，是多个因素共同作用于博弈过程所产生的结果。投资者需要全面考虑披露的详尽程度和风险管理信息的可理解性、预测力等方面因素的综合影响。

风险管理信息披露可以弥补资本市场的信息不对称性，一般认为有 3 个可以代理信息不对称的变量：买卖价差、股票交易量和股票收益波动率。交易量反映了股票持有者出售股票的意愿和潜在投资者购买该股票的意愿，因此，股票交易量可以直接反映股票的流动性和信息不对称程度。蓝和伦德霍尔姆（1993）研究表明，投资者可以将股票收益波动率作为信息不对称的替换变量。布伦南（1996）提出信息不对称也反映在股票的报酬率上。风险管理信息能有效降低投资者之间的信息不对称程度，使他们在做出投资决策时所面临的信息集更一致。由于企业披露的是风险管理信息，因而风险管理信息的披露水平越高，意味着企业未来面临的风险越大、存在的风险因素越多，投资者会持有更加谨慎的态度，导致股票交易量变小、股票收益波动率变大。

三、风险管理信息披露的内容

上市公司风险管理信息的内容按其表现形式可分为财务信息和非财务信息。风险管理财务信息是上市公司风险管理能力的量化表示，主要为以财务报表为基础分析计算得出的各项能够反映企业风险管理水平的财务指标，如利息保障倍数和资产负债率流动比率等。这部分风险管理信息的披露主要向信息使用者传递了企业过去经营期间风险管理的实际水平，与其他报表信息相同，由资本市场强制性信息披露的相关规定对其进行规范。

强制性信息披露可以采用 3 种形式：公告、置备和网上推介。公告是指上市公司必须在证监会指定的报刊或专项出版的公报上刊登信息，并在证监会指定的网站上进行公告，公告具有较强的社会扩散效应；置备是指相关的重要信息文件需存放在指定场所以供公众查阅，虽持续时间较长，但影响范围和力度相对较小；网上推介只适用于证券发行之前通过互联网帮助证券发行人宣传发行信息。

风险管理非财务信息的披露主要是上市公司风险管理能力各项软性指标披露，是对企业各种已经存在的风险和潜在风险的识别评估与应对的能力。按照上市公司风险管理所处的具体内部环境对风险管理过程的控制，可从风险管理的内部环境、风险管理组织机构的设置及职能、风险管理过程及监控几个方面进行，具体的关系如图 8-1 所示。

1．内部环境的基础性作用

内部环境是企业风险管理的基础，不仅影响企业战略目标的制定、业务活动的组织，还对风险的识别、评估和反应能力起着基础性的作用。其具体包括企业风险管理理念、全体员工的价值观、管理层的管理方法和经营模式、风险偏好、组织结构职责和权限的分配、风险管理组织体系、风险管理信息系统、人员的胜任能力和发展计划等。

企业风险管理理念的建立、风险偏好的确定、风险文化的营造都是在一定的内部环境中进行的，将企业的风险管理和相关的初步行动结合起来才能保证较高的风险管理能力水平，把风险管理理念与风险管理活动渗透到战略制定经营管理的各个层面。

```
┌──────────────┐
│   内部环境    │
└──────┬───────┘
       │
┌──────┴────────────────┐
│  风险管理组织的设置及职能  │
└──────┬────────────────┘
       │
┌──────┴───────┐
│  信息沟通能力  │
└──────┬───────┘
       │
┌──────┴─────────┐
│  风险过程管理能力  │
└──────┬─────────┘
       │
┌──────────┐   ┌──────────┐   ┌──────────┐
│ 风险识别能力 │→│ 风险评估能力 │→│ 风险应对能力 │
└──────────┘   └────┬─────┘   └──────────┘
                     │
              ┌──────┴───────┐
              │  风险监控能力  │
              └──────────────┘
```

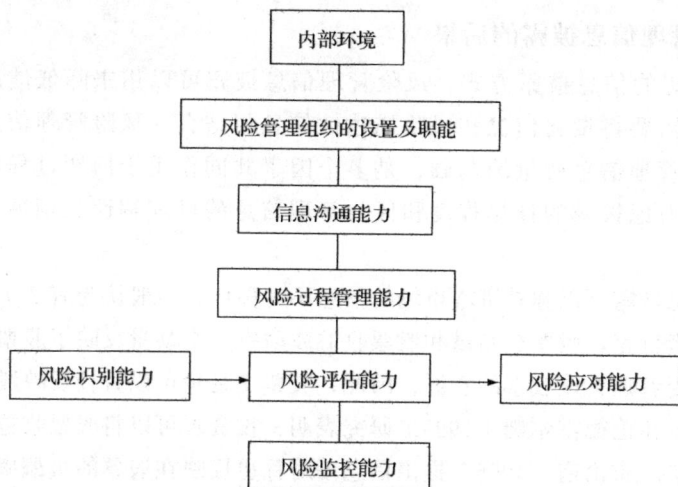

图 8-1　风险管理过程控制关系

2. 风险管理组织设置的合理性及职能的明确性

风险管理组织机构设置合理是较高的风险管理能力的组织保证。风险管理组织职能是相关职能部门在企业风险管理过程中的职责，与其他部门一起形成风险管理组织体系。设置合理的风险管理组织机构及明确的职责分工是企业充分考虑各职能部门的专业定位、管理职责及其现有的关系后，为自己量身设置的风险管理组织体系，有利于协调风险管理各个职能部门的工作，理顺风险管理过程中的各个环节，避免不必要的冲突，同时提高职能体系运转的效率。

3. 风险信息的沟通能力

企业的风险管理是基于对获取的内外部相关信息的整理与识别而进行的工作。因此，来自企业内部和外部的相关信息的有效、及时传递在风险管理过程中至关重要。风险管理的一个重要衡量方面就是信息的沟通能力。良好的风险信息与沟通能力要求企业形成规范化的信息传送渠道，有效的沟通包括企业内部各部门机构风险信息自上而下、自下而上的纵向及时、有效沟通以及各部门之间的横向及时、有效沟通。有效的沟通还包括企业与外部相关方的有效沟通和交换，如客户、供应商、行政管理部门和股东等。

4. 风险过程管理包括企业对风险的识别、评估和应对

由于不确定性的存在，企业管理层需要对潜在的事项进行识别。潜在的事项对企业的影响可能是正面的或负面的，也可能两方面同时存在。风险是可能对企业目标的实现造成负面影响的事项发生的可能性。风险识别能力是整个风险管理过程的基础。有正面影响的潜在事项，对企业可能是机遇也可能对负面影响产生抵销作用；有负面影响的潜在事项，企业应及时对其进行评估、制定应对方案。

风险评估是对风险发生的可能性和风险产生负面影响的性质及大小进行评定、估算。风险的评估包括对固有风险进行评估、对残存风险进行评估。

风险应对能力包括根据风险评估情况制定并选择合适应对方案的能力和选定合适应对方案后对残存风险的重新评估能力。企业应根据风险评估的实际情况制定多个应对方案，然后从中选取一个最优方案。企业所制定的风险应对方案以及所选择方案的优劣程度，会直接影

响企业对风险的反应及处理能力。选定风险应对方案后，企业还应重新评估残存风险，即从企业总体的角度或者组合风险的角度重新计量风险。

5. 风险管理的监控能力

风险管理的监控能力包括监督和控制两个方面。控制是企业保证风险反应方案得到正确执行而制定符合实际情况、切实可行的相关政策和程序的能力，及其实际贯彻执行情况；监督是对风险管理要素的内容及其运行情况的监督与信息反馈。失效的风险管理会降低企业正确制定战略目标和有效执行战略方案的能力。较强的风险管理监控能力能够随时监控企业风险管理的实际运行情况，及时发现风险管理过程中的失效管理并反馈相关信息。失效可能代表一种预期的、潜在的或真实的缺陷，或者代表加强风险管理过程的一个机会，企业可以加以利用以增加企业目标实现的可能性。对此，监控人员应将企业所有的风险管理失效都报告给适当的管理层，以保证其采取必要的措施纠正风险管理失效。

四、风险管理信息披露的方式

风险管理信息包括财务信息和非财务信息。财务信息部分，可与上市公司的强制性披露内容一并反映；非财务信息部分，是上市公司所拥有的一种无形资源，属于非计量性信息。非财务信息无法用货币形式表示，财务会计手段无法计量，传统的财务报表中无法准确、全面地列示，因此对反映企业识别风险、评估风险、应对风险的非财务信息的披露应以自愿披露为主。作为财务会计报告的补充说明，风险管理信息也可以在企业认为必要时以其他方式进行披露，如在广播、电视、报纸网络等媒体上进行披露。

在实践中，我们有以下建议。

（1）建议加大对因风险管理信息披露不善而导致财务舞弊公司的惩处力度。风险管理信息披露具有预警性，因而容易被管理当局隐瞒，以至于侵犯了投资者的知情权。例如，上市公司本应在报表附注中对重要的风险管理措施进行说明，但很多公司却仅列示了报表项目的增减变动，而没有对这些数字变化的真实原因做出文字说明，更没有对潜在风险及风险应对策略做必要解释。这会使公司内外出现严重的信息不对称，进而可能导致投资者误判和错误决策。如若能增加惩戒成本，则有望抑制舞弊行为，进而改善信息透明度。

（2）建议重视注册会计师对风险管理信息披露的外部治理作用。注册会计师可以在内部控制审计的基础上增加对风险管理活动的审验要求，这将有利于提升企业的风险管理意识和风险控制能力。现行的内部控制审计指引并没有对全面风险管理做出明确规定，因此注册会计师对风险管理活动的关注度比较低。若能在制度上加强注册会计师对公司风险管理活动的治理责任，则有望增强上市公司对风险管理活动与信息披露的重视程度。

（3）建议督促上市公司完善风险管理的机构设置，并在治理结构中建立多层级的风险责任机制和责任追究机制，以增强风险管理的预警作用，切实提升风险管理对公司价值的贡献。

很多学者通过实证研究发现公司本年经营业绩越好，股票回报率越高，风险管理信息披露越少；风险管理信息披露较多的公司，下年盈利能力相对较差。相较于传统的财务信息，风险管理信息具有更好地判断公司投资价值的参考意义。

第四节　风险管理报告的改进

一、风险管理报告的对策及内容

在监控评价过程中发现的风险管理缺陷——影响企业经营战略目标设定及实现的各种现象及行为等，监控人员应向有关部门和所涉及的人员进行报告。如果所发现的问题超出了组织边界，报告也应相应超出，并且直接呈交给足够高的层级，以确保采取适当的措施。

至于向谁报告缺陷，一些公司制定了指导方针，具体内容根据 COSO—ERM2004 列示如下。

例示性的缺陷报告指南

⊙ 把缺陷报告给那些直接负责实现受这些缺陷影响的经营目标的人。

⊙ 把缺陷报告给直接负责这些活动的人以及至少高一级的人。

⊙ 存在报告敏感信息（如非法或不当行为）的备选报告渠道。

⊙ 特定类型的缺陷要报告给更高级的管理者。

⊙ 针对向董事会或特定的董事会、委员会报告的内容制定规程。

⊙ 把已采取的或将要采取的纠正措施的信息，反馈给参与报告过程的相关人员。

另一些公司为确定哪些缺陷要报告给高级管理层制定了以下标准。

向高级管理层报告的例示性标准

⊙ 当一个事件发生的可能性不可忽略，而且其影响会引发以下结果时，要报告缺陷。

⊙ 对员工或其他人的安全产生不利影响。

⊙ 非法或不当行为。

⊙ 资产的重大损失。

⊙ 没有实现主要目标。

⊙ 对主体的声誉有消极影响。

⊙ 不当的对外报告。

二、风险管理报告的程序及制度

（一）风险管理报告程序

我们总结了风险管理报告程序，如图 8-2 所示。

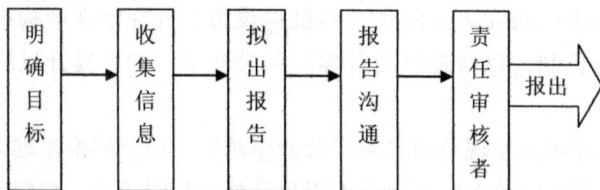

明确目标 → 收集信息 → 拟出报告 → 报告沟通 → 责任审核者 → 报出 →

图 8-2　风险管理报告程序

1．明确目标

这一环节需要明确风险管理报告送给谁，是外部利益相关者的政府、供应商和社会公众，还是内部利益相关者的投资者、经理和员工抑或是内部管理当局；是风险责任者，还是主管上级；或公司最高管理决策者；或风险管理委员会。只有目标明确后，才能做到有的放矢地组织材料进行撰写。

2．信息和数据收集环节

这一环节的目标是确保信息的可靠性。由于有意或无意的失误，或人的素质的局限性，或信息收集技术的局限性，或设计的信息收集方案不科学等因素，会使得收集数据的质量大打折扣，甚至导致风险管理报告本身缺乏意义。

3．风险管理报告产生环节

无论是自动还是手工方式出具风险管理报告，其质量都会受人及技术因素的影响。另外，这个过程也可能出现使报告形成的时间过长，或出现泄密问题。

4．风险管理报告传递和沟通环节

这一过程容易出现传递速度过慢、报告泄密、报告丢失、报告渠道不畅通等风险，或出现错送地址或收件部门等问题，从而影响报告的可靠性和及时性。

5．风险管理报告的最终责任审核者

审核者对报告解读的速度和水平、审核者组织报告综合会议的能力、审核者的"智囊团"参谋水平、审核者所拥有的决策权程度等，将影响审核者实施"措施制定质量"和"措施实施速度"。

显然，企业实施 ERM 并建立风险管理部门后，风险管理部门承担了很多基层单位所发出的风险管理报告的最终审核者的职责。风险管理部门还需要做进一步的平衡与分析，进而产生企业层面的、综合一致的风险管理报告。这些报告将供企业高级管理层、董事会、监管或其他利益相关者审阅，在这种情况下这些人士又是报告的最终审阅者。

（二）风险管理报告制度

提高对风险管理报告的管理水平，则一定需要一种相宜的制度作为长期的指引和保障。以下是建议风险管理报告制度应覆盖的主要内容：

（1）风险管理报告的目标；

（2）明确风险管理报告信息来源的真实性、可靠性和完整性的重要意义；

（3）设定明确的风险管理报告程序；

（4）根据识别的风险，特别是关键性风险的种类，去规范报告的种类；

（5）根据识别的风险点绘制报告布局图、报告线路图等；

（6）明确岗位责任和相关工作的授权，明确责任追究；

（7）规范每一级管理人员应了解影响他所管辖与控制范围内的风险信息；

（8）描述报告的可靠性、保密性、及时性及质量的特点和要求；

（9）明确对报告的检查和纠错机制；

（10）明确对员工的素质要求和对员工实施培训的原则要求；

（11）明确接触各类报告信息的人员范围和最终的审阅者；

（12）明确报告的存档管理制度和具体报告类别管理的责任人；

（13）明确风险管理部门在统一管理和审核风险管理报告中的作用。

三、风险管理报告的优化及改进措施

（一）积极培育风险管理文化、深度贯彻落实风险管理报告

要提高企业董事会、高管层对风险管理的意识和能力，自上而下地主动提高风险管理水平。全体员工应经过严格的风险文化、风险管理制度、风险管理操作方法和技术等相关培训，树立全员风险意识，让所有员工了解他们个人职责对公司风险有怎样的影响，以及在公司内的作用和责任。在企业风险管理过程中，要努力让每一位员工具备充分的风险意识，使"风险无处不在"的理念遍及企业的每一个角落，在此基础上把这种全局的风险意识贯彻落实到企业的风险管理报告中去。

（二）以提升企业价值为导向更全面地披露企业风险管理信息

公司董事会、管理层和其他员工共同参与的风险管理活动，形式上是为了实现公司在战略、经营、报告与合规上的目标，本质上是为了增进公司创造价值的能力，使公司价值或相关者利益得以最大化。同时，风险管理的战略、经营、报告及合规目标"各不相同但却相互交叉"，是合理保证实现企业目标的有机整体，任何领域出现问题都会给其他领域带来不利影响，削弱公司价值创造能力或降低利益相关者价值。在企业发布的全面风险管理报告中，应提供更多利益相关者关心的信息，如风险管理的组织机构、企业风险管理的人员配备情况、三道防线在风险管理中履职情况等内容。

（三）在风险管理报告内容方面加强与内部控制内容的融合

内部控制体系既是风险管理流程中风险管理解决方案的一部分，也是风险管理体系的构成要素。在管理体系的报告内容中，关于重大风险的解决方案应当包括内部控制体系的日常运行作为管理重大风险的一种重要手段和措施。因此，在风险管理体系报告内容中，应重点强调企业内部控制体系的建立健全以及企业内部控制制度的建立健全。

（四）区别企业规模，实行风险管理差别报告

国资委的《中央企业全面风险管理指引》要求中央企业向国资委提交《年度风险管理报告》。从长远发展来看，风险管理报告肯定要向其他企业普及。在此过程中，要考虑到企业规模问题。中央企业一般规模较大，财务和内部控制制度很完善。但是中小型公司财务能力有限，这些中小型公司可在披露内容上适当简化，降低其披露成本，同时在较宽松的环境下促使小型公司持续改进风险管理，提高综合竞争力。

本章要点

本章主要阐述了风险管理呈报的相关内容。风险管理报告是将企业正在面临的风险、风险的成因、可能导致的后果以及企业已经采取的风险管理措施以书面的形式对外报出。它的作用类似于财务报告和审计报告。利益相关者可以借此报告更好地了解企业面临的风险和风险管理能力。

2006 年 6 月，国资委印发了《中央企业全面风险管理指引》，相较于 COSO 的企业风险管理框架，这是中国自己的风险管理标准。《中央企业全面风险管理指引》的颁布促进了中央企业的风险管理。根据要求，中央企业需要向国资委提交《年度风险管理报告》。

风险管理信息包括财务信息和非财务信息。财务信息部分，可与上市公司的强制性披露内

容一并反映；非财务部门，是上市公司所拥有的一种无形资源，属于非计量性信息，无法用货币形式表示，财务会计手段无法计量，传统的财务报表中无法准确、全面地列示，因此对反映企业识别风险、评估风险、应对风险等非财务信息的披露应以自愿披露为主。作为财务会计报告的补充说明，风险管理信息也可以在企业认为必要时以其他方式进行披露，如在广播、电视、报纸、网络等媒体上进行披露。

风险管理报告的优化及改进措施主要包括：积极培育风险管理文化、深度贯彻落实风险管理报告；以提升企业价值为导向，更全面地披露企业风险管理信息；在风险管理报告内容方面加强与内部控制内容的融合；区别企业规模，实行风险管理差别报告。

案例资料

案例资料一

某市电力公司准备在其市区及各县实施远程抄表系统，代替人工抄表。经过考察，电力公司指定了国外的 S 公司作为远程无线抄表系统的无线模块提供商，并选定本市 F 智能电气公司作为项目总包单位，负责购买相应的无线模块，开发与目前电力运营系统的接口，进行全面的项目管理和系统集成工作。F 公司的杨经理是该项目的项目经理。

在初步了解用户的需求后，F 公司立即着手系统的开发与集成工作。5 个月后，整套系统安装完成，通过初步调试后就可交付用户使用。但从系统运行之日起，不断有问题暴露，电力公司要求 F 公司负责解决。可其中很多问题，如数据实时采集时间过长、无线传输时数据丢失，甚至有关技术指标不符合国家电表标准等，均涉及无线模块。于是，杨经理同 S 公司联系并要求其解决相关技术问题，而此时 S 公司因内部原因退出中国大陆市场。因此，系统不得不面临改造。

案例讨论

1. 结合上述资料，指出 F 公司在项目执行过程中有何不妥？

2. 风险识别是风险管理的重要活动。请简要说明风险识别的主要内容并指出选用 S 公司无线模块存在的风险。

3. 从风险呈报视角，谈谈如何进行本项目的风险信息披露。

案例资料二

高收益正成为互联网货币基金"虹吸"分流银行储蓄的主要动力源。对接微信理财通的财富宝货币基金收益率长期高于 7%。在春节前几天的利率均值为 7.39%，其中 2014 年 1 月 26 日的 7 日年化收益率达到 7.9%。对接余额宝的天弘增利宝货币基金，春节前几天的年化收益均值为 6.41%，春节前最后一个交易日（1 月 30 日）的 7 日年化收益率仍达到 6.36%。春节后，各品种货币基金利率虽有所下降，但平均年化收益率仍在 6.2%～6.6%。

数据显示，2014 年春节期间支付宝手机支付超过 1 亿笔，占支付宝支付总数的比例高达 52%。截至 2013 年年底，支付宝实名用户已近 3 亿，这 3 亿用户在过去 1 年使用支付宝完成了 125 亿笔支付。其中超过 1 亿用户将主要支付场景转向手机端，这些用户通过支付宝钱包完成了超过 27.8 亿笔、金额超 9 000 亿元人民币的支付。

过去靠单一的银行渠道卖基金，终端为王，费率和销售成本高，银行代销的费率扣点说一不二，还要看它脸色。而现在有了"虎口夺食"者，银行的费率从过去的"铁板一块"到现在"都好商量"，从最高时的1%降到现在的0.3%，一切都是竞争引发的。某家大银行的中介业务部负责人坦言，过去半年间基金代销的手续费收入锐减，不到往年同期的1/3。

互联网金融吹响了利率市场化的号角。余额宝虽然并不是什么金融创新，然而实际上却做了一次金融普及，让人们有了更多的选择。各银行为了竞争，不得不推出高收益的理财产品，很多稳健型的产品收益也远远高于储蓄。利率市场化，可以充分发挥利率在资金合理配置中的作用。

案例讨论

1. 结合本章内容及案例资料，阐述余额宝与存款利率市场化之间的关系。
2. 如何将金融工具创新的风险控制嵌入风险管理的呈报模式之中？

复习思考题

1. 为什么要编制风险管理报告？
2. 简述全面风险管理报告模式的特征。
3. 试述风险管理信息披露的经济后果。
4. 我们可以从哪些方面改进和优化企业的风险管理报告？

本章参考文献

[1] 国务院国资委. 中央企业全面风险管理指引[R]，2006.

[2] COSO. Internal control-Integrated framework[R].New York:COSO，1992.

[3] 周勤业，王啸. 美国内部控制信息披露的发展及其借鉴[J]. 会计研究，2005（2）.

[4] 叶陈刚，郑君彦. 企业风险评估与控制[M]. 北京：机械工业出版社，2013.

[5] 高立法. 企业全面风险管理实务[M]. 北京：经济管理出版社，2012.

[6] 侯雪筠，苏英健. 上市公司风险管理能力信息披露研究[J]. 经济研究导刊，2009（11）.

[7] 曾雪云，邬敏，王雅坤. 我国上市公司风险管理机构设置与信息披露现状及改进建议[J]. 财务与会计，2014（12）.

[8] 张应语. 风险管理报告的模式及内容研究[J]. 科学决策，2009（2）.

[9] 张应语，李志祥，支东生. 中央企业年度风险管理报告若干问题探讨[J]. 科学学与科学技术管理，2009（4）.

[10] 黄秀华. 企业全面风险管理的时代特点及启示[J]. 中国城市经济，2010（12）.

第九章 风险控制的理论扩展

本章结构图

```
                          ┌──────────────────┐   ┌────────────────────────┐
                          │  风险控制的       │───│ 风险管理和风险控制的相关理论 │
                          │  内涵与特征       │   ├────────────────────────┤
                          │                  │───│    风险控制的内涵         │
                          │                  │   ├────────────────────────┤
                          │                  │───│    风险控制的特征         │
                          └──────────────────┘   └────────────────────────┘
┌──────────┐              ┌──────────────────┐   ┌────────────────────────┐
│ 风险控制的 │─────────────│  风险控制的       │───│  风险控制与公司治理的组织关联 │
│ 理论扩展  │             │  理论基础         │   ├────────────────────────┤
└──────────┘              │                  │───│  风险控制与内部控制的制度关联 │
                          └──────────────────┘   └────────────────────────┘
                          ┌──────────────────┐   ┌────────────────────────┐
                          │  风险控制的       │───│    风险控制对象的扩展      │
                          │  体系扩展         │   ├────────────────────────┤
                          │                  │───│    风险控制目标的扩展      │
                          │                  │   ├────────────────────────┤
                          │                  │───│    风险控制职能的扩展      │
                          └──────────────────┘   └────────────────────────┘
```

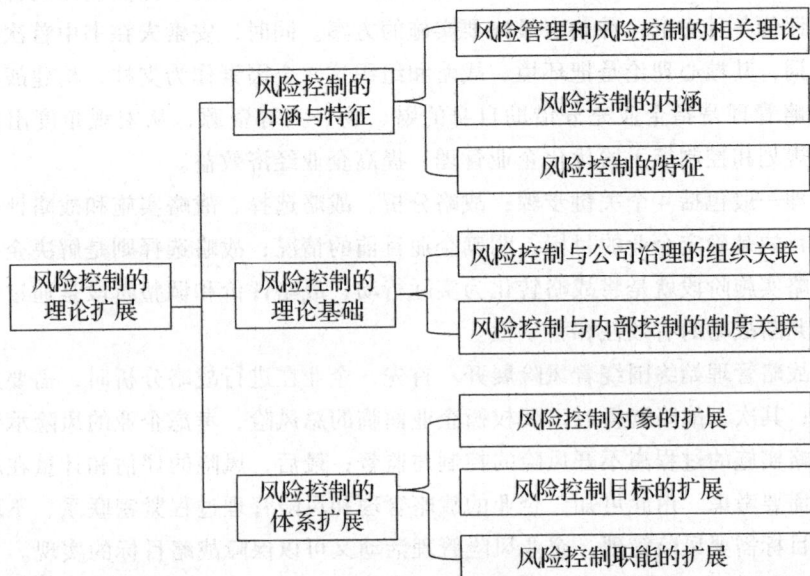

本章学习目标

➤ 理解风险管理的内涵。
➤ 了解风险控制的理论基础。
➤ 认识风险控制的体系。

第一节 风险控制的内涵与特征

一、风险管理和风险控制的相关理论

经济理论与管理理论是进行风险管理、风险控制活动的理论支撑及方法论的指引。

（一）战略管理理论

战略管理具有全局性，它的参与主体是企业的高层管理人员，旨在解决企业资源的配置问题。战略管理之中的战略决策是对企业未来较长时期（一般 5 年以内）如何发展进行规划。因此，战略管理具有长远性。企业要想适应不断变化的外部环境，不断生存发展下去，在制定策略时需要综合考虑竞争者、顾客、政府等多种外部因素。

第二次世界大战以后，美国的经济得到了高速发展。经济的繁荣促进了企业的发展，也给企业带来了更大的市场竞争压力，战略管理理论在这个时期应运而生。到了20世纪70年代，国际政治、经济动荡，企业的生存环境趋于艰难，有些企业在竞争中获利，但有的却损失惨重。新的竞争让企业意识到低价取胜的方法必须改变，企业要想实现持续经营和发展，必须从战略高度思考问题，多样化地经营产品和市场。1965年，美国著名的战略管理学专家、"公司战略之父"安索夫出版了《公司战略》一书，将战略由军事领域拓展到经济管理活动中，其在书中对战略做出定义，指出战略是一个组织实现其目标和使命的计划，这其中包括拟订和评价各种方案，并确定最终要实施的方案。同时，安索夫在书中首次提出了"战略管理"一词，其核心理论是把环境、战略和组织这3个因素作为支柱，构建战略管理理论的框架。战略管理是指企业充分借助自身的财、物、人等资源，从宏观角度出发，运用分析、预测、规划和控制等手段优化企业管理，提高企业经济效益。

战略管理一般包括4个关键步骤：战略分析、战略选择、战略实施和战略评价与调整。战略分析的目的是确定企业的目标，明确企业目前的情况；战略选择则是解决企业走向何处的问题；战略实施阶段就是将战略转化为实际行动；战略评价和调整阶段是通过评价企业的经营业绩来判断战略的有效性和科学性。

企业的战略管理始终围绕着风险展开。首先，企业在进行战略分析时，需要进行风险的识别和分析；其次，战略选择时，要权衡企业面临的总风险，考虑企业的风险承受能力；再次，整个战略实施的过程离不开风险的控制与监督；最后，风险的评估和计量在战略评价与调整阶段也需要考虑。由此可知，企业的战略管理和风险管理过程紧密联系、不可分割，实现战略管理目标需要风险管理，企业风险管理活动又可以保障战略目标的实现。

（二）系统论

系统是部分构成整体的意思，最早来源于古希腊语。对系统的研究角度不同，定义也不尽相同。但一般来说，系统的定义为：由若干要素以一定结构形式联结构成的具有某种功能的有机整体。系统是普遍存在的，大至宇宙、小至原子都是系统。可以说，整个世界就是系统的集合。系统思想的发展历史悠久，由理论生物学家 I. V. 贝塔朗菲创立，并开始作为一门科学理论。1932年，贝塔朗菲提出抗体系统论，该文代表系统论思想的产生；1968年，他发表了《一般系统理论基础、发展和应用》一文，该文成为系统论这门学科的代表之作。

贝塔朗菲认为系统是一个有机的整体，它不是各个部分简单的相加，要素之间是紧密相连的，分析系统时绝不能把各个要素孤立开来，不能仅以局部来说明整体。系统论的核心就是由整体来研究系统。系统论认为，开放性、整体性、关联性、结构性以及动态平衡性等是所有系统共同的基本特征。应用系统论方法时，我们要把处理的对象看作一个系统，通过把握系统、要素及环境三者之间的关系来分析系统的结构和功能。系统论的观念同样渗透到企业的管理中，奠定了企业发展的方法论基础。在生产经营过程中，企业可应用系统理论的范畴、原理全面解决问题，并运用系统管理方法管理企业。

企业的管理活动以风险管理为核心，而风险管理符合系统论的基本原理。企业的风险管理框架是一个完整的风险管理系统，该框架包括4类目标的目标维、八要素的要素维以及组织维，这体现了风险管理的结构性，这3个维度构成了一个完整的系统结构体系。各层次、各要素之间互相作用、紧密联系，提高了内部控制的效果，更有利于全面抵御风险，这体现了风险管理的整体性。系统的整体、要素和环境之间是相互作用、相互联系的，正是这种机制使系统有机地结合在一起，并发挥特有的功能。企业的风险管理系统组织、要素和目标之间也都是相互联系、相互作用的，系统中的某个要素变化了，其他要素也会相应改变，进而引起系统整体的变化，这是系统相关性原理的应用。系统是动态的、开放的，不断地和外界环境进行交换，并受到外部环境的制约。企业的风险管理过程也是动态的平衡过程，除了要适应企业内部环境外，还要适应政治、经济等外部环境，具有一定的环境适应性。企业的风险管理活动不是孤立的，而是要同时管理企业所面对的内部和外部的不确定性。而企业所处的环境不断变化，这就要求企业在生产经营中灵活地调整风险管理的目标和方法以适应不断变化的环境，最终实现企业的动态平衡。

（三）委托代理理论

20世纪30年代，美国经济学家伯利和米恩斯针对企业所有权和经营权集中所导致的弊端，提出了"委托代理理论"。该理论倡导企业所有者仅保留剩余索取权，而将经营权让渡，即实现所有权和经营权的分离。某些参与人可能拥有其他非参与人所不拥有的信息，这叫作"信息的非对称性"。委托代理理论正是建立在这种非对称性博弈论基础之上的。该理论主要研究委托代理关系，而委托代理关系主要指委托人受自身能力或精力的限制，通过明示或隐含的契约让渡企业经营权，指定或雇用职业经理人等代理行使一定的决策权利，并根据代理人所提供的服务数量、质量支付相应的报酬。委托代理关系随着生产力的进步和专业化分工的发展而逐渐产生，在社会中普遍存在。

企业的所有者追求的是利润最大化，所有者作为委托人拥有剩余所有权，支付资本给受托人，要求受托人对资本实现保值增值。而职业经理人等受托人追求的则是自身利益的最大化。受托人不拥有剩余索取权，投入的是人力资本。由于受托人从事企业具体的经营管理活动，因此能够掌握企业生产经营的充分信息，而委托人通过财务会计报告等资料取得的信息则是不充分的。这种委托人和受托人间的信息不对称和追求的目标不一致容易导致"逆向选择"和"道德风险"的问题，即受托人可能在追求自身利益最大化的过程中损害委托人的利益。基于这种考虑，委托人会制定相应的制度、规范等来控制受托人的职权，防范上述问题的发生。而受托人以及企业全体员工执行这些制度、规范的同时，就是在自觉地履行风险管理活动。此外，委托人还可采取股权激励的方式，使受托人持有一部分公司股份，这样受托人的自身利益和公司的利益就紧密联系起来，受托人在追求自身利益最大化的同时，会努力提高公司的经济效益。而经济效益的提高和风险管理是息息相关的，只有先改善风险管理活动，才能提高经济效益，实现利益的最大化。可以说，委托代理理论为风险管理提供了理论依据，解释了企业从事风险管理的动机。

（四）利益相关者理论

1984年，弗里曼出版了《战略管理：利益相关者管理的分析方法》一书，在书中明确给出了利益相关者管理理论，其对于利益相关者的定义成为最具代表性的观点。弗里曼指出，利益相关者指能够影响一个组织实现目标或者受组织实现目标过程影响的所有人。一般来说，利益相关者主要是企业股东、债权人、供应商、消费者、员工、竞争者以及政府部门等与企业生存发展密切相关的个体或群体。利益相关者管理理论则是指企业的经营管理者为了平衡各利益相关者的利益而进行的管理活动。相比于传统的股东利益最大化理论,利益相关者理论指出,企业是各种利益相关者的结合体。企业的发展离不开各利益相关者的参与,企业应为所有的利益相关者服务,追求利益相关者的整体利益最大化,而不是仅为某些主体的利益服务。

利益相关者为企业的发展投入了实物资本、人力资本以及财务资本等多种有价值的东西,并因此承担一定的风险。他们的活动可以影响企业的目标或者受企业实现目标过程的影响。企业在激烈的市场竞争中会面临多种多样的风险,为此企业应提高自身的风险管理水平,通过风险识别、风险评估和风险应对等措施将风险控制在可接受的合理范围内,避免或者减少风险给企业带来的损失,提高企业的竞争能力和盈利能力,促进企业的发展,最终满足各利益相关者的整体利益需求。因此可以说,风险管理活动是企业为实现各利益相关者利益最大化而进行的必然活动。

二、风险控制的内涵

风险控制系统是在环境不确定性的影响下,提高自我决定的能动性,积极地应对环境的变化而做出的反应。它是一个基于价值驱动因素分析后,对组织经营活动的行动规划、细化与管理控制的控制体系[①]。

风险控制通过控制风险事件发生的动因、环境、条件,达到减少风险事件发生时的损失或降低事件发生的概率的目的。通常影响某一风险的因素有很多,风险控制通过寻找发现风险的促发因素,控制这些因素中的一个或多个来达到目的,事后对控制过程的结果做出评价。风险控制可以概括为一个"促发因素——过程管理——结果评价"的体系。

风险控制是企业实现战略目标的手段。任何偏离企业目标的重大行为都意味着风险,都需要对其进行控制[②]。任何组织都有目标,一般认为企业的目标是企业价值最大化。为了实现这个目标,企业通常会制定企业战略。由于企业战略往往是指导企业未来相当长一段时期内经营活动的总谋略和总方针,因此,企业需要通过战略规划将其细化,形成战略目标。战略目标的实现以战略的实施为前提,需要进一步地分解和落实,同时需要对企业的各种经营活动或业务进行有效的管理和控制,由此,战略实施状况决定了企业目标的实现程度。战略目标定位和战略实施是贯穿企业经营活动的主线,风险控制增强了两者的一致性,保证了企业经营始终能够应对企业内外部的不确定性,做到最优的资源配置和最佳的效益回报,动态地保证企业行为和战略目标的一致性。

风险控制是风险管理与内部控制的融合。企业内部控制的本质与企业组织关系有着密不可分的联系。从一般意义上讲,控制不会存在于一个人或者一个利益主体(如个体经营者)的场合,当存在两个或两个以上有着利益关系的人或者利益主体的场合,控制就产生了。所以,任何企业内部的控制行为就是为了维护企业组织内部相关各方的利益关系而存在的,它要求相关各方按照预先设定的规则行事。风险管理与内部控制具有高度的一致性,两者都是公司治理的基础,"控制"是一个组织中支持该组织实现其目标诸要素的集合体[③]。

① 冯巧根. 行为动机、环境不确定性与管理会计控制系统. 中南财经政法大学学报, 2014(5).
② 李维安. 公司治理、内部控制、风险管理的关系框架:基于战略管理视角. 审计与经济研究, 2013(4).
③ 谢志华. 内部控制、公司治理、风险管理:关系与整合. 会计研究, 2007.

风险控制是一个过程。风险控制是为保证组织实现特定目标的一个风险管理过程，风险控制贯穿于企业经营活动的各个方面。企业风险管理框架是 1992 年在 COSO 报告的基础上，结合《SOX 法案》在财务报告方面的要求进行的扩展研究。COSO 对风险管理框架的定义是："企业风险管理是一个过程，它由一个主体的董事会、管理层和其他人员实施，应用于战略制定并贯穿于企业之中，旨在识别可能会影响主体的潜在事项，管理风险以使其在该主体的风险容量之内，并为主体目标的实现提供合理的保证。"

风险控制要借助于价值管理等手段。风险控制要注重时间价值管理，使企业财务管理活动高度参与企业经营计划和具体行动方案的制定和实施，其控制行为应包括以下几个方面。（1）价值能力控制。通过战略定位（保证战略方向不异化，持续提升市场竞争力）、价值创造（作业管理反映价值、战略管理规划价值、业务战略创造价值、风险管理保护价值），以及价值链分析（企业价值链、行业价值链及竞争对手价值链分析）等提升企业的核心竞争力。（2）价值流控制。价值流是一种价值管理的战略单元，它体现为企业组织在特定目标实施过程中的一系列节点（或一连串活动）。通过提升顾客满意的"满意情境"，诱导组织合理配置"动机结构"中的行为，如重构企业的价值流（如构建以"小利润中心"为代表的自主经营体等），减少价值流的无效活动等来实现企业的价值增值。（3）成本控制。作为企业价值增值的最基础工作，成本控制通过优化经营活动中的作业动因与成本动因等激发行为主体的行为动机，满足企业价值管理的需要。（4）资金控制。主要体现在企业预算及责任中心配置过程中的资金管理，并借助于信息支持系统监督资金战略的实施，以加强企业的内部控制等。

三、风险控制的特征

风险控制在企业内一般并非是成文规定的具体制度，通常存在于单位组织规划、管理办法以及各种作业程序之中，管理者运用控制原则、技术、方法去贯彻实施既定目标。风险控制一般具有以下几个方面的特征。

1．全面性

风险控制的对象是企业一切业务活动的全面考核控制，并非是局部性控制。风险控制的环境是企业经营所面对的所有不确定性，既来自企业内部供产销等各经营环节，也来自企业外部的经济影响、行业冲击、供应链上下游企业波动。风险控制的运作机制要结合组织结构的设计和内部制度的设计。风险控制的全面性体现为战略与经营的结合、内部与外部的结合、组织结构与规则的结合。

全面性还体现在全员的参与上。风险控制是一个由企业治理层、管理层和所有员工参与的，对企业所有风险进行管理，旨在把风险控制在风险容量以内，增进企业价值的过程。在这个过程中，企业只有将风险意识转化为全体员工的共同认识和自觉行动，才能确保风险管理目标的实现。

2．系统性

风险控制必须拥有一套系统的、规范的方法，并且由专业人才实施专业化管理，来确保所有的风险都得到识别，所有的风险都得到管理。风险控制不是阶段性与突击性的工作，它涉及各种业务的日常作业与各种管理职能的经常性、系统性的检查考核，涵盖了企业经营的日常活动。

3．动态性

在日常管理工作中，内部控制行为表现得不十分明显，其实它隐藏并融汇在一切作业工作的内部控制活动中。不论你采取何种管理方式，也不论发生何种业务事项，都潜在有控制意识和控制行为。

4．关联性

在单位内部各项控制工作中，彼此之间都是相互关联的。一种控制行为成功与否会影响到另一种控制行为，一种控制也许会导致另一种控制的加强，也许会导致另一种控制的取消，或者增加或减弱另一种控制的效应。

第二节　风险控制的理论基础

一、风险控制与公司治理的组织关联

（一）对公司治理的认识

公司治理是用来管理利益相关者之间的关系，决定并控制企业战略方向和业绩的一套机制。公司治理的核心是寻找各种方法确保有效地制定战略决策，管理潜在利益冲突的各方之间的秩序的一种方式。公司治理反映了企业的文化、政策及其价值观。

公司治理也被称为公司治理机制、公司治理结构、公司督导机制、法人治理结构等。从制度层面上说，公司治理是一套制度安排，用以处理若干在企业中有重大利害关系的团体，包括投资人（股东和贷款人）、经理人、员工之间的关系，并从这种关系中实现经济利益。这种观点的特点在于从经济学的角度揭示公司治理与公司效率或报酬的关系，强调以股东利益市场价值最大化的经济学概念为基础。从检查和控制层面上说，公司治理是一种指导和控制公司的体系，公司治理结构明确了公司的不同参与者之间权利和义务的分配，并清楚地说明了就公司事务进行决策的规则和程序。这种观点的特点在于检查与平衡。从受托责任层面上说，公司治理主要关心的是如何经由监督或监控管理层的绩效并确保管理层履行对股东及其他利害关系人的受托责任来提高公司的绩效。其特点在于从财务角度阐述受托责任与公司绩效的关系。

公司治理强调由高级管理层、董事会、监察人等用团体间的职权划分及外部控制，强化整套企业管理机制，以保障企业股东与资本市场投资大众。公司治理有着监督、防弊的观念，主要是使企业通过法律制衡体系的设计与管控，有效地监督其组织活动，以健全组织正常运作，防止违法行为的经营舞弊。换句话说，公司治理是实现企业社会责任的高度目标。

法律界是第一个出现公司治理名词的专业领域，后来该名词才被经济、财务、会计、审计等领域引用。公司治理问题源于公司所有权与控制权分离产生的代理问题，是为公司目标——创造股东经济利益而存在的。美国的学术界自 1930 年就开始讨论公司治理问题，在 1970 年公司治理的概念即已出现。多年来，世界各国设置各种委员会，并发布多种与公司治理有关的报告及规范。公司治理在欧美先进国家行之有效，而亚太地区直到 1997 年金融危机发生后，这个议题才被广泛重视。现在中国、日本、韩国、新加坡、马来西亚、泰国、印度尼西亚等国均已制定了相关的公司治理准则。我国于 2001 年 1 月发布实施《关于上市公司建立独立董事制定的指导意见》，并于 2002 年 1 月发布实施《上市公司治理机制》。

自美国安然公司破产之后，公司治理的相关议题更受各界的重视。21 世纪全球化竞争环境中，企业如何有效经营管理、避免管理层的腐败，达成永续发展并促进经济稳定成长，成为近年来国际上形成共识的重要课题。经济合作与开发组织（OECD）、世界银行等纷纷发表公司治理的基本准则，并从 1996 年起每年举办一次全球性论坛。自 1999 年起每年在亚太地区举办一次论坛。另外，APEC 也在其年会中将此列为重要议题，广泛而深入地研讨公司治理的原因、原则以及如何推行公司治理等问题。

公司治理的基本架构包括：股东及股东会、董事及董事会、经理层、监事会等。一般而言，公司治理架构应具备权利配置功能、制衡功能、激励功能、约束功能、协调功能。公司治理架构的设计应遵循公平性、透明性及责任性原则，即公司治理的架构必须保护股东的基本权益；保证同一类别的股东必须享有相同的待遇；充分保障利害关系人依法享有的权益；对于公司财务及营运结果、公司目标、主要股东、董事会成员及主要经理人与其报酬，未来预知的主要风险，涉及员工及其他利害关系人的主要事项，管理架构及程序等必须公正、及时地披露，以增加透明度；董事会必须在充分了解公司实际运作情况下执行职务，且以公司及股东的利益为最高考量；当董事长的决策影响不同层级股东时，董事会应公平对待所有股东。董事长必须确认遵循相关法规，董事会必须执行复核、监督等职能，董事会应独立、客观地行使职权。

一个有效的公司治理原则主要包括：

（1）建立完善的组织结构；

（2）明确董事会的角色和责任；

（3）提倡正直及道德的行为；

（4）维护财务报告的诚信及外部审计的独立性；

（5）及时披露信息和提高透明度；

（6）鼓励建立内部审计部门；

（7）尊重股东的权利；

（8）确认利益相关者的合法权益；

（9）鼓励提升业绩；

（10）公平的薪酬和责任。

（二）公司治理与风险控制的关系

从理论上说，风险管理是公司内部管理的过程，包含组织架构与权责分配的设计与执行。而公司治理的内涵主要是防范代理问题，避免管理利益在企业中占主导地位。实施有效的治理机制及良好治理，将使企业的战略能更好地反映股东的利益。所以有人说，公司治理是股东、政府、社会及其他利害关系人欲达成"监督管理层"目标所构建的规范。而风险控制强调的是目标管理与风险应对，更多体现的是一种主动自发的应对机制。

治理一词源自政治学，其意在于关系人间权利与义务的配置。公司治理主要是强调各个利害关系人间权利与义务的配置。根据国际审计准则委员会的定义，公司负责人主要负指导、监督与控制之责。这在本质上与风险控制有相似之处。只不过，公司治理主要强调对高层、对人的控制，风险控制是对环境、对目标的控制。

公司治理和风险控制的主要联系是：公司治理制度是企业经营管理制度，内部控制是经营管理制度要素之一，而内部控制又包含在风险控制中。所以，风险控制对公司治理制度有依赖关系。公司治理制度好，内部控制有效，风险控制就会更为有效。

（三）风险控制与公司治理的组织相关性

公司治理是协调公司的管理层、董事会、监事会、股东与其他利益相关者之间关系的一种制度安排。在企业中，制定公司战略是董事会的职能，但是战略定位是公司治理层需要实施的控制，战略实施由经营管理层、操作管理层和一般员工来进行。因此，从控制的主体看，企业内部存在3个层级的控制：一是以董事会为主体的公司治理控制；二是以经营管理层为主体的管理控制；三是以操作管理层和一般员工为主体所实施的作业控制。

在这3种类型的控制中，公司治理控制处于最高层，其控制对象和内容是战略目标制定形成过程、公司治理结构设置、权责划分等，控制目的是降低或减少由战略决策风险等组成的公司治理风险。管理控制处在战略控制与作业控制中间，是管理者影响组织成员以实现组织目标的过程，其控制对象和内容是战略实施过程中的各种经营活动、财务活动，控制目的是降低或减少影响企业战略目标实现的各种经营风险、财务风险。作业控制处于最底层，其控制对象和内容是企业战略实施过程中的各种具体业务或事项，控制目的是降低或减少影响企业战略目标实现的各种作业风险。在这3种类型的控制中，公司治理控制目标着眼于企业战略定位和战略实施监控；管理控制关注战略实施，促进战略目标实现；作业控制针对具体业务和事项，围绕资产安全、经营效果、财务报告、合法合规等目标进行控制。企业正是通过高效利用其资源、保障信息真实、合法合规经营等一系列措施实现了企业战略。

不管是哪类公司，公司治理风险管理的战略计划及最后决策权都是由公司的最高管理层来裁决的。而有关公司治理风险的具体实施却是由公司的每一个员工参与的，外部利益相关者只是通过公司员工的参与而加入到公司管理当中的。也正因为如此，公司治理组织结构是风险控制中最重要的一环。只有具备良好的组织结构且员工各司其职，公司的各项风险管理活动才能够做到有序、信息透明、有效率以及上传下达等；各类风险才能够根据风险类型和等级等采取相应的应对措施，使得经营目标得到最终实现。

风险控制的组织机构，股东（大）会、董事会、总经理、监事会以及相关职能部门在风险控制过程中都应承担各自的职责。这样，来自外部利益相关者的对于公司发展有重大影响或者对于公司决策有重大关系的信息，如产品供需信息、融资信息、国际政治经济环境甚至风险报告等都会由相关的职能部门去收集整理；而来自内部利益相关者的类似信息，则通过这种层层的监督管理部门及机制传递给相关的管理者或部门整理。将所有这些来自内外部利益相关者的重要信息分类或再整合后上交给相关的管理者或部门，以便在做决策时作为参考依据。公司治理与风险控制的组织结构如图9-1所示。公司治理风险控制的组织结构为公司治理与风险控制活动提供计划、执行、控制和监督职能的整体框架，在这一框架下，风险控制活动得以有效运作。

1. 股东（大）会

股东（大）会在公司治理风险控制中需承担的主要职责包括确保公司经营方针和投资计划符合公司的战略目标；审议批准董事会提交的公司治理风险控制政策、方案以及年度工作报告；审议批准有效的激励约束机制，提高公司价值；审议批准有利于达成利益均衡的利润分配方案、弥补亏损方案以及财务预算决算方案等；对公司合并、重组等重大事项做出有利于利益相关者的决议；修改公司章程以利于降低公司治理风险；对选聘信息披露质量高的信用中介机构做出决议；对发行公司债券做出决议，将公司资产负债比保持在合理的水平等。

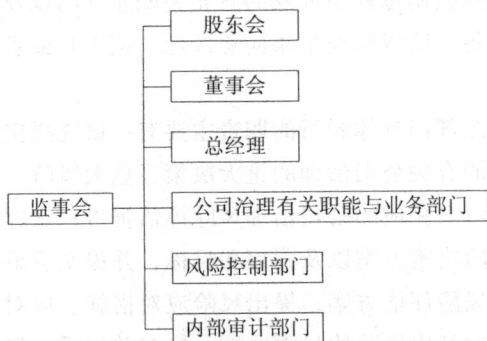

```
                  ┌─────────────────────────────┐
                  │           股东会             │
              ┌───┼─────────────────────────────┤
              │   │           董事会             │
              ├───┼─────────────────────────────┤
              │   │           总经理             │
   ┌──────┐   ├───┼─────────────────────────────┤
   │监事会│───┤   │  公司治理有关职能与业务部门  │
   └──────┘   ├───┼─────────────────────────────┤
              │   │        风险控制部门          │
              ├───┼─────────────────────────────┤
              │   │        内部审计部门          │
              └───┴─────────────────────────────┘
```

图 9-1　公司治理与风险控制的组织结构

2. 董事会

董事会可以利用下属委员会来行使他们的特定职责。具备条件的公司，董事会可在下设的全面风险管理委员会中设立专门的风险控制职能部门。

董事会在公司治理风险控制中需承担的主要职责为：提高整个公司的公司治理风险控制能力，包括推动公司治理风险控制的认知度、指导战略方向、明确公司治理的风险承受度，建立恰当的公司治理风险控制系统；审议并向股东（大）会提交公司治理风险控制年度工作报告；确定公司的战略决策职责，制定符合公司现实基础的公司目标和发展战略，指导公司的主要行动计划，决定公司的经营计划和投资方案，使之符合公司治理的目标和国内外宏观、微观环境的要求，确保公司的可持续发展；审议指导公司治理风险控制与其他经营计划和管理活动的整合；制定公司财务年度预算及决算方案、利益分配方案、重大交易等方案，并力争使之符合利益相关者的利益均衡，批准资本预算并监督实施；确保有关的法律法规被遵守，创造条件，确保股东参与关键的公司治理决策；确定公司治理风险控制的目标、各级管理层以及其他利益相关者的风险偏好、风险承受度，批准公司治理风险控制策略和公司治理重大风险管理解决方案；了解和掌握公司面临的来自各个层面的与公司治理有关的重大风险源及其公司治理风险管理现状，及时做出有效控制风险的决策；批准重大决策、重大风险、重大事件和重要业务流程的判断标准或判断机制，以及相应的公司治理风险评估报告；决定和指导公司对外事务和公司计划财务工作中的重大事项及公司重大业务活动，决策相应的公司治理风险控制活动；对公司治理风险及其管理状况、管理能力及水平进行评价，提出完善的公司治理风险控制建议；批准内部审计部门提交的公司治理风险控制监督评价审计报告；批准公司治理风险控制组织机构设置及其职责方案；批准并监督公司治理风险控制应对措施及应对计划，纠正和处理任何相关部门或个人超越公司治理风险控制制度做出的风险性决定的行为；确保董事会成员的受托责任，包括审慎责任和忠诚责任；确定高级管理人员的任免以及业绩评价制度，监督其工作能力；监督董事会决议的执行情况，听取总经理关于董事会决议执行情况的汇报；督导公司风险管理文化的培育；对一切重大灾害以及意外事件等重大应急事件事务行使符合国家和公司利益的特别裁决权和处置权以及其他相关重大事项等。

3. 公司治理风险控制职能部门

有条件的公司，应设立专职部门或确定相关职能部门履行公司治理风险控制的职责。该部门对总经理或其委托的高级管理人员负责，向其报告与公司治理风险控制有关的相关信息。该部门对公司治理风险控制过程中涉及的各相关职能部门以及业务部门风险控制运行的各个环节进行监控，并将各项监督检查结果向总经理、董事长或者董事会下设的风险管理委员会汇报。

公司治理风险控制职能部门具体履行的职责主要有：研究提出公司治理风险控制工作报告；研究提出跨职能部门的有关公司治理的重大决策、重大风险、重大事件和重要业务流程的判断标准或判断机制，以及相应的公司治理风险评估报告；研究提出公司治理风险控制策略和跨职能部门的重大风险决策方案以及程序和目标，并提交董事会审查批准，负责组织实施及监督；研究提出公司风险评估方案，提出风险应对措施、应对计划以及实施保障措施，并负责它们的组织实施和对其中风险的日常监控，检查并记录；研究提出建立一套面向公司治理风险控制的通用语言，包括风险要素的归属以及围绕可能性和影响的通用的度量指标，以及通用的风险类别；收集并整理对公司决策有重大影响的来自外部利益相关者的重大的融资、投资或风险管理建议等风险因素信息，上报董事会或经理层或相关的管理部门；收集并整理与公司重大决策甚至公司可持续发展相关的国际动态信息或资本市场信息，上报董事会或经理层或相关的管理部门；监督检查并记录公司面临的来自各个层面的与公司治理有关的重大风险源及其公司治理风险管理现状，上报董事会或经理层或相关的管理人员或部门；监督检查并记录与公司治理有关的公司对外事务和公司计划财务工作中的重大事项及公司重大业务活动，上报董事会或经理层或相关的管理人员或部门；负责公司治理风险控制的有效性评估，没有达到要求的，研究提出公司治理风险管理的改进方案并负责组织实施直至接受；按照公司治理风险控制要求，负责组织协调日常工作；安排业务职能部门的职责分工并制定风险汇报和审批机制，以及对报告和审批过程的监控；负责指导、监督有关职能部门和业务部门等相关部门的公司治理风险控制工作；就公司治理风险控制工作计划、进展、出现的问题和实施结果向董事会或公司规定的相关管理人员或机构汇报，并提出必要的措施建议；研究提出一切重大灾害以及意外事件等重大应急事件、事务的公司治理风险控制措施以及办理董事会交办的其他有关工作等。

4. 总经理

公司总经理可以确保所有权和经营权的分离。公司总经理在公司治理风险控制中的主要职责为：对公司治理风险控制工作的有效性向董事会负责；负责组织协调公司治理风险控制所需的资源配置；总经理或总经理委托的高级管理人员，落实董事会有关的战略决策及方案，负责主持全面的公司治理风险控制的日常工作；负责组织建立一套面向公司治理风险控制的通用语言，包括风险要素的归属以及围绕可能性和影响的通用的度量指标，以及通用的风险类别；负责组织监督检查公司面临的来自各个层面的与公司治理有关的重大风险源及其公司治理风险管理现状，并监督相关记录的完善；负责组织监督检查与公司治理有关的公司对外事务和公司计划财务工作中的重大事项及公司重大业务活动；及时组织处理公司治理风险控制过程中出现的问题，协调利益相关者之间的利益冲突，并报董事会审议备案；负责组织拟订公司治理风险控制的评估方案、应对措施、应对计划；负责组织拟订公司风险控制组织机构设置及其职责分配方案以及其他相关职责。

5．监事会

监事会的独立监督职责涵盖了很多方面，以确保对公司的运作实施有效管理。其在公司治理风险控制中的主要职责为：对与公司治理有关的公司经营控制活动行使监督职责，包括公司业务监督权、公司财务会计审核权、公司各级管理层的工作行为监督权以及重大事项监督权等；对公司治理风险控制的战略决策及方案的执行监督权；对公司治理风险控制的风险识别、评估过程进行监督；对公司治理风险控制的应对措施、应对计划的执行监督权；对参与公司治理风险控制活动的各级人员的监督权；对公司内部审计部门以及财务部门的职责实践活动的监督；对内部和信用中介的信息披露质量的监督权；监督检查公司治理相关部门收集整理来自内外部利益相关者的与公司治理风险控制相关信息的真实性、完善性；监督检查公司治理相关部门收集整理的有关国际宏观环境、微观环境信息的真实性、正确性及完善性；督促监督检查公司存在或潜在的公司治理风险；与公司治理有关的其他的监督检查权。

6．内部审计部门

内部审计部门直接对董事会负责，它在公司治理风险控制方面履行的职责包括：研究提出公司治理风险控制监督评价方案并制定相关制度；审查公司治理风险控制策略以及方案在各相关机构的执行情况；监督公司治理风险控制过程及成果的真实性和准确性，并直接将评估成果向高级管理层和董事会报告；提供财务审计报告、重大活动披露报告以及公司治理风险评估报告；监督检查公司治理绩效目标的完成情况，对相关职能部门、业务部门以及各级相关人员的实施情况进行评估和意见反馈；出具公司治理风险控制监督评价审计报告，并将内部审计结果反馈给董事会及其相关机构；具体组织监督检查公司存在或潜在的公司治理风险；普及并提高公司治理的风险意识；与公司治理风险控制相关的其他内审相关职责。

7．与公司治理相关的其他职能部门和各业务部门的职责

与公司治理相关的其他职能部门、各业务部门及相关人员在公司治理风险控制工作中，应接受公司治理风险控制职能部门和内部审计部门的组织、协调、指导和监督。其主要的职责为：执行公司治理风险控制基本流程；明确本职能部门或本业务部门的相关人员在公司治理风险控制中的职责分工及合作；研究提出本职能部门或业务部门重大决策、重大风险、重大事件和重要业务流程的判断标准或判断机制，以及重大决策风险评估报告；落实公司层面的公司治理风险控制要求，研究提出适合于本职能部门或业务部门的公司治理风险控制方案，包括风险评估方案、风险应对措施及应对计划；组织落实本职能部门或业务部门的公司治理风险控制方案，识别在本职能部门或相关业务部门的风险源，进行评估应对，并将问题和结果向相关职能部门和内部审计部门报告；做好培育本部门的与公司治理有关的风险控制文化工作；建立健全本职能部门或业务部门的公司治理风险的控制机制；办理公司治理风险管理的其他有关工作。

公司各组织中各自的职责可保证公司治理风险控制的责任认定和授权，从而能够执行公司治理风险控制过程，并保证公司治理风险控制的充分性和有效性，各级组织机构的职责可以归纳为：控制方案的制定、实施、监督和维护等人员的职责；应对措施、应对计划、报告

相关风险信息等人员的职责；批准、授权制度以及监督和检查制度；绩效测量，及相应适度的奖励、惩罚制度；内外部利益相关者之间的沟通协调机制；对内对外的报告机制等。

二、风险控制与内部控制的制度关联

内部控制和风险控制都是关注经营中的风险，但二者是有区别的。其一，风险控制的一系列具体活动并不都是内部控制要做的，特别是内部控制并不负责风险控制目标的具体设立。内部控制并不是目标的制定活动，而是对目标制定的评价工作，特别是对目标和战略计划的制订当中风险的评估。风险控制目标的设立为内部控制中的风险评估提供了前提条件。其二，内部控制强调评估经营管理活动中突出的风险点，所负责的是风险控制过程中的重要活动，并建议经营管理人员针对这些风险点实施必要的控制活动。例如，对风险的评估和由此实施的控制活动、信息与交流活动、监督评审与错误的纠正等工作。两者的区别表现在以下几个方面。

（1）相对于内部控制，风险控制在内容和范围上都进行了扩展与延伸。例如，风险控制增加了战略目标。

（2）两者的职能领域存在差异：企业在运营的整个过程都包含了风险控制的内容，包括事前、事中与事后控制三大内容，但是内部控制目标的达成是通过对事中流程的把控与事后的检查来实现的。

（3）对待风险的态度存在差异：风险控制将事件区分为机遇与威胁。内部控制没有对此进行划分。

（4）统计风险的工具存在差异：内部控制倾向于对风险的定性判断，而风险控制则将一些概率统计方法引进风险统计之中，最终是想让企业战略目标与其风险偏好趋于一致。

1. 风险控制与内部控制共同存在，互相交融

风险控制与内部控制除去上述几方面的差异性，两者也存在很强的共性，并共同存在于大公司的治理框架中。

人们对内部控制的研究逐渐突破"牵制和监督"的局限，将其与企业战略相结合。内部控制是从风险管理和价值创造整合的视角，就是为实现企业经营管理目标，把内部控制与企业经营管理过程交织在一起，通过自身各组成要素之间多方向交叉，共同作用于企业的经营管理行为，并随着企业的发展和内部控制理论与实务的演进，而不断完善和逐步提高的过程。

同时，内部控制的发展逐渐从单一的内部控制传统模式发展成为如今更具时代意义的基于风险的内部控制新模式。内部控制新模式充分把握了内部控制与风险的互补关系，内部控制以风险控制为目标，风险控制以内部控制为重要手段，两者息息相关、相互交融。内部控制制度制定的主要依据是风险，企业必须全面考虑企业所处风险环境。企业越是在高风险环境下越需要设置适当的内部控制，甚至是多重内部控制。有效的内部控制需要内部控制主体拥有良好的风险意识和一定的风险认识能力。企业发展需要力求在两者之间达到平衡状态，只有做到内部控制与风险控制相统一，企业才能持续、稳定、健康地前进。

可以看出，内部控制和风险控制是企业管理的两个视角，它们并非相互割裂，而是共同存在于同一套控制体系当中。具体的企业控制管理系统如图9-2所示。

（1）管理范围相互交融。风险控制和内部控制站在企业战略层面分析、评估和管理风

险，是把对企业监督控制从细节控制提升到战略层面及公司治理层面。风险控制和内部控制体现从上到下的贯彻执行，也是从下到上参与设计、反馈意见的"倒逼"机制，两者管理范围既包括管理层以下的监督控制，又包括管理层以上的治理控制。

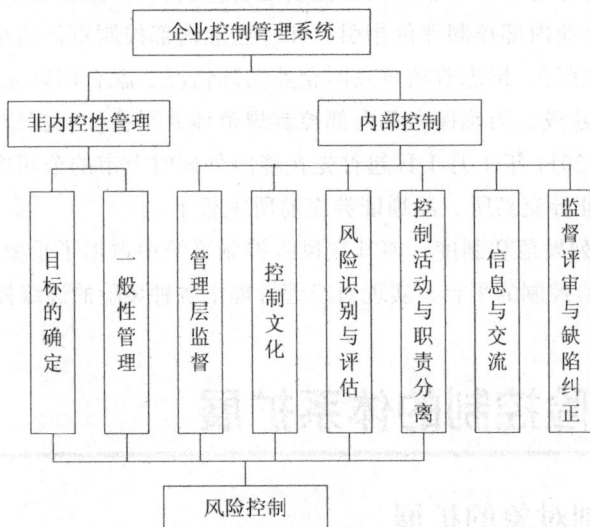

```
                    ┌──────────────────┐
                    │  企业控制管理系统   │
                    └──────────────────┘
                  ┌──────────┴──────────┐
          ┌────────────┐         ┌──────────┐
          │ 非内控性管理 │         │  内部控制 │
          └────────────┘         └──────────┘
```

| 目标的确定 | 一般性管理 | 管理层监督 | 控制文化 | 风险识别与评估 | 控制活动与职责分离 | 信息与交流 | 监督评审与缺陷纠正 |

```
                    ┌──────────┐
                    │  风险控制 │
                    └──────────┘
```

图 9-2　企业控制管理系统

（2）管理过程相互重叠。风险控制和内部控制均包括事前预测和评估各种现存和潜在风险；事中控制采取过程反馈，积极采取修复性和补救性；事后加强评价和总结。风险控制较内部控制更强调事前规划，内部控制较风险控制事后分析评审环节更多。两者在整体过程中相互重叠。

（3）管理职能相互整合。风险控制和内部控制均在试图寻求一个有效的切入点使得自身真正作为组织战略管理的重要成分嵌入组织内部，为组织战略目标的实现做出更多的贡献。依照企业控制管理的整体控制思维，扩展内涵和外延，将治理、风险和控制作为一个整体，为组织目标的实现提供保证。

2．风险控制与内部控制的制度关联

内部控制通过规范化管理满足了股东、外部审计师的需要，内部控制同样也为风险控制提供了有效的制度保证。

各个国家也从制度层面对企业内部控制进行了规范和要求，尤以《SOX 法案》为代表。《SOX 法案》是一部涉及会计职业监管、公司治理、证券市场监管等方面改革的重要法律，是美国关于会计和公司治理的一揽子改革方案。法案要求所有在美国上市的公司（包括在美国注册的上市公司和在外国注册而于美国上市的公司）都必须遵守该法案。此后，各国政府也逐渐开始积极推动内部控制领域的进程，以期减小企业的舞弊和违规行为对市场经济秩序的消极影响。

在我国，企业内部控制标准委员会于 2006 年正式成立。2006 年 6 月 6 日，国资委发布了《中央企业全面风险管理指引》，这是我国第一个全面风险管理的指导性文件，意味着中国走上了风险管理的中心舞台。2008 年 6 月 28 日，财政部、证监会、审计署、银监会、保监会五部委联合发布了《企业内部控制基本规范》，自 2009 年 7 月 1 日起先在上市公司范围内施行，鼓励非上市的其他大中型企业执行。该规范的发布，标志着我国企业内部控制规范体系建设取得重大突破，有业内人士和媒体甚至称为中国版的《SOX 法案》。2010 年 4 月 26 日，五部委又联合并发布了《企业内部控制配套指引》。该配套指引包括 18 项《企业内部控制应用指引》《企业内部控制评价指引》和《企业内部控制审计指引》，连同此前发布的《企业内部控制基本规范》，标志着适应我国企业实际情况、融合国际先进经验的中国企业内部控制规范体系基本建成。为确保企业内部控制规范体系平稳顺利实施，财政部等五部门制定了实施时间表：自 2011 年 1 月 1 日起首先在境内外同时上市的公司施行，自 2012 年 1 月 1 日起扩大到在上海证券交易所、深圳证券交易所主板上。

内部控制的一系列规范和制度，使其在风险控制系统中占据了重要地位，内部控制的五大组成部分构筑起风险控制的平台，实现对经营管理中各种风险的逐级控制。

第三节 风险控制的体系扩展

一、风险控制对象的扩展

风险可以分为外部风险与内部风险，传统的风险控制对象一般为内部风险，如财务风险、操作风险。在战略管理、公司治理框架下的风险控制对象可以扩展到所有的可控风险，包括运营风险，如质量、安全和环境风险，以及法律风险，如合规性风险等。

1．外部风险

外部风险主要包括政治风险、法律风险与合规风险、社会文化风险、技术风险、自然环境风险、市场风险、产业风险、信用风险等。

（1）政治风险

政治风险是指完全或部分由政府官员行使权力和政府组织的行为而产生的不确定性。政府的不作为或直接干预也可能产生政治风险。政治风险也指企业因一国政府或人民的举动而遭受损失的风险。政治风险包括：①外汇管制的规定；②进口配额和关税；③组织结构及要求最低持股比例；④限制向东道国的银行借款。

（2）法律风险与合规风险

法律风险是指企业在经营过程中因自身经营行为的不规范或者外部法律环境发生重大变化而造成的不利法律后果的可能性。合规风险是指因违反法律或监管要求而受到制裁、遭受金融损失以及因未能遵守所有适用法律、法规、行为准则或相关标准而给企业信誉带来损失的可能性。

法律风险通常包括：①法律环境因素，包括立法不完备、执法不公正等；②市场主体自身法律意识淡薄，在经营活动中不考虑法律因素等；③交易双方的失信、违约或欺诈等。

合规风险侧重于行政责任和道德责任的承担，而法律风险则侧重于民事责任的承担。合规风险通常包括：①面临可能违反反垄断法律规定的风险；②面临可能违反市场管理方面的法律规定的风险；③收购后的经营中也可能会涉及劳动法的法律风险；④环境责任承担中的法律风险；⑤知识产权保护中的法律风险。

（3）社会文化风险

文化风险是指由于文化这一不确定性因素的影响给企业经营活动带来损失的可能性。从文化风险成因来看，文化风险存在并作用于企业经营的更深领域，如跨国经营活动引发的文化风险，即由于东西方文化差异而导致其对公司的很多管理方式持不同观点；个人主义与集体主义的区别导致了公司管理员工的方式不同、组织结构设计不同；对权利、官僚的不同认识也导致了他们对经理人角色的不同理解。不同文化观念的人很难真正沟通、融合，因而看待公司治理的方式也不同。企业要进行全球化经营，在公司治理乃至人力资源整合中，必须考虑到文化整合的问题。

（4）技术风险

广义的技术风险是指当某一种新技术给某一行业或某些企业带来增长机会的同时，可能对另一行业或另一企业形成巨大的威胁。狭义的技术风险就是技术在创新过程中，由于技术本身的复杂性和其他相关因素的变化给企业经营活动带来损失的可能性。从技术活动过程所处的不同阶段考察，技术可以划分为技术设计风险、技术研发风险和技术应用风险。

（5）自然环境风险

自然环境风险是指企业由于其自身或影响其业务的其他方造成的自然环境破坏而承担损失的风险，包括企业自身对自然环境造成的直接影响、企业与客户和供应商之间的联系而对自然环境造成的间接影响。

（6）市场风险

市场风险包括：①产品或服务的价格及供需变化带来的风险；②能源、原材料、配件等物资供应的充足性、稳定性和价格的变化带来的风险；③税收政策和利率、汇率、股票价格指数的变化带来的风险；④潜在进入者、竞争者与替代品的竞争带来的风险。

（7）产业风险

产业风险是指在特定产业中与经营相关的风险。这一风险与企业选择在哪个产业中经营直接相关。产业风险来自：①产业（产品）生命周期阶段；②产业波动性；③产业集中程度。

（8）信用风险

企业生产产品或提供劳务，并将其提供给客户，同时企业会允许客户在一定时间内付款，这一过程被称为赊欠。赊欠会产生不予支付的风险。因而，客户信用风险主要体现为对方在账款到期时不予支付的风险。而企业的生产经营需要各种生产要素的提供，如果供应商不能按照双方合同或协议的要求按时、保质、保量地提供这些生产要素，就产生了供应商的信用风险。

2．内部风险

风险控制的内部风险主要包括战略风险、运营风险、操作风险、财务风险等。

（1）战略风险

战略风险指未来的不确定性对企业实现其战略目标的影响。这一定义的内涵可以从以下两个方面展开。①从战略风险可能导致的结果来看，有整体性损失和战略目标无法实现两种结果。②制定与实施发展战略需关注的主要风险：缺乏明确的发展战略或发展战略实施不到位，可能导致企业盲目发展，难以形成竞争优势，丧失发展机遇和动力；发展战略过于激进，脱离企业实际能力或偏离主业，可能导致企业过度扩张，甚至经营失败；发展战略因主观原因频繁变动，可能导致资源浪费，甚至危及企业的生存和持续发展。

（2）运营风险

运营风险是指企业在运营过程中，由于外部环境的复杂性和变动性以及主体对环境的认知能力和适应能力的有限性，而导致的运营失败或使运营活动达不到预期目标的可能性。运营风险包含以下几个方面：①企业产品结构、新产品研发方面可能引发的风险；②企业新市场开发，市场营销策略（包括产品或服务定价与销售渠道，市场营销环境状况等）方面可能引发的风险；③企业组织效能，管理现状，企业文化，高、中层管理人员和重要业务流程中专业人员的知识结构、专业经验等方面可能引发的风险；④期货等衍生产品业务中发生失误带来的风险；⑤质量、安全、环保、信息安全等管理中发生失误导致的风险；⑥因企业内、外部人员的道德风险或业务控制系统失灵导致的风险；⑦给企业造成损失的自然灾害等风险；⑧企业现有业务流程和信息系统操作运行情况的监管、运行评价及持续改进能力方面引发的风险。

（3）操作风险

操作风险是指由于员工、过程、基础设施和技术或对运作有影响的类似因素（包括欺诈活动）的失误而导致亏损的风险。从本质上来说，许多已经识别出的风险是操作方面的。操作风险可组合成以下几种风险：员工、技术、舞弊、外部依赖、过程/程序、外包。

（4）财务风险

财务风险是指公司财务结构不合理、融资不当使公司可能丧失偿债能力而导致投资者预期收益下降和陷入财务困境甚至破产的风险。财务风险是客观存在的；企业管理者对财务风险只有采取有效措施来降低，而不可能完全消除。

管理失误和公司治理的不完善在公司破产中所扮演的主要角色通常被强调为公司破产的直接导火索。如果破产归因于治理公司行为的程序设计的局限，那么债务违约可能迫使管理者降低产能，并重新考虑公司的运营政策和战略决策。从这个角度来看，债务违约及财务困境也能创造价值。因此，债务违约及破产机制能够帮助财务上陷入困境，但经济上可行的公司继续经营，同时也促使无效率公司的退出。

尽管财务困境和破产存在尚未得到经验量化的潜在好处的可能性，但是财务困境和破产程序涉及大量直接（法律、行政和咨询费用）的和间接（机会）的成本，这些成本会消耗公司及其利益相关者的真实资源。

二、风险控制目标的扩展

目标是行为的导向，一个好的目标会对行动或结果产生至关重要的影响。在现代管理活动中，管理控制的目标一般有两个。一是限制偏差的积累：我们知道，工作中出现偏差是不可避免的，但小的偏差失误在较长时间里会积累放大并最终对计划的正常实施造成威胁。因此，有效的管理控制系统应当能够及时地获取偏差信息，及时采取有效矫正措施，以防不利结果的出现。二是适应环境的变化：从制定出目标到目标实现，总是需要相当长一段时间。在这段时间，组织内部的条件和外部环境可能会发生一些变化。这就需要构建有效的控制系统，帮助管理人员预测和把握内外环境的变化，并对由此带来的机会和威胁做出正确、有力的反应。

风险控制紧密联系企业战略，为实现公司总体战略目标寻求风险优化措施，因而风险控制目标的设计要充分体现这一思想。

我国《中央企业全面风险管理指引》设定了风险管理如下的总体目标：

（1）确保将风险控制在与公司总体目标相适应并可承受的范围内；

（2）确保内外部，尤其是企业与股东之间实现真实、可靠的信息沟通，包括编制和提供真实、可靠的财务报告；

（3）确保遵守有关法律法规；

（4）确保企业有关规章制度和为实现经营目标而采取重大措施的贯彻执行，保障经营管理的有效性，提高经营活动的效率和效果，降低实现经营目标的不确定性；

（5）确保企业建立针对各项重大风险发生后的危机处理计划，保护企业不因灾害性风险或人为失误而遭受重大损失。

风险控制是风险管理和内部控制的融合，相应地，可以把风险控制的目标扩展为以下几个方面。

1．保证企业经营管理合法合规

风险控制体系的首要问题是要确保企业经营管理活动的合法合规性。遵纪守法不仅是每个公民的责任和义务，也是每个单位和组织应尽的责任和义务。违法、违章经营，不仅不能给企业带来任何利益，相反会带来巨额成本。企业的经济活动只有在合法合规的前提下，才能谈及效率和效果。因此，遵守国家法律、法规，执行各项规章制度是企业健康持续发展的关键。

风险控制可以通过内部控制的制度设计，让企业不敢违法违规，不愿违法违规，保障企业经营活动合规、合法，保证法律法规和规章制度的遵照执行。合理不等于合法，合法不等于合规。风险控制体系就是要通过企业内部各种规章制度和业务流程、授权审批等的设计和建设，来确保企业的经营管理活动都是在遵循国家法律法规的前提下进行的，以预防违法违规风险和损失的发生。

2．保证资源有效利用

内部控制侧重保证资产的安全完整，确保企业资产价值和功能不受损失、权属不受侵害。企业内部控制通过制定严格的涉及各类资产的取得、使用、保管、报废等各环节的管理制度、管理流程，明确各类资产管理过程中的风险事件和风险点，制定资产运用奖惩指标和标准，来保证各项资产的安全完整，防止各项资产发生损失或被侵吞损害，提高资产的有效利用，减少不必要的损失和浪费，从而实现对资产安全性的有效控制。

风险控制着眼于企业所有资源的有效利用。企业的资源有有形和无形之分，无形资源的有效利用对企业的长远发展往往影响深远，风险控制着力于保证企业一切资源的保全和增值。

3．提高经营效率和效果

企业的核心工作就是进行生产经营活动，一切生产经营活动都是为了获得最大的经营收益，为企业为社会创造价值。事实上，如果企业的经营活动效率和效果不佳，经营活动产生的现金流为负数，企业就无法生存，更谈不上发展。因此，风险控制的另一重要目标就是保证企业生产经营活动健康有效运行，促进提高经营的效率和效益，实现企业权责利分配标准，提高企业整体管理水平，使各项业务活动内容合理合法并符合企业整体业务目标要求和效益大于成本的原则。

通过风险控制使各项业务风险在可预见的控制范围之内，各项业务活动效果具有可持续发展的效益性和前瞻性，各项业务活动运行程序明确、顺畅、快捷、高效，确保企业经营管理活动健康运行，以预防和控制经营管理环节中效率降低的风险和损失。

4. 促进企业实现发展战略

企业管理活动的终极目标是促进企业发展战略的实现。发展战略是企业在对现实状况和未来趋势进行综合分析和科学预测的基础上，制定的长远发展目标与战略规划。为了促进企业增强核心竞争力和可持续发展能力，风险控制必须促进企业发展战略的实现。企业作为市场经济的主体，要想求得长期生存和持续发展，关键在于制定并有效实施适应外部环境变化和自身实际情况的发展战略。企业缺乏明确的发展战略或发展战略实施不到位，就会导致盲目发展，难以形成竞争优势，丧失发展机遇和动力；企业发展战略过于激进，脱离企业实际能力或偏离主业，导致企业过度扩张、经营失控甚至失败；企业发展战略频繁变动，就会导致资源严重浪费，最后危及企业的生存和持续发展。

风险控制通过改善应对内部外部环境的变化，强化控制手段，来保证企业的短期和长期经营管理活动按照企业发展战略来实现。

上述目标相互依赖和相互制衡，风险控制的出发点和归宿是控制风险，确保企业战略目标的实现。

三、风险控制职能的扩展

风险控制不仅担负着管理、控制，实现企业战略的职能，也因为其对内外部环境的关注，对企业未来的关注，具有了深层次的职能。

1. 履行社会责任层面的职能

为了促进企业履行社会责任，实现企业与社会的协调发展，企业应履行社会责任。最早提出"企业社会责任"这一概念的是谢尔顿（1924），他认为企业应承担满足人类需求的责任，主张企业的经营应促进社会利益。但一般学者认为企业社会责任的研究始于 20 世纪 50 年代，其标志是 1953 年鲍恩出版的《商人的社会责任》一书。他指出，企业社会责任是指企业依从社会的目标与价值观，趋近并遵循相关政策，进而进行决策、采取具体行动的义务。卡罗尔（1999）认为，企业社会责任乃社会寄希望于企业履行之义务，社会不仅要求企业实现其经济上的使命，而且期望其能够遵法度、重伦理、行公益。

企业应当重视履行社会责任，切实做到经济效益与社会效益、短期利益与长远利益、自身发展与社会发展相互协调，实现企业与员工、企业与社会、企业与环境的健康和谐发展。

企业应当重视安全生产投入，在人力、物力、资金、技术等方面提供必要的保障，健全检查监督机制，确保各项安全措施落实到位，不得随意降低保障标准和要求。企业应当加强生产设备的经常性维护管理，及时排除安全隐患。企业如果发生生产安全事故，应当按照安全生产管理制度妥善处理，排除故障，减轻损失，追究责任。重大生产安全事故应当启动应急预案，同时按照国家有关规定及时报告，严禁迟报、谎报和瞒报。

企业应当根据国家和行业相关产品质量的要求，从事生产经营活动，切实提高产品质量和服务水平，努力为社会提供优质、安全、健康的产品和服务，最大限度地满足消费者的需求，对社会和公众负责，接受社会监督，承担社会责任，规范生产流程，建立严格的产品质量控制和检验制度，严把质量关，禁止缺乏质量保障、危害人民生命健康的产品流向社会。企业应当加强产品的售后服务。售后发现存在严重质量缺陷、隐患的产品，应当及时召回或采取其他有效措施，最大限度地降低或消除缺陷产品、存在隐患产品造成的社会危害。

2．环境保护与资源节约的职能

企业应当按照国家有关环境保护与资源节约的规定，结合本企业实际情况，建立环境保护与资源节约制度，认真落实节能减排责任，积极开发和使用节能产品，发展循环经济，减少污染物排放，提高资源综合利用效率。

企业应当通过宣传教育等有效形式，不断提高员工的环境保护和资源节约意识。企业应当重视生态保护，加大对环保工作的人力、物力、财力的投入和技术支持，不断改进工艺流程，降低能耗和污染物排放水平，实现清洁生产。企业应当加强对废气、废水、废渣的综合治理，建立废料回收和循环利用制度。企业应当重视资源节约和资源保护，着力开发利用可再生资源，防止对不可再生资源进行掠夺性或毁灭性开发。企业应当重视国家产业结构相关政策，特别关注产业结构调整的发展要求，加快高新技术开发和传统产业改造，切实转变发展方式，实现低投入、低消耗、低排放和高效率。

3．促进就业与员工权益保护

企业应当依法保护员工的合法权益，贯彻人力资源政策，保护员工依法享有劳动权利和履行劳动义务，保持工作岗位相对稳定，积极促进充分就业，切实履行社会责任。

企业应当避免在正常经营情况下批量辞退员工，增加社会负担。企业应当与员工签订并履行劳动合同，遵循按劳分配、同工同酬的原则，建立科学的员工薪酬制度和激励机制，不得克扣或无故拖欠员工薪酬。企业应当建立高级管理人员与员工薪酬的正常增长机制，切实保持合理水平，维护社会公平。企业应当积极履行社会公益方面的责任和义务，关心帮助社会弱势群体，支持慈善事业。

4．文化建设的职能

所谓企业文化，是指企业在生产经营实践中逐步形成的、为整体团队所认同并遵守的价值观、经营理念和企业精神，以及在此基础上形成的行为规范的总称。

文化作为一组通过教育和模仿而继承下来的行为习惯，对各种制度安排的成本产生影响。新制度经济学家在研究正式制度的同时，并没有忽视意识形态、伦理道德、文化传统等非正式制度因素的影响。在诺斯等人看来，文化作为秩序的伦理基础，是一种"意识形态"。文化不仅是减少经济秩序交易费用的重要制度基础，更重要的是它对经济主体创新和进取精神的推动作用，具有和产权界定匹敌的巨大作用，可以提供选择性经济动力激励等方面的产出，是有效率的经济组织的基础。

本章要点

风险控制系统是在环境不确定性的影响下，提高自我决定的能动性，积极地应对环境的变化而做出的反应。它是一个基于价值驱动因素分析后对组织经营活动的行动规划、细化与管理控制的控制体系。风险控制具有经济学、管理学的内涵，体现了战略管理、委托代理、系统论的思想。

风险控制与公司治理、内部控制共同存在于企业管理框架中，风险控制与公司治理存在于组织结构管理中，与内部控制具有制度依赖关系。

风险控制相比风险管理和内部控制，在对象、目标、职能上都有所扩展和延伸。

案例资料

在物质还比较匮乏的年代，高品质的东芝家电成为很多中国人生活档次的象征。但后来，这个"日本制造"的代表性企业，其前景越来越黯淡，甚至走到了崩溃的十字路口。

东芝的困境，从亏损数据就可以看出。根据估算，在 2015 财年，东芝有 5 500 亿日元（约合 45 亿美元）的创纪录净亏损。为了求得生存，东芝将进行"解体式重建"，大幅裁减业绩不佳的家电以及总公司员工，加上此前已裁减的半导体部门，总计裁员 1.06 万人，占到员工总数的 1/4。

对很多一辈子只在一个企业工作的日本人来说，这无疑是一个艰难时刻。他们从来没想到，这个日本的巨无霸企业，有一天也会走到如此境地。要知道，和日立、松下、索尼不同，有 140 年历史的东芝是日本老牌家电企业，日本第一个电灯泡、第一台洗衣机、第一台冰箱，都诞生在东芝的车间。

当年给东芝带来荣光和利润的家电部门，后来却成为东芝的最大拖累。自 2012 年开始，东芝的家电就基本没有过盈利，后来更是频繁巨额亏损，事实上成了拖累东芝发展的"僵尸部门"。

东芝的问题其实也是日本整个家电业的缩影。最近几年，随着行业前景的黯淡，以及中韩企业的夹击，曾经如日中天的日本家电业早已雄风不再。2008 年，日立创下了当时日本企业的最大亏损纪录——7 873 亿日元。为摆脱困境，日立当机立断，开始压缩产能，以"挤脓"决心剥离了亏损的家电行业。

但在编者看来，东芝缺乏壮士断腕的决心，对于电视机、洗衣机、个人计算机这些传统家电业务，东芝左一个不舍得、右一个不愿放弃，虽也有剥离业务的建议，但迟迟不见付诸行动。正如《日本经济新闻》引述业内人士的话说，东芝"失去了摆脱 20 世纪业务结构的机会"。

东芝的慢一拍，其实也同公司内部自欺欺人有关。2015 年 7 月，东芝就披露出震惊日本的财务造假，通过大幅虚增利润维持表面业绩，且这种造假持续了多年。表面的数字光鲜，自然也使得公司上下缺乏转型的紧迫感。假账让东芝信誉大损。日本证券交易监督委员会已表示，将对东芝处以 73.735 亿日元罚款。这也是日本公司被处以的最高罚款。

现在，每多生产出一件家电，东芝就多增加一点亏损，当亏损突破 5 000 亿日元大关时，就再也无法承受。东芝不得不开始变卖家产。东芝在印度尼西亚的电视机和洗衣机生产企业，已转卖给中国的创维公司。接下来，东芝的个人计算机部门将很可能与富士通合并，白色家电则可能甩卖给夏普。东芝以后的核心业务将是半导体和核电。

即便如此，东芝前景依然不容乐观，根据预测，在 2016 财年，东芝的到期贷款和债务接近 1 万亿日元。东芝迫切需要融资，但糟糕的业绩让投资者望而却步。穆迪已将该公司的债券评级下调至垃圾级。东京证交所则禁止东芝在 2017 年 9 月之前进行股权融资。

东芝的教训是惨痛的——没有转型的紧迫感，往往就会在竞争中被淘汰。这种"东芝病"，其实在很多国家的企业中都存在。

在美国，同样作为综合性公司的通用电气也曾蒙受巨额损失，其金融部门的巨额亏损甚至将其拉入 2008 年国际金融危机的深渊。但通用电气痛定思痛，果断剥离了金融部门，并集中力量加强高科技制造业，现在依然是美国的巨无霸企业。

中国当下进行的"供给侧结构性改革"，其中一个重要原因就是一些企业患上了类似的"东芝病"，生产已不符合市场需求，却仍在消耗原材料和能源，结果必然是产能过剩、亏损增加。企业改革就必须果断剥离这些亏损业务，并转型开拓新的业务，如果瞻前顾后犹豫不决，则很可能被市场所淘汰。

我们必须要看到，今天东芝在压缩产能，将家电业务甩给中国企业，实际上是断臂求生。这是中国企业的机会，但同时也是挑战。今天可能还在欣喜并购东芝的工厂，明天或许就会发现这其实是一个巨大的包袱。准备接收东芝白色家电的夏普，其实也在苦苦挣扎中，甩卖或许也不可避免。

可以说，如果没有强烈的危机意识，没有持续创新的能力，再过 5 年或 10 年，中国家电企业能否避免东芝的梦魇还是个未知数。更需警醒的是，我们一些品牌远没有东芝那么响亮，业务也没有东芝那么多元化，"瘦身"的东芝还有半导体、核电作为最后的救命稻草，我们的一些企业想好拿什么作为压箱底的法宝了吗？

案例讨论

1. 结合内部控制的理论，分析东芝压产能失败的原因。
2. 从"供给侧结构性改革"视角，谈谈转型升级在内部控制中的地位与作用。

复习思考题

1. 简述风险控制的内涵与特征。
2. 试述风险控制、公司治理与内部控制的关联性。
3. 你认为风险控制的方法应该如何扩展？

本章参考文献

[1] 谢志华. 内部控制、公司治理、风险管理：关系与整合[J]. 会计研究，2007（10）.

[2] 李凤鸣. 内部控制学（第 2 版）[M]. 北京：北京大学出版社，2012.09.

[3] 刘凤娟. 公司治理中风险管理的组织结构及职责[J]. 企业经济，2011.11.

[4] 杜莹芬. 企业全面风险管理：理论与实践[M]. 北京：经济管理出版社，2014.12.

[5] 罗怀敬. 全面风险管理导向下企业内部控制评价研究：以农业上市公司为例[M]. 济南：山东大学出版社，2014.11.

[6] 徐凤菊，赵新娥，夏喆. 企业内部控制与风险管理[M]. 大连：东北财经大学出版社，2013.08.

第十章 风险管理的创新实践

本章结构图

```
                                    ┌─────────────────────────┐
                                    │   企业风险管理面临的挑战   │
                                    ├─────────────────────────┤
                                    │   ERM的价值创造定位       │
                         企业风险管理  ├─────────────────────────┤
                         的机遇与挑战  │   适应性的风险管理        │
                                    ├─────────────────────────┤
                                    │   首席风险官（CRO）的演化  │
                                    ├─────────────────────────┤
                                    │   企业的风险文化          │
                                    └─────────────────────────┘

                                    ┌─────────────────────────┐
                                    │  "互联网+"战略的基本内容   │
                                    ├─────────────────────────┤
                                    │  基于"互联网+"的不同类型的风险│
             风险管理的   基于"互联网+"├─────────────────────────┤
             创新实践     的风险管理    │  建立符合"互联网+"战略要求的│
                                    │  风险管理体系             │
                                    ├─────────────────────────┤
                                    │   风险的防范与应对策略     │
                                    └─────────────────────────┘

                                    ┌─────────────────────────┐
                         基于"智能制造"│  "智能制造"的定义与特征    │
                         的风险管理    ├─────────────────────────┤
                                    │  "智能制造"下的风险管理    │
                                    └─────────────────────────┘

                                    ┌─────────────────────────┐
                         新经济形势下  │  新经济形势下的企业风险    │
                         风险控制的展望 ├─────────────────────────┤
                                    │ 新经济形势下风险的控制和防范│
                                    └─────────────────────────┘
```

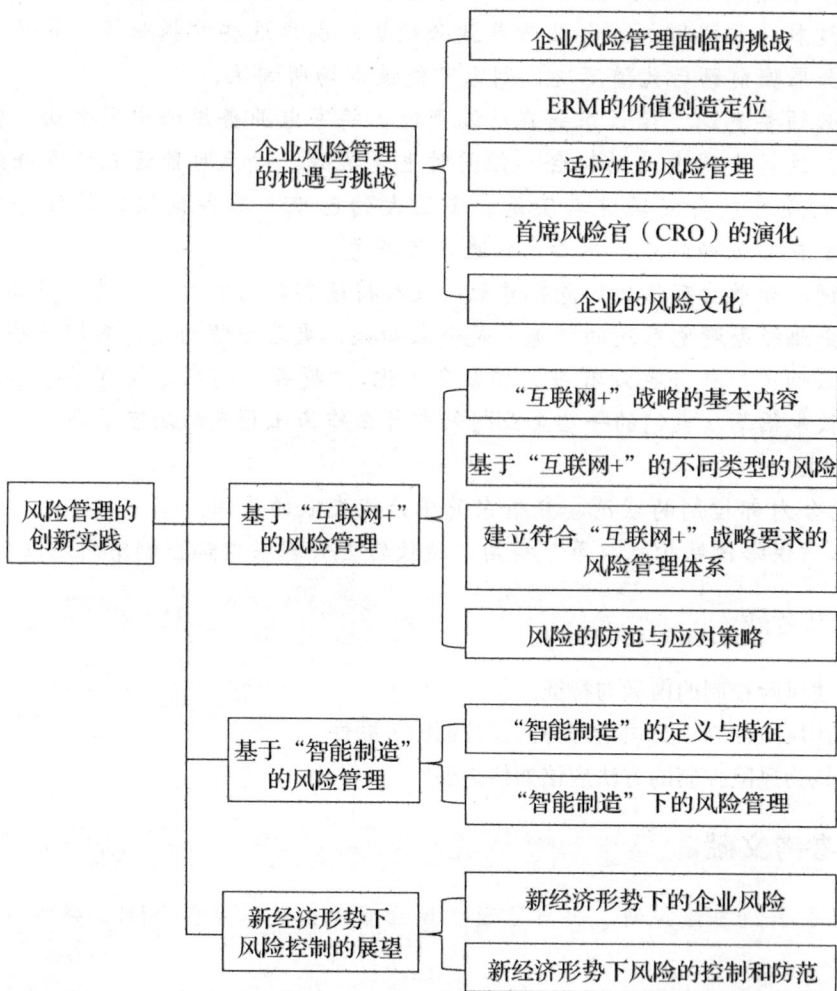

本章学习目标

➢ 理解企业风险管理面临的机遇和挑战。

➢ 理解基于"互联网+"和"智能制造"的风险。

➢ 理解新经济形势下的风险。

➢ 掌握风险控制和防范的手段。

第一节　企业风险管理的机遇与挑战

从 20 世纪初全球性的企业倒闭潮到 2008 年以后的次级贷款危机，人们对风险的认识一再被刷新。在市场经历了一系列的制度整顿之后，企业也逐渐意识到自身的风险控制机制也应当跟上时代的步伐。本节将就当前企业风险管理领域面临的各种挑战和机遇予以分析。

一、企业风险管理面临的挑战

自 2008 年的金融危机后，很多改革呼吁者纷纷指责总体风险监控的失败。批评者指出，由于某些战略方案的收益过大，相应的风险时常被忽略和忽视。很多人一再呼吁大幅改进风险管理，尤其是对组织战略方案的采纳建立更正式的风险管理机制。美国联邦储备委员会委员兰达尔·S. 克罗斯纳在 2008 年 10 月的演讲中呼吁紧密联系企业整体战略和风险管理，"企业的生存能力将依赖于两者整合"。他还强调，许多企业忽视了定期对整体战略风险进行评估的重要性。

（一）不断提升的总体风险水平和日趋复杂、多元化的商业环境

对战略风险管理期望的提高还来源于对企业面临风险的数量和复杂程度的增强。信息技术的迅速革新、全球化和业务外包、商业交易的复杂程度及日趋激烈的竞争都使董事会以及高层管理人员更难去有效地监视不断变化的风险组合。IBM 在 2008 年的"全球 CFO 调查"中指出，在年收入超过 50 亿美元的企业中，62%的企业在过去 3 年内都曾经历过严重影响其经营的重大风险事件，其中有 42%的企业表示他们未能对此进行过合适的准备。

为了确保风险管理的成功，风险策略必须拥有足够应对外部环境变化的灵活度，应对现阶段单一市场环境的复杂风险控制系统存在的局限性。企业需要提高自身的抗风险能力和恢复能力，以增强生存能力和适应意外的环境变化。

（二）在系统性风险和不可预见的风险事件上存在短板

影响企业的很多风险都是系统性的，它们相对较难识别和控制。然而，尽管很多风险未能被识别，它们却具有相似的影响。"9·11 事件"和"卡特里娜"飓风，虽然都难以预见，但是都有着相似的影响，如员工流失、经营的中断、设施的破坏、缺少现金流等。管理层和董事会越来越多地被要求对公司战略相关的各种风险负责，现实情况是，管理层和董事会没有预测"9·11 事件"之类的义务，但是他们需要能够提前对造成类似影响的事件（无论是什么原因造成的）有所准备。管理层需要对任何有可能引发"9·11 事件"和"卡特里娜"飓风之类的风险有所预警，据此避免可能直接影响到企业核心战略成败的后果，即通过制定预案来实现风险防范效应。

（三）当前风险评估的技术手段无法满足风险管理的需要

面对越来越多样和复杂的风险，很多企业使用的技术都显得过时或者缺乏精密度。很少有董事会和管理层的关键风险指标可以可靠地提供合适的数据，以识别和评估企业内外部风险的变化。这使得企业很难去主动地在风险发生之前调整战略方案。于是，就造成了利益相关者同董事会与管理层之间的"期望差距"，即利益相关者对董事会和管理层进行战略风险

管理的期望与他们实际能达到的表现之间的差距。

（四）企业信用评级加入了对企业风险管理的考察

对于金融行业，在企业风险管理（ERM）中具有举足轻重影响的一个利益相关者就是评级机构。评级机构评价债券和其他债务、公司偿付利息以及本金的能力。评级机构会分析和研究每一个债务合约的条款与条件，结合公司的财务状况予以评级。在过去的若干年里，评级机构曾饱受质疑，最让他们头痛的可能就是次贷危机的爆发。当然，早在此之前安然的破产事件就直接导致了时任总统布什签署通过了《评级改革法案（2006）》。该法案要求更加强健的风险控制体制，如将 ERM 的实行纳入评级机制，以及进行额外的抽查调研。

评级机构标准普尔、穆迪、惠誉等将银行、保险和能源企业的 ERM 实施加入了信用评级过程（其中标普已将其推广到了其他非金融企业）。据标准普尔在 2007 年的报告，"卡特里娜"飓风后，那些拥有较强 ERM 实施的保险公司能够快速估计出保险索赔并且将误差控制在 25%以内，而 ERM 实施较弱的公司则无法量化风险敞口并且最终遭受了更大的损失。

在过去的几年里，评级机构已经成了推动企业风险管理发展的中坚力量。在评级方法上，标准普尔直接将 ERM 单独作为评级过程的 8 项考察项目之一，而其他的评级机构只是将其通过各自的方式"嵌入到"已有的评级方法中。因此，参与评级的企业可以根据这一点选择它们通过哪家评级机构评级。为了满足评级机构的预期，非金融企业 ERM 的实施所需要的投入也许会显得有些高昂。企业也许会对额外的要求感到沮丧。但如同《SOX 法案》的出台一样，企业最终也会接受和理解 ERM 的重要性，企业可以因此获得更高的信用评级，从而减少筹资成本和提高利润率。

面对种种挑战，企业越来越多地意识到 ERM 所提供的由上而下全局的风险管理体系的重要性。ERM 的宗旨是考虑利益相关者的风险偏好来进行风险管理，提高企业达到其战略目标的可能性。最终 ERM 要被成功地实施，企业同时也要重视自身的抗风险能力和恢复能力的提升，并重新审视和思考风险管理人员在企业管理中的定位、企业文化在风险管理中扮演的角色等议题。

二、ERM 的价值创造定位

传统的风险管理机制中风险常常被单独地管理和控制。在这种机制下，风险被不同业务部门的领导者管理，针对某个特定风险的应对可能对企业其他风险层面造成影响，必要的监督和交流非常少。近年来建立起的一些概念框架提供了很多构建有效 ERM 流程的核心原则。值得注意的是，ERM 直接与企业战略连接在一起，但是要使其实现"价值创造"的功能，它必须要很好地嵌入到企业战略中去，如图 10-1 所示。

三、适应性的风险管理

企业本身就是市场的一部分，市场系统中的危机很多是企业自身难以避免的。企业应付不可预见事件的能力是一个关键成功因素。另外，由于商业环境的过度复杂、不同风险的关联盘根错节、政策和制度环境难以预计，企业需要直接建立起一套具有较强抗风险能力和风险恢复能力的机制。这个问题的关键就在于企业的感知和应对未知风险的灵活度。适应性的风险管理、企业风险抵抗和恢复（ER）则是在传统风险管理和企业全面风险管理之上需要建立起的下一步工作，如图 10-2 所示。

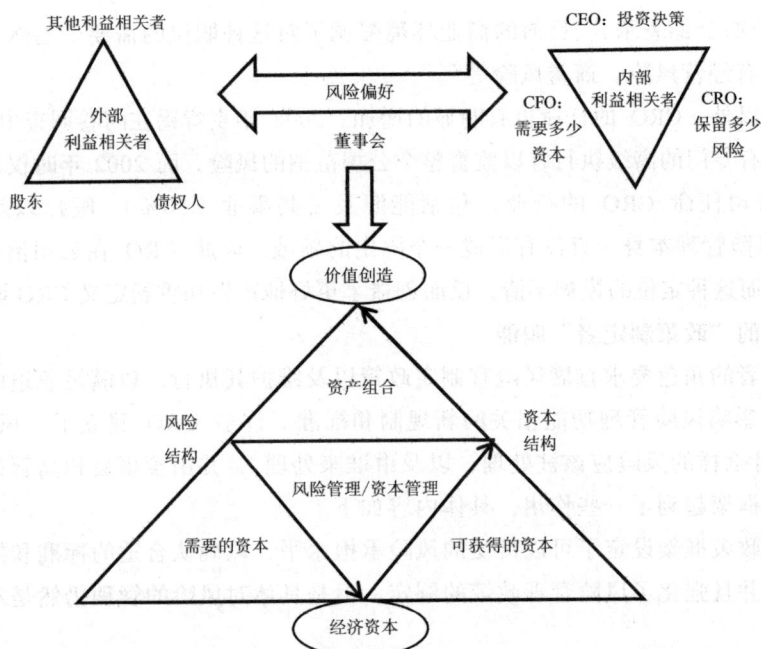

图 10-1　企业风险管理在组织中的战略定位

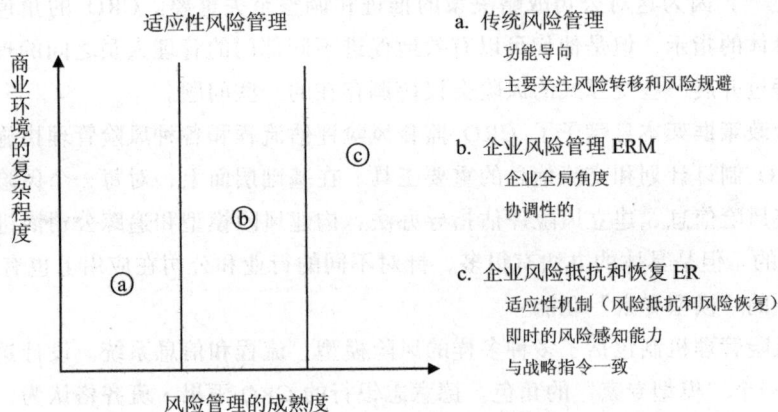

图 10-2　基于复杂商业环境的风险管理

图 10-2 表明，ER 关注的重点是风险的感知、抵抗和恢复能力，而不是直接考虑风险的识别和风险事件发生的可能性。企业需要建立起一套防御机制，以经得起在自己设定的风险承受水平之下任何可能发生的风险。尽管它仍然不能保证企业能够承担所有的风险，但却加强了企业在不同环境下的生存能力。

四、首席风险官（CRO）的演化

从 2007 年到 2008 年，次级贷款危机使银行业遭受了数以百亿美元计的损失。美国银行家杂志的报告称，监管者和行业观察者提倡任命专门的执行主管以监督企业的风险管理机制，尤其是针对美林（缺少一个首席风险官），以及花旗（被指责其风险监督失灵）。之后，很多人提出需要进一步强化首席风险官（CRO）在公司治理中的角色。国家城市银行的

CEO 皮特·拉斯金德表示，"目前的商业环境强调了对这种职位的需要。当然，不光是针对信用风险，还有经营风险、商誉风险等"。

在银行业以外，CRO 的任命也有明显的增加。2008 年麦肯锡在问卷调查中发现，43%的保险公司任命有专门的高级执行官以监督整个公司范围的风险，而 2002 年时仅有 19%。其他有一些大量公司任命 CRO 的行业，包括能源及公共事业（50%）、医疗以及采矿业（约25%）。由于风险管理本身一直没有形成一个固定的领域，因此 CRO 在公司治理中的角色也一直在改变。而这种定位的模糊不清，反而创造了更好地审视和重新定义 CRO 职能的机会。

1．CRO 的"政策制定者"职能

政策制定者的角色要求首席风险官制定政策以及维护其执行，以满足急迫的利益相关者的要求，跟上影响风险管理功能相关的新规制和标准。许多 CRO 建立了"风险政策框架"（其中规定了什么样的风险应该被处理，以及由谁来处理），并由董事会和高管签字通过。

风险政策框架起到了一些作用，具体内容如下。

（1）风险政策框架设定了可以接受的风险承担水平，以确认合适的标准和控制机制。尽管 CRO 支持并且强化了风险管理政策的制定，但是具体对风险的管理仍然是对应流程管理人员的职责。

（2）风险政策框架加强了组织内对其关心的风险内容和范围的共同认知。通常情况下，这些风险的内容和范围是不断变化的。一些 CRO 认为促进这种共同认知的形成是他们工作的主要作用之一，因为这对公司战略决策的推进和调整至关重要。CRO 的角色并不一定对管理者下达具体的指示，但是他们可以有效地促进不同部门的管理人员之间的理解和协作，必要的时候通过开展一些交互式的风险会议协调存在的一些问题。

（3）风险政策框架本身赋予了 CRO 监督风险评估流程和各种风险管理措施的相关的权限，也是 CRO 制订计划和交流信息的重要工具。在基础层面上，对每一个风险的评价和交流都是由采集风险信息、建立风险评估指导办法、构建风险模型和追踪公司演进的风险状况4 个部分组成的。但是具体的办法有很多，针对不同的行业和公司在应用上也有所不同。

2．CRO 的"模型专家"职能

先进的风险管理机制包括了多种多样的风险模型、流程和信息系统。设计这样的体系需要 CRO 扮演一个"模型专家"的角色。德意志银行的 CRO 雨果·班齐格认为，全面风险管理体系应站在企业全局的角度去识别、度量和管理风险，及采用适用于企业全局的风险模型。这样做最大的好处就是可以将量化的风险聚合，以确定企业的承受能力和管理措施。但是，由于应用于不同风险的风险指标各不相同，对不同风险敞口之间的相关性和企业多元化经营效益的认识不充分等原因，长期以来如何聚合风险敞口一直是风险管理者最大的挑战。现阶段经济资本作为对市场风险、信用风险和经营风险的公分母式度量一般指标，使得公司量化和聚合不同类型的风险并估计总体风险成为了可能。伍德（2002）认为 CRO 的一个重要作用就是为组织控制的目的调整经济资本的计算方法。对应地，目前一些风险管理的学术文献更多地提倡通过经济资本计量的，以风险作为基础的内部资本分配作为有效的绩效考评和控制机制。

风险聚合需要较高的建模专业技能。一些 CRO 将他们的工作更多地致力于广泛建立量化模型，以及对战略计划和绩效考评起到重要作用的企业风险文化。在银行业，一些风险专家逐渐将工作从一般的风险模型拓展到了探索一些未知的不确定因素（如放贷给小型企业的

额外风险）以及试图量化一些过去不易量化的经营风险上，他们将这些也纳入模型中。不过，仍有很多的高级管理人员认为，目前风险的计量要直接与战略计划和绩效考察相联系还不具备足够的说服力，量化后的信息尚不具备足够的可靠性。

3. CRO 的"战略顾问"职能

企业风险管理转向全面战略管理的全局观，为 CRO 参与战略管理铺平了道路。这个角色的设定假设了企业的风险管理体系建立了企业全局化的风险模型，使得企业能够运行一个建立在"风险调整后绩效"之上的管理体系。CRO 负责将风险和绩效有机地结合起来并且确定这些经过风险调整后的指标的可靠性。他们向最高领导层建议不同业务风险调整后的相对绩效，从而对投资和资源的分配施加影响。CRO 作为一个战略管理者，需要有足够的有关风险模型的专业知识，并且具备与非风险管理人员交流专业信息的能力。

还有一些 CRO 通过预测和以风险为基础的情境规划分析系统向管理层和董事会人员提供决策依据。这些 CRO 通过分析问题和寻找弱点以警告最高管理层和董事会人员。这个角色可能需要设置一个可以追踪的记录，让风险管理人员在董事会和最高管理层前得以建立足够的信用。

五、企业的风险文化

企业风险文化指的是企业文化中可能直接相关或者有限涉及企业风险和企业风险管理的那一部分。人们通过反思安然事件中安然的内部竞争机制、次级贷款危机中的房屋经纪人以及从事衍生品交易的金融机构从业人员，逐渐认识到了企业风险文化的重要性。成功实施企业风险管理最重要的条件之一就是有支持和理解风险管理的企业文化。信息和技术能力对协助创造好的企业风险文化是必要的，但是一个拥有顶尖技术能力和流程去收集和报告信息的企业仍然可能有将其引向破产的文化，或是对实现企业风险管理毫无价值的文化。

企业风险文化的重要性体现在它对企业决策制定和实施的影响作用。在一个良好的企业风险文化环境中，决策者可以在综合了对风险和回报考量后，被负责任地、有纪律性地做出决策。这种文化在组织内的推广对战略决策和各种日常的商业决策都有积极的作用。企业风险文化的目标就是要确保企业中所有的决策者在决策中能够充分理解和重视以下几点。

（1）识别和评估风险对现存的和潜在的企业经营活动的意义。

（2）交流和沟通对管理现存和潜在风险的意义。

（3）风险和回报的关系对商业决策的意义。

企业的风险文化是实现企业风险管理目标的必要条件之一，必要条件的缺失可能会导致以下几个方面的问题。

（1）并非所有相关的风险都被及时地识别和评估。

（2）决策者在做出决策时未能充分了解相关的风险。

（3）决策的制定和实行刻意忽视了某些风险的存在。

很多的商业决策需要在短期的利益和风险调整后的长期企业价值之间做出权衡。短期的利益包括销售额的增长（满足和超过销售额目标以及市场预期）；某些交易可以创造的短期会计利润；甚至是决策者个人动机。如果有足够的压力驱使决策者放松组织的风险要求，则决策者有可能制定出完全违背组织风险政策和组织目标的决策。这样的情况有可能会出现在组织的任何一个层面上。例如，最高领导层在收购另一家公司的考量中，又或者产品的销售经理在评估买家的信用风险中。诚然，这些可以通过设定更加行之有效的绩效考评以及薪酬结构得到改善，但是组织并不一定随时能得到足够的信息去很好地实现这一点。例如，在保险行业中，让保险公司对更大风险或者更低利润的销售行为给予更少的佣金是不现实的。如果组织含蓄地表达了销售人员对企业的价值就在于他们的销售额是多少，这样的企业文化就有可能诱导出很多为了增加销售额实际违背企业长期价值的行为。很多企业的竞争文化也造成了类似的问题。除了来源于企业内部人员的竞争文化以外，企业外部的、企业与企业之间的竞争也有可能引起不合理的风险承担。外部的某些竞争者有可能因为他们的一些不合理的决策获得了好的结果，如冒险在期货市场对赌能源价格获得了丰厚的利润，又或者是跟风竞拍土地抢占资源等。面对这些压力和诱惑，好的企业风险文化必须要显示出它在决策过程中体现出的纪律性。好的企业风险文化同时也不应该阻碍合理的风险承担。风险的承担并不一定得到想要的结果，因此在事后评价一个决策的时候应当考虑到当时做出决策的背景，不应过度惩罚，抑制决策者未来做出合理的风险承担。

高风险认知的企业文化应该有的特点如下：

（1）诚信和正直；

（2）理解企业活动对利益相关者的影响；

（3）强调纪律性；

（4）完整和透明的信息沟通和交流；

（5）鼓励员工勇于对他们自己的行为承担责任。

有这样文化的企业应该有的特点如下：

（1）参与式的管理风格；

（2）充分利用全体员工的知识和技能；

（3）员工的激励和报酬与风险相一致；

（4）善于捕获每一个组织层次上的风险；

（5）在风险发生之前提前决定好控制措施；

（6）不断改进沟通和协作；

（7）鼓励加强全体员工的风险意识。

成功地管理风险是企业中每个人的责任。要实现这一点，就要把风险管理嵌入组织结构和组织文化中去。这对于企业来说是一个机遇，对于董事会和管理层来说也是一个不小的挑战。成功地构建组织的风险文化离不开领导层的支持，它需要领导层自己以身作则，并且通过鼓励和阻止相应的行为，准确、有效地定义和推广良性的企业文化。

第二节　基于"互联网+"的风险管理

一、"互联网+"战略的基本内容

"互联网+"战略就是利用互联网的平台，利用信息通信技术，把互联网和包括传统行业在内的各行各业结合起来，促进互联网与各产业融合创新；就是在技术、标准、政策等多个方面实现互联网与传统行业的充分对接，在新的领域创造一种新的生态。第十二届全国人民代表大会第三次会议政府工作报告中提出了"互联网+"行动计划，而"把一批新兴产业培育成主导产业"也是第一次出现在政府工作报告中。2015 年 7 月 4 日，国务院印发了《国务院关于积极推进"互联网+"行动的指导意见》。该文件提出了"互联网+"创业创新、"互联网+"协同制造、"互联网+"现代农业、"互联网+"智慧能源、"互联网+"普惠金融、"互联网+"益民服务、"互联网+"高效物流、"互联网+"电子商务、"互联网+"便捷交通，以及"互联网+"人工智能的 10 个重点行动，以及坚持"开放共享""融合创新""变革转型""引领跨越"和"安全有序"的 5 项基本原则。预定目标是到 2025 年形成以"互联网+"为创新发展重要驱动力量的新经济形态。面对"互联网+"带来的新的经济环境，企业如何及时地识别风险、评估风险和控制风险，对提高自身效益以及保持在行业内的竞争力至关重要。

二、基于"互联网+"的不同类型的风险

在"互联网+"的新经济形态下，企业将面临的风险主要有商业模式转型风险、行业政策风险、知识产权风险、网络安全风险、管理风险、财务风险、市场风险、信用风险、技术风险和人力资源风险。

1. 商业模式转型风险

传统企业的"互联网+"转型是新环境下企业保持竞争力的重要战略。企业改变原有商业模式，如果无法平稳地过渡到新模式，则有可能因为新旧模式冲突而造成变异风险和适应风险。一个典型的例子就是"频道冲突"，即增加以网络为基础的业务比例，对原有业务造成的风险。例如，投资银行开通了网络服务功能就有可能逐渐侵蚀掉传统全套经济业务中全服务经纪人的佣金，高效的经纪人就有可能带着最富有的客户转到其他的经纪商。另外，一个可能的情况是新业务无法适应公司原有的生产和销售方式。例如，企业现有的生产和销售链是以大订单"批量"为基础的，当试图为网络客户提供服务，接受更小、更多的订单的时候，成本结构有可能发生恶化。在转型的过程中，这些风险是不可避免的。新的运作模式和行业生态往往不具备"经验法则"，需要企业更加小心地规划战略目标和控制转型风险。

2. 行业政策风险

由于"互联网+"正在创造行业的新生态，因此政策的制定上需要持续地跟进和修改。事实上，部分行业标准和行业法规仍然不够健全。监管者对重要市场规则的改变将直接对整个行业的竞争状况和经营环境起到决定性的影响，甚至可能导致整个行业进行系统性的"重新洗牌"。例如，"P2P 金融""网销万能险""网约车"等，都经历了政策规制从宽松到收紧的过程。"互联网医院"等也都正面临新政的出台。企业如果不能合理地预计好可能的政策变化并且提前对相应的风险做出严格的控制，则会都制约企业的发展，甚至是威胁到企业的持续经营。

3. 知识产权风险

在"互联网+"创新的背景下，企业知识产权管理的能力与有效支撑自主创新持续发展的制度将是践行这一战略最重要的版图之一。知识产权风险体现在专利、商标、商业机密等处于研发、生产经营、使用过程中产生的被占有、流失、侵权等问题可能引发的损失。在企业的层面上，既有可能面对知识资源的流失和外溢的风险，也有可能因为自身的原因对其他主体的知识产权构成侵权而产生法律风险。这需要企业在自主创新和经营过程中树立起知识产权意识，对知识产权有严格的管理和控制。在网络环境下，侵犯知识产权的行为高发，维权成本更高。这将进一步考验企业对相应风险的防范能力。

4．网络安全风险

"互联网+"与物联网、云计算、大数据、工业 4.0 等的融合，对网络安全风险提出了更高的要求。例如，工业控制系统被侵入会造成非常严重的后果。2014 年，土耳其石油管道爆炸事件中，黑客入侵了该石油管理部门的网络系统，安装了恶意软件，并关闭了警报、切断了通信联系、给管道内原油大幅增压，最终引发了爆炸。云计算和大数据的安全风险目前比较突出。云服务商如果不能够恪守职业操守，就有可能导致客户的数据被窃取，或者是造成客户一般个人信息的泄露，对企业造成法律和合规层面的风险，以及更为严重的信誉损失。同理，大数据的合法获取、合法转让、妥善保存和安全销毁是"互联网+"战略实施的必要前提，企业需要做好应对相关风险的准备。

5．管理风险

工业时代稳定的层级式管理模式无法适应互联网快速变化、快速创新和快速决策的市场特征。因此，组织结构需要扁平化或者去中心化。这可能需要减少管理层次，压缩职能机构甚至裁减管理人员。一方面，扁平化过渡有可能大幅度削弱管理层的权力，权力冲突会影响公司的战略目标的实现，并形成管理风险。另一方面，在扁平化的组织结构下，管理控制的难度增大。具体的控制标准更加难以界定，工作中出现差错时难以分清责任，某些情况下授权和薪酬机制也有可能失效。这可能需要企业重新去制定一套完整的内部控制和风险管理体系。

6．财务风险

财务风险指公司财务结构不合理、融资不当，致使公司失去偿债能力而导致投资者预期收益下降和陷入财务困境甚至破产的风险。在"互联网+"大众创业万众创新的引导下，大量的风险投资资本涌入新兴产业。相关企业由于自身具有高成长、高投入，以及新技术、新商业模式的特点，融资风险相比于传统企业更高。部分公司还有过度杠杆化的倾向。另外，资本市场本身机制的不完善、企业本身财务管理的不规范，以及自身信用不稳定、缺乏一套相对完备的评价机制等因素，也加剧了这些企业的财务风险。

7．市场风险

"互联网+"模式为中国企业的全球化提供了大量的机遇，但商品价格浮动、利率变动、关税调整、人民币汇率变化等因素在企业的全球价值链每一个环节都有可能制造新的风险敞口。以跨境电商为例，其中一些采取大批量、深库存的自营和保税仓模式的企业，直接的人民币汇率下降就会造成海外采购价上涨，缺乏供应弹性更会成倍放大这种风险。另外，如美妆类产品，多数需要采用保税模式，会增大关税对市场销售和企业结算的影响。跨境电商、网络运营的旅游服务等受到的影响比较大，企业如果不能有效地控制自身的供给弹性、对相应的市场风险因素做好对冲，在低估风险影响的情况下，就很容易遇到财务困难。

8．信用风险

通过互联网虚拟平台进行交易，企业更需要应对好延迟付款甚至是坏账的发生，在收入最大和信用风险之间做出权衡，最大化企业的价值。如果企业线上销售的策略过于激进，或者是信用评价体系存在缺陷，都有可能将企业暴露在严重的信用风险之下。

9．技术风险

技术风险从广义上来说，指某一种新技术给某些企业带来增长机会的同时，对另一些企业形成巨大的威胁。互联网技术已经给传统行业带来了巨大的变革和挑战，率先采取新技术和完成互联网转型的企业占有"首入市场者"优势，落后于市场技术革新的企业随时有可能面临成本和市场份额上的劣势。而狭义上的技术风险，则是指企业在技术创新过程中，由于技术的复杂性和其他相关因素的不确定性而导致技术创新遭遇失败的可能性。率先开发和使用新技术的企业需要承担技术开发上的不确定性和高研发费用。相比于被动的"应用改良者"和"模仿者"来说承担了额外的风险，技术风险在"创新"和"创新不足"上都会给企业带来可能的损失，因此技术风险的控制要求企业在风险管理和战略目标上做到真正的协调一致。

10．人力资源风险

在"互联网+"的大趋势下，企业对高技术人才的需求大量增加，尤其是线上品牌运营和信息技术人才成为企业非常重要的资源，并且出现了分布集中化、流动性高和人才稀缺的情况。同时，企业也受到企业管理和经营模式变化的影响，人力资源管理和使用过程中存在无法实现目标的可能性，容易出现人力资源供给不足、业务能力不到位和自身员工队伍不稳定、人才流失的风险，影响企业未来的经营和发展。

三、建立符合"互联网+"战略要求的风险管理体系

在"互联网+"的背景下，一套相对完备的风险管理系统需要建立在管理者以及员工对互联网思维、互联网技术、"互联网+"相关风险类别、企业战略和运作流程有足够认识的基础上。然后，企业应根据自身经营方式建立一个适应和配合企业自身特点、经营管理方式，以及战略目标的风险管理体系，保证该体系能够在企业内部很好地被实施。最后，企业的经营者或管理者可综合分析该体系运行过程中出现的问题，总结以往经验，并借鉴其他企业单位较好的方式方法，逐步完善企业风险管理系统，最终建立一个良好的风险管理系统，更好地对企业内外部风险进行评估管理。

2015 年 1 月，美国 COSO 发布了《网络时代的内部控制》参考性文件，除了网络安全风险以外，其主要内容对企业面临的其他互联网相关风险也具有一定参考价值。根据文件内容，通过 COSO 框架的视角去管理网络相关风险时，董事会及高级行政人员需要更好地沟通他们的运营目标、关键信息系统的定义以及相关的风险承受水平。这可以使组织内的其他人，包括 IT 人员对风险进行详细的分析。在内部控制的 5 个要素方面，该文件指出，控制环境和监督要素是考虑网络风险的基础。为了使组织具备安全性、警惕性和可恢复性，这两类要素必须存在并持续运行，否则组织可能无法充分理解互联网风险、部署有效的控制活动，并做出适当的应对。在讨论每一个内部控制要素时，评估人员需要充分理解每个要素之间是如何相互关联的，基于内外部信息开展持续的、动态的风险评估。

1．风险的识别和评估

识别和评估企业的网络风险首先要评估相关流程对企业实现目标的潜在影响，确定其价值，继而对确定的关键的风险进行全范围的识别和分析，通过风险的严重程度和可能性决定如何管理风险。评估人员需要在高级管理层的领导下，通过业务和利益相关方的配合，有效评价影响组织目标实现的风险。对于内部控制体系可能造成重大影响的改变，评估人员要准确地识别，并进行持续的动态评估。互联网生态链条不断发展，组织在寻求发展、创新及成本优化的过程中，往往伴随着经营模式创新与科技创新。然而，这些创新也会带来新的风险。例如，网

络、移动设备、云技术和社交媒体技术的采用会增加被网络攻击的风险。相似地，外包、离岸和第三方合作会导致潜在的、超出组织控制范围的漏洞。风险评估需要不断更新，高级管理层及利益相关方需要持续地分享并讨论这些信息，以制定最佳的风险控制决策。

2．控制活动的识别和执行

控制活动由组织中的员工实施，帮助确保管理层方针得到有效执行，以降低影响组织目标实现的风险。这些控制活动需要在政策中明确，以确保控制活动在组织中执行一致。组织应当按层级建立多层控制防线，可以同时应用预防性和发现性控制，以降低互联网相关的风险。由于风险评估是基于对组织目标的理解开展的，需要关键利益相关方参与其中，因此组织应当编制基本的联络图，明确当互联网相关风险发生时，哪些人员应得到及时的通知。

3．信息的形成和沟通

信息是企业决策的基础，"互联网+"战略风险控制要求更高质量和更具实效性的数据，更加快速的信息沟通机制。企业需要更有效率地识别信息需求，并且明确这些信息的价值。例如，网络安全风险评估需要的是逐层的信息，通过高层级的信息来引导更为详细的风险评估程序。由于人员、流程和技术会随着组织目标不断发展，组织仍需将信息要求（以及相关的风险分析和应对）记录为正式文档，以帮助确保流程和控制的实施与相关的高质量信息保持一致，从而能够持续反映那些由于组织目标的变化而导致的人员、流程和技术的变化。

（1）信息的收集和处理

互联网环境下组织能够收集到大量的业务流程日志数据，包括了对客户的动态、员工的工作情况、服务器的运营状态等。组织每天都会收到大量的预警事件和预警数据。如何把大数据转化为有效的信息将是风险管理的关键。具体来说，管理者需要将大量原始数据转换成有意义的、可操作的和可靠的信息，为风险管理决策提供依据，否则就有可能造成效率的低下或是控制过程中的疏漏。

（2）信息的治理

组织在实施控制活动时需要考虑信息的质量。组织应当明确责任和义务，遵循数据治理相关要求，保护数据和信息遭受未经授权的访问和修改，组织生成并使用用以支持内部控制持续运行的相关高质量信息的能力依赖于数据治理。在利益相关方中建立共识并由管理层牵头实施，对建立有效的数据治理机制至关重要。一旦组织建立了有效的数据治理项目且能够持续实施，则能够获得高质量的信息。信息质量能够提升组织的内部控制体系，完善与网络风险相关的内部控制。

（3）信息的内部沟通

沟通内部控制信息的对象应当涉及全体工作人员，并明确不同层次人员的目标和责任。对于网络风险控制有明确管理和监督责任的人员，管理层应当选择、执行和部署内部控制。内部控制信息应当内部共享，使管理层和员工能够履行网络控制责任。由于大部分董事会成员对于网络和信息技术的相关知识是有限的，网络技术人员或聘请外部专家利用相关信息技术框架和标准，将技术性很强的内容转换为即使是没有专业背景的人员也可以理解的内容就显得十分重要。只有概念清楚了，董事会和管理层才能实现有效沟通，才能保证董事会履行网络风险控制监督职责。

（4）信息的外部沟通

外部沟通涉及股东、所有者、客户、商业伙伴、监管者、金融分析师、政府机构和其他外部机构。从内部到外部的沟通能向相关方传递与网络事件、活动相关的信息，或者其他可能影响外部相关主体与企业互动的情况。在这些沟通过程中，企业会获取有价值的信息。企业必须强化对外提供信息的控制，积极的信息可以塑造良好的企业形象，是企业具备可恢复力的一种表现；反之不受控的信息会被其他组织利用，会对企业造成负面影响。

四、风险的防范与应对策略

1．商业模式转型风险

企业的转型通常可以分为渐进式和激进式两种。而企业的"互联网+"战略转型需要企业从以生产和服务为核心的体系转化为以数据和信息为核心的体系，需要转变的深度更大。因此，管理人员需要根据企业自身的实际情况，采用两种方式相结合的转型策略，对不同模块采取不同的变革方式，将转型风险降至最低。对迫切需要彻底变革、又有能力控制的模块采取激进式变革的方式；对难以一步到位变革、又难以有效控制的模块采取渐进式变革的方式，保证新旧模式冲突造成的影响在企业的可掌握范围内。在生产方面，管理人员需要对原有的生产技术和模式进行全面改造，增加产能的灵活度，以适应互联网环境下客户小批量、高频率的特点。同时，也要求对供应商进行必要的筛选和协助，更加快速地完成对生产线和生产流程的改造。在销售方面，管理人员可以尽量通过线上和线下互补策略降低频道冲突的风险。例如，将线下实体店转化为线下体验店，通过二维码等方式实现线上和线下价格同步调整和统一的管理；另外，通过建立缓冲的机制来减少频道冲突造成的影响。例如，投资银行摩根古丹利在开通网络功能后，与原有的客户经纪人签订了1~2年的转换期内保证经纪佣金的协议后再引进网络服务，防止了其高产的全套业务经纪人由于不满佣金被网络业务侵蚀而带着客户转移到其他的经纪商。企业在商业模式的转型中，在必要的时候可以通过不断试错和调整，以较小的代价降低探索的风险，以更稳妥的形式寻求与动态环境的匹配。

2．行业政策风险

"互联网+"新环境下，企业面临的政策风险主要来源于 3 个方面。第一，政策与其他政策或者调控手段之间的不协同性；第二，对政策走势以及政策自身持续性的不确定性；第三，潜在的新政策和新规制的出台。企业可以从这 3 个方面，就风险发生的可能性和对企业造成影响的大小，对行业政策风险进行评估，并且制定相应的应对措施。企业管理人员需要加强对政策文件的学习，减少由于理解不到位引起经营不当而造成的损失。另外，管理人员还应加强企业间的联系，以及企业与政府部门的沟通；对行业政策的合理性、行业中企业普遍经营方式的合规性等进行交流和探讨，形成健康的协调机制，将政策和制度的发展和企业的发展有机地结合起来。

企业必须警惕政策投机行为造成的风险。我国虽然是市场经济，依靠经济规律运作，但是我国的市场经济内涵与发达资本主义国家截然不同。一方面政府依靠国有经济体系以及产业政策对经济的管理依然强大，另一方面我国市场有高储蓄、高投资、低消费的特征。这些决定了我国市场是投资导向型，而且投资的驱动力相当一部分来源于政府。对于政府大力支持的新兴产业和战略升级的传统产业，部分企业选择铤而走险，将政策博弈和瓜分短期的政策红利作为企业的经营方针，甚至采取骗补等违法手段牟利，形成了扭曲的企业行为，酝酿了巨大的风险。针对这种投机风险，企业管理者和规则制定者都需提高警惕。在政府反对暴利、强调平衡发展的同时，企业自身也要树立良好的企业社会责任感，完善公司的治理结构，引进利益相关者对企业进行必要的监督。

3．知识产权风险

"互联网+"战略对企业自主创新提出了更高的要求。信息资源将成为企业的核心资源之一。企业需要加强知识产权的保护，并制定有效的知识产权风险管理战略防范和规避知识产权风险。在知识产权的保护上，要做到及时申请专利，及时注册新品牌，积极运用法律手段维护自身权益；同时，提高管理人员和员工的知识产权意识，提高员工的责任感，并对内部相关人员进行必要的监督。企业还可以运用互联网思维，使用信息技术手段加强知识产权的保护，可以采用的技术包括访问控制与认证技术、数字加密与签名技术、数字水印技术、智能代理技术等。为了规避侵权，企业在知识的使用上有必要建立起一套完整的控制体系。在决定投放产品和注册商标或专利前，企业应当预先对可能遇到的侵权风险进行评估。在发现可能造成专利或者商标的侵权时，企业应当考虑采取变更产品、设法获得知识产权所有者的许可、直接购买专利、寻求撤销权利等手段对侵权风险进行有效的规避和控制。在符合成本效益原则的情况下，企业还可以建立一套完整的知识产权档案，在知识产权资产登记簿上登录有关这些资产的适当细节并定期对其进行稽核。通过对档案中列出的知识产权及时更新调整，企业可以有效地寻找、估价、开发自己的知识产权资产，将没有被充分利用的知识产权转让、出售，或者用于防备侵权诉讼。另外，知识产权档案还有助于在识别和确认企业本身拥有的全部知识产权的同时，严格监控市场动态，了解竞争对手最新的产品开发情况和侵权发生现状。

4．网络安全风险

要控制"互联网+"的网络安全风险，企业需要充分运用"互联网+"的技术手段和互联网思维。控制网络安全风险可采用的预防性方案有很多。一种手段是安全众包。即由于凭借企业单方面的资源往往效率不足，利用互联网将业务众包出去，目前已经扎堆出现在了网络安全领域。著名的林纳斯定律指出，"足够多的眼睛，就可让所有问题浮现"。依靠国内外网络安全白帽黑客的力量来发现各系统的安全漏洞，并给出相应的解决方案，可以有效地减少潜在的安全隐患。抢在漏洞被利用之前提前发现并解决有助于防止安全系统被攻破，避免对公司业务和信誉产生重大打击。国内已经有了如 360 补天、乌云、威客众测、SoBug 等以众包模式提供安全测试服务的平台，而这些平台自身的保密性、专业性、合规性、流程和规范将是企业选择合适的平台和安全方案需要考虑的主要因素。另一种有效的手段是将信息安全集成化和"云化"。建立紧密的安全信息分享机制，与企业的上下层服务商共同抵御外部威胁，同时横向让整个行业走向分工合作，联合防御。除了预防性的控制手段，企业针对网络安全风险还需要建立起有效的预警和快速反应及应对机制，做好必要的准备，建立一套可以尽早发现自己已被攻破、阻断攻击的扩散、评估损失，并且有针对性地改进防御系统的管理体系，在攻击发生时减小或规避风险，以保证重要资产的安全。

5．管理风险

实现"互联网+"必要的组织扁平化可能会造成管理层次的减少，并且要求更高的有效管理幅度。权力冲突可能会影响企业战略目标的实现。部门之间、业务单位之间、部门和业务单位之间的依赖程度和交互作用的加强导致了管理控制的难度增大、控制标准更加难以界定。"互联网+"环境下的企业要实现管理模式的转变，既要考虑外部环境，做好技术、人才和心理的准备，也要处理好吸收、借鉴和创新的关系；要把握企业管理发展的新趋势，同时也不能脱离企业实际情况和客观实力盲目追求所谓"先进管理模式"。企业要以权变的观点看待管理模式的转变，对变革进程施加有效影响和控制。

在员工和管理团队的建设方面，组织扁平化对员工和管理团队的素质要求更高。组织需要对员工进行专业化教育与培训，强调终身学习，以适应新的经营和管理环境；建立完整的知识系统结构，使得组织中的信息可以顺畅地流通，知识可以充分地被交流与学习。

在组织文化建设方面，层级式管理思维已经不能适应现代管理思想在互联网战略下的需要。扁平化的组织结构不可避免地会使职能部门被压缩，中层管理者的权限被削弱。权力冲突下，中层管理者可能会自觉地抵制，阻碍企业战略目标的实现，造成管理风险。这要求企业帮助管理人员接受先进的现代文化和管理理论，帮助实现管理模式和组织结构上的创新。

组织结构对分权和集权的设定需要更合理。为了适应互联网战略的需求，适当地分权可以增强员工的参与感，调动员工的积极性，但是同时也会使得管理者的责任更加难以界定，员工的授权和薪酬机制的实施和控制难度加大。企业在组织结构的转变上要更加谨慎，需要有一个动态的、允许试错的改革过程，减少由于新的组织结构不适应企业自身管理情况和企业外部环境造成战略失败的风险。

企业需要在管理过程中深化互联网技术的应用。计算机和互联网平台可以更有效地进行信息的交流和共享，方便扁平化管理的实施。

6. 财务风险

在"互联网+"创业的重点行动指导下，尽管得到了国家的大力支持，企业初期往往由于规模小、轻资产和高风险的特征很难得到银行贷款。许多情况下，企业融资选择风险投资资本，而风险投资资金的前期投入往往可以取得很大的持股比例，继而对企业未来的经营方针和财务管理产生重大影响。为了有效地规避相应的筹资风险，企业应当本着长期发展的目标，仔细权衡不同的筹资渠道的融资成本，慎重地选择筹资方式。企业在控制投资风险方面，应当着重考虑潜在的现金流风险和亏损风险。线上平台的竞争往往存在互相模仿、盲目扩张、拼命"烧钱"搞"军备竞赛"的情况，容易出现现金流周转不灵或者连续亏损进而导致财务困境。企业管理者有必要提高自身的战略管理水平，强化现金流量和运营资本管理。另外，企业还可以灵活运用"互联网+大数据"工具，探索财务管理的新模式，提升风险事项的自主识别和量化评估能力。

7. 市场风险

"互联网"给跨境电商、线上订购的跨境旅游服务等提供了大量的机遇。"互联网+"战略提供了全球价值链从线下到线上"一条龙"式的整合和同步运作，大大降低了成本、提高了效率。然而，在应对商品价格浮动、利率变动、关税调整、人民币汇率变化等风险因素时，企业有必要更有针对性地制定风险防范措施。企业应考虑多利用远期合同、利率互换、期权和其他衍生品等金融工具进行风险对冲。在市场、生产和财务等经营角度采取更加多元化的应对方针，在销售市场、原料采购、投资融资等环节采取多元化和多地化的策略，适当分散风险。在技术手段上，企业应建立合理的风险评估模型，针对不同的风险因子对其未来可能的变动以及对企业造成的影响进行定性、定量的分析。

8．信用风险

从直接的线上商品交易到网约车、互联网金融等服务的提供，信用风险在互联网平台的交易中无法消除，延迟付款和坏账必然发生。因此，企业应当提前对这些情况做出合理的预计和充分的准备。由于信用体系的不完善和相关法律法规仍不健全，拖欠货款、信用诈骗、无故撤单、骗取样品等行为多发，企业需要及时做到以下几点：（1）加强与有关部门的沟通，帮助完善相关的法律法规；（2）加强业内合作，建立风险联盟和信息共享机制，完善征信体系，以便对客户以及供应商进行信息甄别；（3）善用互联网技术和大数据分析，将客户和供应商的历史信用记录以及企业内外部环境信息的变动进行组合，构建风险评估模型，做出动态的分析和调整。

9．技术风险

就技术而言，企业"创新"和"创新不足"都有潜在的风险。企业首先需要明确自己的战略目标，率先开发和使用可能需要面对新技术的溢出效应，通常表现为新产品被模仿和新工艺被学习。很多情况下，模仿新产品和学习新工艺的成本远小于自行研发，这时企业通过新技术获得的竞争优势就有可能不能弥补开发新技术的成本，从而给企业造成损失。企业需要利用好知识产权法保护新技术，并加强其内部人员管理对新技术研发项目做出评估，确保其符合成本效益原则；计算好新产品投入市场的时机，对竞争对手可能的行为做出预判，控制风险并且最大化企业的利益。而被动的"应用改良者"和"模仿者"，更需要考虑的是新技术由其他企业获得并率先使用而造成的损失。竞争对手生产工艺的改良可能会体现在低成本和价格竞争上，而新产品和新服务投入市场更容易体现在销售量和市场份额的增加上。良好的风险管理就是要对这些事件做出更及时的预期和更迅速的反应，在财务、生产和营销 3个层面上迅速做出战略调整，最小化损失。

10．人力资源风险

新环境下的人力资源风险控制要求企业在积极推进管理结构变革的同时，重视人才管理对于企业战略目标实现的重要性。企业要善于利用大数据技术，并将其作为工具，应用于人力资源的招聘、使用、培训等多个环节。通过合作分享机制，企业在大数据平台上共同创造并分享价值。企业要会利用大数据的分析提供程序化决策的依据，从小样本中推测未来趋势、预测员工薪酬期望值，为常规人力资源管理岗位体系设置、劳资冲突关系、招聘培训需求等管理内容提供科学依据。同时，企业还应树立适应"互联网+"战略实施和发展的企业文化，提高员工的责任感和忠诚度，设立合理的激励机制以调动员工的积极性。

第三节　基于"智能制造"的风险管理

智能制造正在引领与带动新一期的工业革命。随着德国 4.0 与第四次工业革命的兴起，未来的智能制造在融合"互联网+"、新科技、新工具等方面有着重大革新与进步。但是，如何对智能制造进行风险管理，也是当前迫切研究的话题与任务。诚然，智能制造会面临着生产流程、组织模式、会计流程等方面的挑战，如何应对这种挑战，做到事前、事中、事后的风险管理，做好内部控制的衔接与优化，是本节着重要解决的任务。本节将结合智能制造与内部控制的风险管理要素，对智能制造进行具体论述。本节的研究对于中国实现"中国制造 2025"，坚持创新驱动、智能转型、强化基础、绿色发展，加快从制造大国转向制造强国有着一定意义。

一、"智能制造"的定义与特征

智能制造是伴随着新技术的发明与应用不断发展的，以技术与产业同步并轨，融合制造技术、数字技术、智能技术、网络技术等，贯穿于整个产品的寿命周期（设计、生产、管理、服务等）。智能制造通过对各种信息和资源进行感知、分析、推理、决策与控制，实现实时控制与动态监控，将研发、生产、供应链、营销等方面结合起来，优化相关流程，促进企业优化资源。智能制造包括 4 个层次：一是智能制造技术，是制造技术与数字技术、智能技术、网络技术的交叉融合；二是制造过程的智能化，涵盖产品全生命周期的设计、生产、管理、服务的智能化；三是产品的智能化，包括智能装备、智能家电等；四是一种新的制造模式，即定制化、个性化生产，具体体现为数字化车间、无人化工厂（智能工厂）。

智能制造基本特征：一是互联化，具体包括生产设备间的互联、设备与产品的互联、虚拟与现实的互联等；二是集成化，具体包括纵向集成（企业内部信息流、资金流与物流的集成）、横向集成（通过价值链以及信息网络实现资源的整合）、端到端集成（重构产业链各环节的价值体系）；三是数据化，综合利用各种数据，包括产品数据、运营数据、价值链数据等，通过内外部数据的运用，进行实时的精准分析；四是创新化，具体包括技术创新、产品创新、模式创新、业态创新和组织创新；五是表征化，具体表现为从大规模生产向个性化定制转型，从生产型制造向服务型制造转型，从要素驱动向创新驱动转型。智能制造的属性与发展特征给新经济形势下风险管理带来了新的挑战和机遇。

二、"智能制造"下的风险管理

如何对智能制造做到风险管理？本节拟从 COSO 内部控制框架中的五要素构成入手，从公司层、技术与流程两个层面进行风险管理，做好风险管理与内部控制的良性衔接与监控。由于智能制造具备互联化、集成化、数据化、创新化等特点，无论是对于公司层面（如优化与完善公司治理），还是从技术与流程方面（如新技术的应用、流程与路径设计、业务与制造流程等方面），都给风险管理带来新的挑战与机遇。本节分别从控制环境、风险评估、信息与沟通、控制活动、监督 5 个方面加以论述，具体如下。

1. 控制环境

由于智能制造是采用实体与虚拟相结合，具备信息集成优势，因此，整个控制环境下的情景发生了大的变革。公司治理方面更加强调柔性管理与虚拟管理，组织结构设计、权限和职责的设计应该更加具备动态性、及时性与灵活性。企业管理方面，要对制造技术、制造过程、产品智能化、制造模式等方面建立明确的分工与风险监控。人力资源政策和程序方面应该适应个性化定制、服务型制造、创新驱动转变，加强员工胜任能力和风险的承受能力。整个控制环境下，企业不仅需要理念的转变，更加需要注重实际执行力与动态反应能力。现在的世界与市场，不确定因素正在不断地增加，企业必须更加注重对控制环境的掌控。

2. 风险评估

智能制造的流程更加向扁平化、柔性与敏捷制造发展，因此对于重要的业务节点、制造流程、制造工艺等，要做好预测、识别和反应机制。风险评估流程方面，制造技术与数字技术、智能技术、网络技术等方面，要重点熟悉各种技术的风险与挑战，例如，制造技术相对应的是信息的收集、加工、传递与反馈等。数字技术方面侧重对计算机程序的实时追踪与动态监测。制造工艺方面侧重对具体个性化、创新驱动等转型方面的监控。作为智能制造，尤其要重视会计准则与成本核算以及在内部控制上加强对会计准则具体科目、成本核算要素的设计与程序配置。现在经济的突飞猛进发展，促使企业更加注重对多元化成本核算的具体路径的设计与实施、业务操作与内部控制的衔接、内部控制对风险评估流程的动态监控，以做好风险管理工作。

3. 信息与沟通

对于企业或组织而言，智能制造是建立在更多地采用计算机等智能手段来代替人工的基础上，然而计算机等智能设备毕竟没有认知思维能力，整个计算机系统和程序也是在人的理念下设计与完善的。因此，与其说风险管理是对计算机程序与系统的监督，倒不如说是对人的理念与设计思想的监督。换言之，风险管理需要围绕整个技术的开发思想、测试要点与重点防护方面增进了解，并据此对关键点、关键路线实施监督与内部控制。总之，风险管理就是要求企业做到在以战略目标和文化为导向的基础上，在业务持续性和预警方面建立好信息传递渠道和沟通渠道，使信息的沟通更顺畅。

4. 控制活动

智能制造涉及企业的研发、生产、供应链、营销等方面，它需要企业对各种信息和资源进行感知、分析、推理、决策与控制；需要企业必须建立相配套的制度和程序，做到目标明确，岗位权责清晰。智能制造涵盖产品全生命周期的设计、生产、管理、服务等控制内容，它需要企业必须做好预算，做好预算资源的投放力度与监控，做到预算的风险防控与管理并重；同时，做好对相关会计信息的记录与保管工作。在"互联网+"与大数据时代的背景下，企业需要注重对大数据的深度挖掘与提取，将智能制造的相关环节与数据做好衔接与应用，自动识别数据，发挥大数据对控制活动的治理功能与治理机制的作用。

5. 监督

监督方面，管理人员可以建立智能制造的内部控制制度，对企业的内部控制制度与报告实施定期评估；同时，企业对于智能制造中发现的问题，应做到及时修正与应对；重点对资金来源、投融资渠道、人才建设、产业集群等方面做好监督，力求在资源稀缺与有限的前提下，最大限度地发挥集群优势与协同效应；监督企业内部信息流、资金流、物流、价值链、信息网络、产业链各环节等；追踪与监督产品数据、运营数据、价值链数据等，加强对创新环节的监督，如技术创新、产品创新、模式创新、产业创新和组织创新等；积极发挥内部审计的智能与监督作用，使智能制造在有效监督下顺利运行。

随着我国"十三五"规划的发布与执行，我国正在大力推进智能制造。但是，我国智能制造与发达国家还有一定的差距，如我国智能制造装备产业存在着核心智能部件与整机发展不同步、产业整体技术创新能力与国外差距较大、重要基础技术和关键零部件对外依存度高、部分领域存在产能过剩隐患、缺乏统计口径和产业标准、重点领域人才队伍尚未建成等问题。因此，未来的风险管理与智能制造应该更加注重中国情景下的特殊制度背景，不断地在资金、创新、产业结构、人才、管控模式等方面实现风险管理的全程与动态监督。

第四节　新经济形势下风险控制的展望

一、新经济形势下的企业风险

目前我国的经济发展已经进入了"新常态"。在速度层面上，由过去 GDP 的高速增长放缓为中高速，经济增长的质量和内涵也发生了改变。在结构层面上，经济结构不断优化升级，经济发展从要素驱动和投资驱动转向创新驱动。在风险层面上，过去发展模式所遗留的一系列问题将进一步显现。现阶段我国的多数企业已经从扩张阶段进入了增长放缓和调整结构的阶段。新经济形势给企业带来的风险因素主要来源于以下几个方面。

1．整体经济下行的压力

在经济增速整体下行的背景下，市场消费需求不振，企业成本加速上涨，产品价格下降，营业收入和利润下滑，并出现了融资途径收窄和融资成本过高的现象。低迷的投资增速、通胀指数以及仍在累积的库存使得企业举步维艰。另外，人口红利拐点的出现，人口老龄化日趋严重，要素规模驱动力减弱，用工荒和用工成本的提升也增加了企业的支出，进一步加剧了企业的市场和财务风险。

2．过去经济风险的累积和显性化

改革开放以来的一系列经济遗留问题逐渐由隐性化走向显性化，其中以高杠杆和泡沫化为主要特征的各类风险最为紧张。2009年以后地方性债务快速增长，使得地方政府债台高筑，地方债务和银行信贷之间的关系不清。银行业承受的债务风险更为集中，并且对实体经济产生了"挤出效应"。近两年监管部门的监管趋于严格，并且国家开始大力推广PPP项目，提倡使用政府与社会资本合作模式，实现利益的共享和风险共担。这给社会资本以及建筑和经营企业等提供了更多的机会，也使得PPP项目的风险管理成了一个热门的课题。

我国的房地产酝酿了相当庞大的系统性风险。过去房地产经历了黄金十五年，房地产和其上下游行业在推动经济增长的过程中功不可没，但分税制改革后的土地财政等因素造成了一些城市的不动产成了高价投资品。2015年，一线城市的房价还出现了逆经济增速的暴涨，随后又开启了一波高价拿地的热潮。另外，房地产企业开始大举进军金融服务领域，甚至将旗下的金融平台作为融资工具。显然，高企和不断上涨的房价对于银行和房地产上下游行业都是巨大的风险，需要企业拥有足够的自制和对风险严格的防控。另外，对于其他一些民营企业而言，飙升的房价大幅提升了企业的经营难度，迅速增加了企业的负担，出现了工业用地紧缺、人才难留、企业"非迁即伤"的窘境。

环境污染、食品安全等问题进一步凸显。目前环境污染造成的损失占GDP的比重不断上升，其中包括了企业治理污染的损失、农渔业等收成的损失以及人的健康损失等。国家对于这些问题的处理日趋严格并且老百姓对相关问题的关注程度在不断提高。另外，我国的碳排放量增长十分惊人，甚至引起了全球的关注，急需推动绿色低碳循环发展的新方式。针对碳排放，不排除国家有进一步出台政策的可能。企业需要重视外部性问题，强化自身的社会责任，把利益相关者价值加入到企业风险管理中去。

3．产业结构的调整和升级

目前我国的传统行业正处于一个调整的阶段。低成本比较优势逐渐丧失，产能过剩的问题凸显。在短期内，企业很容易直接陷入同质和低质竞争；同时银行坏账增加，信贷收紧，使得企业的生存环境十分恶劣。产业结构优化升级，企业兼并重组、生产相对集中不可避免，新兴产业、服务业、小微企业优势更加凸显，生产小型化、智能化、专业化将成为产业组织新特征。中小企业在转型过程中往往缺乏足够的资源，同时由于在获得社会资源要素和抗风险能力方面存在先天劣势，因而它们所需的资本、技术、人才都有流失到上游国有垄断寡头企业的风险。而且，企业在转型过程中发展新技术、摸索新的发展模式承担着多重风险。同时，行业法规和行业政策的频繁调整使得行业竞争格局不断改变，这些也大大增加了企业风险控制的难度。政府推动"三去一降一补"给企业提供了一些帮助。但是，企业在适当借助政策外力的同时，还需要自身勤练"内功"，坚持业务治理与风险治理相结合，完善风险管理的机制建设。

4．全球经济和国际贸易环境的变化

目前全球债务创新高，通胀持续低迷，国际货币基金组织（IMF）不断下调全球经济增长率预期。世界经济进入下行周期，宏观政策效果越来越差，国内外消费需求不振，企业生产容易进入萎缩下行通道。除此之外，随着英国脱欧和特朗普胜选，一直被评论家所预言的"不可逆"的全球化正面临严峻的挑战。世贸组织多哈回合谈判失败，跨太平洋伙伴关系协定面临政治障碍，贸易保护主义措施像雨后春笋频频涌现。欧洲中央银行表示，世界经济再度面临异常不确定性，保护主义可能损害全球经济前景。在这个背景下，外贸出口创汇企业将受到更大冲击，但其风险应对能力却显得十分不足。一些企业在遭受经济严冬之时，出口也变得力不从心，有进一步丧失国际市场竞争能力和信心的危险。

在全球经济疲软和全球化发展受挫的情况下，我们国家正致力于从危机中寻得转机。人民币正式加入特别提款权（SDR），标志着人民币向"储备货币""可自由兑换货币"再迈进一步。国家大力推动"一带一路"倡议，鼓励国内企业到沿线国家投资经营。中资企业斥巨资进行跨国收购，采取各种方式寻求"弯道超车"的机会。这些都给企业带来了重整旗鼓的机会，当然企业在积极响应的同时也应该明确相应的风险，并且做出合理的应对。

二、新经济形势下的风险控制和防范

（一）从战略的角度把握企业风险管理

1．重视产能管理

国家的"去产能"战略是针对部分产能过剩的行业，用企业主体、政府推动、市场引导、依法处置的办法来化解产能过剩问题。企业需要对行业状况和国家政策进行分析，寻找企业的优势、劣势机会和威胁，选择是否收缩及退出相关行业。一般来说，企业适当地缩减规模、从盈利能力较差的业务中退出，有利于向专业化和智能化发展，并且有利于降低经营成本和回收资本，从而减少经营风险和财务风险。

另外，产业结构的优化，产品的附加值和科技含量相应的提高，产品更新换代的速度加快，促使生产线需要不断调整，从而造成市场的需求量更加难以预计。传统的机械化生产显然已难以满足当今的市场要求。我国企业要适应当今市场产品竞争环境，可以借鉴苹果、戴尔等国际上成熟的企业经验，投资智能化的机械生产线；也可以转向依赖劳动密集型生产，利用外包和直接海外投资办厂等方式，将生产线转移到劳动力成本更低的地区。另外，提高产能的灵活度，也能帮助企业有效地降低风险并适应不断变化的产品竞争环境。

2．重视杠杆和企业总体风险的关系

2009年以后我国整体杠杆不断提高，资产负债的扩张具有结构性特征。非金融企业、政府部门的负债率较高，其中又以房地产企业、国有及国有控股企业和地方政府债

务率较高。同时在既有数据之外，中小型企业通过民间借贷也形成了高杠杆的态势。现阶段国务院印发了《国务院关于积极稳妥降低企业杠杆率的意见》（国发〔2016〕54号）。然而，我国整体经济想要往健康和平稳的方向上发展，就要摆脱"全民加杠杆""全民去杠杆"的窘境。企业必须自觉完善自身的风险控制机制，评估企业杠杆率和总体风险。

3. 重视企业的短板

发展不均衡的企业往往存在一些短板，如在质量安全、内部人员管理等方面存在缺陷。这些短板在企业的发展过程中很少被发现和重视，以致短板变得越来越明显，到了某一个时点上甚至可能让企业陷入危机。另外，企业面临的竞争环境迫使企业不断地改进自身的成本结构和产品性能，这样企业必须提前发现自身的不足，如做好人才储备和技术的研发，否则就有可能在竞争中转为劣势，继而导致经营状况持续恶化。这些短板与企业面临的风险息息相关。另外，企业也必须重视企业风险控制机制本身的短板，不断地改进风险控制系统，将业务治理与风险治理相结合，进一步提升防控风险的能力。

4. 重视其他利益相关者

如前文所述，环境污染和食品安全等问题的进一步凸显、碳排量数字的大幅增长、老百姓关注度的上升以及国家潜在政策的出台都为企业埋下了风险。自然和社会环境的恶化也将制约企业的发展。企业需要站在一个更开放的立场上进行企业风险管理，将企业风险管理的目标定位到为利益相关者创造价值上，促进企业和谐、健康、持续地发展。另外，国家正积极推行环境污染责任保险等机制，企业的参与有助于引进必要的监督，并且减少发生环境污染事故的损失，从而降低风险。

（二）在重要的领域重点加强和深化风险控制

1. 兼并收购

在产业机构升级的背景下，国内企业兼并收购浪潮的来临成为一种趋势。另外，随着"走出去"及"一带一路"倡议的推行，中资企业境外并购交易的数量、金额都在不断持续上升。这时上市公司通过跨境投资并购快速获取优质的资源和技术，来加快产业升级，提升其在国际市场的竞争力。中国企业的产能结合境外企业的技术和品牌可以形成协同效应，提高效率，成为兼并收购的基础。不过在成熟的市场经济国家中，并购对于收购方而言往往不是"赚钱买卖"。中资企业在执行并购业务时需要更加谨慎地对目标企业进行估值，展开更详尽的调查，并仔细评估项目执行的可行性以及实现业务的整合方案，控制风险并最大化企业价值。

首先，企业要考虑到并购实施前的决策风险。企业并购必须要建立在对企业内外部环境以及企业自身优势和劣势分析的基础上做出决策，需要以增强企业核心竞争力作为出发点；不能过度地受到政策和舆论宣传的影响，把"响应供给侧改革"和"弯道超车"当成题材，盲目跟风，否则就很有可能造成并购的失败。其次，企业应考虑并购实施过程中的操作风险，即跨境收购中信息不对称的风险，需要仔细地进行考察。最后，是企业需要提前预估到并购后的管理风险和企业文化风险，引进的团队、技术和经营模式能否顺利地和本企业融合在一起，是收购方必须要考虑的问题。

2．海外项目投资

中国企业海外投资的主要目的在于利用好比较优势，用资本创造最大的价值。但是，企业要想成功地落户非洲、东南亚、中东就需要处理好来自各方面的风险，要依据地缘政治、该国的民情以及相关的法律等因素做出调整。以非洲为例，政府更迭频繁，政策缺乏稳定性和延续性；当地保护外资的相关法律法规不完善、执行不到位，优惠政策和政府服务常常不配套；社会治安等安全风险总体较高。企业需要针对控制环境进行具体分析，加强对关键业务流程风险的控制；增加安保的投入，谨慎选择雇用当地的员工；审计海外机构中潜在的违反集团行为准则的行为，惩罚贿赂和腐败；加强与海外部门的沟通，并在海外子公司建立起良好的风险管理机制；同时，企业需要加强对金融风险的驾驭能力，提高操作国际化金融市场的能力，以在资本运作中占得主动地位。

3．PPP项目

在众多行业出现产能过剩、中国整体创新水平不足的情况下，PPP模式在中国的推广给了企业直接参与公共领域建设的机会。PPP项目具有参与者多、前期投入大、建设和运营周期长等特点，因此利益的共享和风险的共担是决定PPP项目成功的关键。私营企业面临的风险主要有以下几种。首先是政策变更风险。因为PPP不仅是一种融资手段，更涉及行政、财政、投融资体制的改革。同时，由于PPP项目仍处在起步阶段，相关的法律法规还不够健全，这些都为项目的开发和运营增添了变数。私人部门可以通过与政府部门签订项目执行协议来规避法律和政策变更的风险，还可以通过投保的方式，将风险转移给保险机构。其次是运营风险。由于PPP项目运营周期长，因而最终提供的产品和服务的市场价格及实际需求的变化会给项目的收益造成影响。为了保证PPP项目产品或服务有稳定的市场，项目公司应当争取与项目产品或服务接受者签订长期销售合同或协议，通过长期购买协议，使得项目产品或服务接受者对PPP融资承担间接的财务保证义务。

4．出口贸易

贸易环境的变化以及全球金融市场的不稳定大大增加了进出口贸易的风险。首先贸易保护主义的抬头可能引起东道国出台不利于我国进出口企业的歧视性规定，关税壁垒风险大大增加。在非关税贸易壁垒方面，技术贸易壁垒、绿色贸易壁垒和劳工标准壁垒将会是限制我国出口贸易的主要手段。美国主导的泛太平洋贸易协定往往将环境保护、劳工权益、产权保护和信息自由等价值因素作为自由贸易的制度性条件，我国的企业需要有充分的准备。首先是通过提前布局，尽可能避开相关协定的约束。其次是加强自身要求，向高劳工标准以及绿色低碳环保的发展方向持续迈进，争取不落人后。除此之外，贸易摩擦可能会加剧，企业面临诉讼和调查的可能性增加，维权成本提高。企业需要加强与本国政府的协作，研究各国反倾销的法律，在国际市场对相关产品进行调研，积累应对反倾销诉讼所需的资料，提高抗风险能力。

目前全球经济形势的不确定性增强，市场避险情绪增加，汇率不稳定。另外，人民币加入SDR，干预减少、市场化程度增强，现阶段有一定的贬值压力。人民币在经历了长期的单边升值之后由2014年进入贬值通道。人民币贬值会提高进口核心零部件的成本，因此企业为了保持竞争力就必须要加强自身的研发和创新能力。另外，企业应合理地选择结算的币种，可以利用人民币入篮自由结算度提高的利好，在离岸金融市场增加使用人民币结算，减少汇率风险。企业还可以通过期货市场和贸易合同锁定汇率风险，规避损失。

新经济下企业面临的内外部环境充满了不确定性因素。同时，企业为了求生存谋发展免不了要在管理理念、产品开发、经营模式上进行转型升级。无论是内部的去产能、调杠杆、培养自主创新能力，还是对外的兼并重组、海外投资、参与 TPP 项目等，战略决策上和实行过程中都需要承担很大的风险。由于不同行业不同类型的企业所面临的风险千差万别，本节只针对几个重要的方面加以强调和阐释。企业需要在充分理解新经济环境中的风险的情况下，从这些角度对原有的风险管理系统进行改进，并对风险重新进行识别、评估和控制，建立全面、持续和动态的风险管理系统，以应对不断变化的经济环境。

本章要点

企业风险管理必须坚持权变性原则，提升企业应对外部环境的抗风险能力，并重新审视和思考风险管理在企业管理中的定位。全面风险管理与企业战略紧密相关，风险管理中的"价值创造"功能必须根植于企业的战略之中。企业应构建一套风险防控机制，以承受既定情境下可能面临的各种风险，增强企业在不同环境下的生存和发展能力。风险管理需要强化首席风险官（CRO）在公司治理中的角色，优化企业的内部管理与控制。企业的风险文化建设离不开管理层的支持，它需要管理层以身作则，并且通过激励和约束手段来引导组织和个人的行为。企业风险文化的重要性体现在它对企业决策制定和实施的影响作用上，在一个良好的企业风险文化环境中，管理者可以在综合考虑风险和回报的前提下，高效和有序地开展决策。换言之，企业风险文化在组织内的推广对企业合理地开展投资决策和各种日常的经营决策有着积极的作用。此外，面对"互联网+"带来的新经济环境，企业及时地识别风险、评估风险和控制风险，对于提高企业自身效益以及保持企业在行业内的竞争力至关重要。一般而言，企业面临的风险主要有商业模式转型风险、行业政策风险、知识产权风险、网络安全风险、管理风险、财务风险、市场风险、信用风险、技术风险和人力资源风险。在"互联网+"的新经济形态下，这些风险具有了新的特征。

随着德国 4.0 与第四次工业革命的兴起，未来的智能制造在融合互联网+、新科技、新工具等方面将有重大的革新与进步。智能制造通过对各种信息和资源进行感知、分析、推理、决策与控制，实现实时控制与动态监控，将研发、生产、供应链、营销等方面结合起来，优化相关流程，促进企业资源优化。未来的风险管理与智能制造应该更加注重中国情境下的特殊制度背景，不断地在资金、创新、产业结构、人才、管控模式等方面实现风险管理的全程与动态监控。我国经济已由"新常态"进入"新时代"，即由过去经济的高速增长转变为中高速增长，增长的质量和内涵也发生了改变；针对现有的经济结构需要不断地优化升级，经济发展应从要素驱动和投资驱动转向创新驱动。风险层面上，企业面临的内外部环境充满了不确定性因素。同时，过去发展模式所遗留的一系列问题也将持续显露。从提高风险管理的视角考察，企业需要在风险控制理念、产品开发、经营模式上进行转型升级，强化风险管理的系统优化，并对风险的识别、评估和控制等予以重塑，积极应对不断变化的经济与社会环境。

案例资料

浙江蚂蚁小微金融服务集团股份有限公司（以下称"蚂蚁金服"）起步于2004年成立的支付宝。2014年10月，"蚂蚁金服"正式成立。"蚂蚁金服"以"为世界带来微小而美好的改变"为愿景，致力于打造开放的生态系统，通过"互联网推进器计划"助力金融机构和合作伙伴加速迈向"互联网+"，为小微企业和个人消费者提供普惠金融服务。"蚂蚁金服"集团旗下及相关业务包括生活服务平台支付宝、智慧理财平台蚂蚁聚宝、独立第三方信用评价体系芝麻信用以及网商银行等。

"蚂蚁金服"旗下的支付宝，是以每个人为中心，以实名和信任为基础的生活平台。自2004年成立以来，支付宝已经与超过200家金融机构达成合作，为近千万小微商户提供支付服务，拓展的服务场景也不断增加。支付宝还得到了许多个人用户的喜爱，截至2016年2月底，实名用户数已经超过4.5亿。在覆盖绝大部分线上消费场景的同时，支付宝也正通过餐饮、超市、便利店、出租车、医院、公共服务等多种场景的拓展，激活传统商业和公共服务，通过互联网方式的营销、大数据服务等，助力传统商业和公共服务体验的升级。在海外市场，支付宝也推出了跨境支付、退税、海外扫码付等多项服务。随着场景拓展和产品创新，支付宝已发展成为融合了支付、生活服务、政务服务、社交、理财、保险、公益等多个场景与行业的开放性平台。支付宝已经超越了支付本身，成为移动互联网时代生活方式的代表。

蚂蚁聚宝，是"蚂蚁金服"旗下的智慧理财平台，致力于让"理财更简单"。2015年8月，蚂蚁聚宝App上线。用户可以使用一个账号，在蚂蚁聚宝平台上实现余额宝、招财宝、存金宝、基金等各类理财产品的交易。蚂蚁聚宝的门槛低、操作简单，同时用户还可以获得财经资讯、市场行情、社区交流、智能投资推荐等服务。

芝麻信用是独立的第三方征信机构，是"蚂蚁金服"生态体系内的重要组成部分。芝麻信用通过云计算、机器学习等技术客观呈现个人和企业的信用状况，已经形成芝麻信用评分、芝麻信用元素表、行业关注名单、反欺诈等全产品线。从信用卡、消费金融、融资租赁、抵押贷款，到酒店、租房、租车、婚恋、分类信息、学生服务、公共事业服务等。芝麻信用已经在上百个场景为用户、商户提供信用服务，众多用户享受到了信用的便利。人与人、人与商业之间的关系正因为信用而变得简单。

"蚂蚁金服"入股并主导成立了国内首批民营银行之一的浙江网商银行（以下称网商银行）。网商银行是经中国银监会批准设立的股份制商业银行，纯互联网运营，于2015年6月25日正式开业。网商银行以服务小微企业、支持实体经济、践行普惠金融为使命，希望做互联网银行的探索者和普惠金融的实践者，为小微企业、个人创业者提供高效、便捷的金融服务。

案例讨论

1. 结合本章内容及案例资料，分析"蚂蚁金服"产品结构设计的合理性及风险控制战略。

2. 结合互联网金融的工具创新，谈谈如何更好地防范风险，并"为世界带来微小而美好的改变"。

复习思考题

1. 如何从企业风险管理的挑战中把握机遇？
2. "互联网+"时代的风险控制有什么特征？
3. "智能制造"或"人工智能"会对企业风险控制带来何种影响？
4. 经济新常态下企业风险控制的重点有哪些？

本章参考文献

[1] 毕秀玲，刘延芳．COSO 新内部控制框架视角下的网络风险管理[J]．财务与会计，2016，02：58-60．

[2] 陈兴淋，陈烨．浅析扁平化组织结构的风险[J]．商业时代，2006，34：57．

[3] 冯圆．智能制造与成本管理：融合与创新[J]．新会计，2016，05：6-11．

[4] 柳向辉．浅谈在 COSO 内部控制整合框架下企业对网络风险的管理[J]．中小企业管理与科技（下旬刊），2015，06：22-23．

[5] 宋念．基于云计算的企业风险管理——以美国 Netflix 公司为例[J]．西部财会，2016，01：51-56．

[6] 谭晓生．"互联网+"形势下的安全与风险分析[J]．中国信息安全，2015，06：49-51．

[7] 王影，冷单．我国智能制造装备产业的现存问题及发展思路[J]．经济纵横，2015，01：72-76．

[8] 谢康，吴瑶，肖静华，廖雪华．组织变革中的战略风险控制——基于企业互联网转型的多案例研究[J]．管理世界，2016，02：133-148-188．

[9] 辛国斌．智能制造探索与实践：46 项试点示范项目汇编[M]．北京：电子工业出版社，2016．

[10] 杨子杨．"十二五"智能制造装备产业发展思路[J]．中国科技投资，2012，13：27-32．

[11] 张辉．扁平化组织结构的弊端[J]．企业管理，2005，11：24-25．

[12] 赵程程，杨萌．国际智能制造演化路径及热点领域研究[J]．现代情报，2015，11：101-105．

[13] 中国工程院战略咨询中心/国家制造强国建设战略咨询委员会．智能制造[M]，北京：电子工业出版社，2016．

[14] 周文光，黄瑞华．企业自主创新中知识创造不同阶段的知识产权风险分析[J]．科学学研究，2009，06：955-960．

[15] 中国总会计师编辑部．企业视角的 PPP 模式风险分析[J]．中国总会计师，2014，12：33-35．

[16] 陈晓红．"新常态"下的企业风险管理[J]．上海国资，2016，03：88-89．

[17] 池兆念，姚东．浅谈供给侧结构性改革背景下企业的风险管理[J]．技术与市场，2016，08：218-219．

[18] 李俊峰，武修文，张怡．供给侧改革、债务风险缓释与企业资产负债表修复

[J]．财政研究，2016，08：104-113．

[19] 张春莉．中国企业遭受反倾销调查之原因及对策探析[J]．现代经济探讨，2002，11：32-34．

[20] Chang S I, Chang I C, Li H J, et al. The study of intelligent manufacturing internal control mechanism by using a perspective of the production cycle[J]. Journal of Industrial and Production Engineering, 2014, 31（3）: 119-127.

[21] Chen Y, Smith A L, Cao J, et al. Information technology capability, internal control effectiveness, and audit fees and delays[J]. Journal of Information Systems, 2014, 28（2）: 149-180.

[22] Mary E. G，Kelly R，杨敏等．网络时代的内部控制[J]．财务与会计，2015，08:52-57.

[23] Shapiro D. COSO embraces enhanced fraud risk management[J]. Journal of Corporate Accounting & Finance, 2014, 25（4）: 33-38.

[24] Brooks DW, Fraser J, Simkins BJ. Creating a risk aware culture[J]. Enterprise Risk Management, 2010:87-95.

[25] Mikes A, Fraser J, Simkins BJ. Becoming the lamp bearer: The emerging roles of the chief risk officer[J]. Enterprise Risk Management, 2010:69-85.

[26] Beasley MS, Frigo ML, Fraser J, Simkins BJ. ERM and its role in strategic planning and strategy execution[J]. Enterprise Risk Management, 2010:31-50.

[27] Rizzi J, Fraser J, Simkins BJ. Risk management: Techniques in search of a strategy[J]. Enterprise Risk Management, 2010:303-20.